AF522909

Dorothea Beigel

Flügel und Wurzeln

Persistierende Restreaktionen frühkindlicher Reflexe und ihre Auswirkungen auf Lernen und Verhalten

Danksagung

Ein Buch erarbeitet man nicht allein. Freunde und Kollegen helfen beim Gelingen. Bei diesen möchte ich mich ganz herzlich für Ihre Unterstützung, Geduld und Mitfreude an der Fertigstellung des Buches bedanken.

Carlo Schulz regte mich durch seine Begeisterung, sein Interesse und seine langjährige praktische Erfahrung zum Entschluss der Erstveröffentlichung des Buches im Jahr 2003 an. Seine Ratschläge waren mir eine große Hilfe

Ellen Riederer-Hecht unterstützte mich liebevoll und engagiert durch fachliches Verstehen, hilfreiche Anregungen und intensive Gespräche.

Barbara Boedicker war stets eine verlässliche Kooperationspartnerin. Rückmeldungen aus ihrer täglichen pädagogischen Praxis rundeten im Buch beschriebene Erfahrungen ab.

Alexander Jordan gab durch interessanten themenbezogenen Austausch, hilfreiche Tipps, bezogen auf den pädagogisch-therapeutischen Fort- und Weiterbildungs-Bereich.

Michael Beigel stand mir bei allen computertechnischen Bearbeitungen hilfreich zur Seite.

Viele **Eltern und Kollegen,** Kinder und Jugendliche aus Kitas und Schulen gestatteten mir, ihre Briefe und ihre Fotos zu veröffentlichen.

In den **Familien,** bei denen ich Kinder und Babys fotografieren durfte, wurde ich unkompliziert und freundschaftlich aufgenommen.

Interessanter Austausch, viele Rückmeldungen und Gespräche mit Teilnehmerinnen der Fortbildungsveranstaltungen zum Thema „Frühkindliche Reflexe“* ermunterten das Thema weiterhin zu beleuchten.

Allen ein herzliches „Dankeschön“!

---

* www.guckloch-online.de. „Flügel und Wurzeln“ (Einführungsseminar); „Flügel und Wurzeln“. (Aufbauseminar), „Ich wär jetzt mal 'ne Fledermaus“ (Aufbauseminar zu frühkindlichen Reflexen)

Dorothea Beigel

Flügel und Wurzeln

Persistierende Restreaktionen frühkindlicher Reflexe und ihre Auswirkungen auf Lernen und Verhalten

Informationen zu Fortbildungsveranstaltungen:
www.guckloch-online.de

Informationen zu den Schulungen und den Kursen für Kitas, Schulen, Eltern, Einrichtungen für Erwachsene:
www.bildung-kommt-ins-gleichgewicht.de

Kontakt zur Autorin:
dbeigel@t-online.de

8., durchgesehene Auflage 2023

Gesamtherstellung: Löer Druck GmbH, Dortmund

Bestell-Nr. 1154 **ISBN 978-3-8080-0936-9**

Inhalt

Wurzeln und Flügel

„Wurzeln" und „Flügel" – sie verhelfen unseren Kindern zu einem zufriedenen, glücklichen Leben.

„Wurzeln" sind grundlegend wichtig, um den Herausforderungen des Lebens mit Selbstvertrauen, Selbstsicherheit und Ich-Stärke begegnen zu können. Nur mit diesen Wurzeln entwickelt sich eine seelische, geistige und körperliche Grundlage, die für das gesamte Leben bedeutsam ist. Zu den „Wurzeln" gehören neben den genetischen Anlagen, die Befriedigung der Grundbedürfnisse nach Ernährung, Schlaf, Liebe, Geborgenheit und Anerkennung und die Wahrnehmungs- und Bewegungserfahrungen, die ein Kind während seiner Entwicklung macht. Art, Qualität und Menge der angebotenen Reize spielen dabei eine wesentliche Rolle.

„Flügel" sind mit den „Wurzeln" ganz eng verbunden. Sie wachsen mit den Monaten und Jahren heran und erlauben dem Kind oder Jugendlichen, mit Freude und Neugier die Welt zu erobern. In der Interaktion mit Anderen, in bekannter oder fremder Umgebung bieten sie die Möglichkeiten neue Erfahrungen zu machen. Das Kind nutzt seine „Flügel", wenn es aus Fehlern lernen und auf Stärken aufbauen kann.

Das Zusammenspiel von „Wurzeln" und „Flügeln" bemerken wir z. B. dann, wenn aus dem Kind, das sich selbst spürt, ein Kind wird, das mit dem Anderen mitfühlen kann.

Dieses Buch ist aus der Praxis für die Praxis entstanden. Es soll Hintergrundwissen über Diagnostik und Förderung in Bezug auf persistierende Restreaktionen frühkindlicher Reflexe und deren Auswirkung auf Lernen und Verhalten vermitteln.

Viele Jahre arbeitete ich im Staatlichen Schulamt mit dem Schwerpunkt der neurophysiologischen Entwicklungsdiagnostik und der Förderung von Kindern und Jugendlichen dieses Schulaufsichtsbereichs. Täglich sah ich Kinder in der Diagnostik, täglich kamen Kinder der verschiedenen Schulformen zur Förderung zu mir. Durch vorherige 24-jährige Tätigkeit als Klassenlehrerin an Grund- und Förderschulen sowie durch den Einsatz in der Fachschule für Sozialpädagogik (Ausbildung der Erzieherinnen/Erzieher) und die langjährige Mitarbeit in der Hessischen Lehrerfortbildung habe ich eine besonders enge Verbindung zur Praxis der Institution Schule aufbauen können.

Das Buch habe ich für alle Kinder geschrieben, denen es ähnlich geht wie denen, die täglich zu mir kamen – für die Schüchternen, die Ängstlichen, die Traurigen, die Verzagten, die mit den trotzigen Gesichtern, die in sich Gekehrten, die Unruhigen, die Lauten, die Leisen, die Provozierenden, die Protestierenden, die Unangepassten, die Träumenden, die Aggressiven, die Enttäuschten, die schulisch Erfolglosen – die Unauffälligen und die Auffälligen.

Beim Schreiben war es mir wichtig, die sich aus der Diagnostik ergebenden direkten Konsequenzen für den Alltag in der Form von Vorschlägen für das Elternhaus, den Kindergarten und die Schule aufzuzeigen. Daher befinden sich jeweils am Ende der einzelnen Kapitel Aufzählungen von hilfreichen alltäglichen Unterstützungsmöglichkeiten zur Entwicklung von Kindern. Diese Vorschläge unterstützen Kinder präventiv und ganzheitlich – und sind auch bei zusätzlicher therapeutischer Förderung ein wichtiger Bestandteil.

Durch die enge Verflechtung von Wahrnehmung und Bewegung, durch das stetige Zusammenspiel von Körper, Geist und Seele und durch die Verbindung der Wahrnehmungssysteme mit den frühkindlichen Reflexen kommt es zeitweise zu identischen Vorschlägen für den Alltag in verschiedenen Kapiteln. Ich habe ganz bewusst nicht darauf verzichtet, diese Vorschläge zu wiederholen. Gerade die Wiederholung zeigt die wichtige und überschneidende Bedeutung für die Entwicklung des Kindes.

In der täglichen Praxis werde ich immer wieder nach sofortigen Unterstützungen in Form von direkten, konkreten Hilfen gefragt. Dieses Buch hat daher auch den Anspruch, zum Nachschlagen genutzt zu werden. Durch oben genannten Aufbau können Eltern, Erzieher, Lehrer und Therapeuten[1] die drucktechnisch hervorgehobenen Vorschläge aufschlagen und so direkt umsetzbare Unterstützung für den Alltag erfahren und/oder weitervermitteln.

„Alle Kinder haben ein Recht auf den bestmöglichen Start ins Leben."

Die Vereinten Nationen über die Rechte des Kindes[2]

---

1 Wegen der besseren Lesbarkeit wird im Buch durchgehend die männliche Form für alle Berufsbezeichnungen benutzt. Selbstverständlich sind die weiblichen Kolleginnen genauso damit angesprochen.

2 www.unicef.org/crc

Bewegen und Wahrnehmen als Grundlage für Lernen und Verhalten

Im Allgemeinen soll mit dem Übergang vom Kindergarten in die Grundschule die Phase der frühen Kindheit abgeschlossen sein und das Kind soll die Schulfähigkeit erlangt haben. Damit ist gemeint, dass das Kind die notwendigen körperlichen, geistigen und sozialen Voraussetzungen besitzt, um sich der Herausforderung der Schule stellen zu können. Zu den geistigen Voraussetzungen gehören die Konzentrationsfähigkeit, die Fähigkeit des Sprechens und Zuhörens, die Organisationsfähigkeit, die grob- und feinmotorische Geschicklichkeit, die Ausbildung der Händigkeit, die Auge-Hand-Koordination und in gewisser Weise die Abstraktionfähigkeit. Soziale Fähigkeiten sind die Kontaktaufnahme, die Frustrationstoleranz sowie moderate und kommunikative Umgangsformen.

Was ist der Grund dafür, dass immer mehr Kinder in Kindergarten und Schule durch motorische Unruhe, Konzentrationsmangel, Sprachschwierigkeiten und Lern- und Verhaltensprobleme auffallen, obwohl ihre Intelligenz gut oder sogar sehr gut ausgeprägt ist? Warum werden Eltern, Erzieher, Lehrkräfte, Psychologen, Therapeuten und Mediziner immer häufiger mit Verhaltensauffälligkeiten und Lernproblemen konfrontiert?

Begriffe wie Lese-, Schreib- und Rechtschreibschwäche, Aufmerksamkeitsdefizitsyndrom, motorische Unruhe und Rechenschwäche sind heute gebräuchliche Beschreibungen kindlicher Lernschwierigkeiten.

Ziel dieses Buches ist nicht die fachlich korrekte Beschreibung der Begriffe. Vielmehr soll mit dem Buch deutlich und detailliert auf die Verknüpfung von Verhaltens- und Lernschwierigkeiten mit Abweichungen, Störungen und Verzögerungen der Bewegungs- und Wahrnehmungsentwicklung des Kindes aufmerksam gemacht werden. Darüber hinaus soll aufgezeigt werden, was Elternhaus, Kindergarten und Schule tun können, um Kindern die Grundlage für eine gesunde Persönlichkeitsentwicklung zu geben und ihnen das Erlernen der Kulturtechniken zu gewährleisten.

Die ständige Wechselwirkung zwischen Motorik und Wahrnehmung, den kognitiven, emotionalen und sozialen Komponenten, bestimmt den gesamten Entwicklungsprozess des Menschen. Daraus folgt, dass der Mensch mit Körper, Seele und Geist ein Ganzes bildet. Kein Teil arbeitet isoliert, es besteht eine ständige wechselseitige Abhängigkeit.

Bereits ab der 22. Schwangerschaftswoche sind im Gehirn alle Nervenzellen vorhanden. Das weitere Wachstum des Gehirns beruht auf der Entwicklung von Nervenfortsätzen und Synapsen. Adäquate Reizangebote lassen vielfältige Nervenzweige entstehen.

Empfindungen und Wahrnehmungen sind „Futter", sind „Nahrung" für das Nervensystem[3]. Je jünger ein Kind ist, desto enger sind Motorik, Wahrnehmung und Kognition miteinander verbunden.

Kinderärzte konstatieren ein auffallendes Maß an zentraler Wahrnehmungs- und Verarbeitungsstörung bei Kindern. Direkte Folgen dieser Störungen sind Schwierigkeiten beim Erlernen der Muttersprache, Lese-, Schreib- und Rechtschreibschwierigkeiten sowie Rechenstörungen, aus denen sich wiederum Probleme in der Einstellung zur Schule, Widerstände bei der Erledigung der Hausaufgaben, Überforderungssituationen und Ängste ergeben.[4]

Ergebnisse aus einzelnen Stadtteilen Berlins ergaben 2013/14[5], dass die Hälfte aller Kinder bei der Einschulungsuntersuchung Entwicklungsstörungen im motorischen, sprachlichen, kognitiven und/oder sozial-emotionalen Bereich aufwiesen.
28% der Kinder wurden auffällige Befunde in der emotional-sozialen Entwicklung attestiert. Das war ein Anstieg um 4 Prozentpunkte gegenüber dem Vorjahr.
Für die Lernmisere an Berliner Grundschulen machten Experten schon vor längerer Zeit den Mangel an Bewegung verantwortlich. So betonte M. Schuster, Professorin im Bereich der Kleinkinderpädagogik der FU Berlin, dass motorische Fähigkeiten für die Entwicklung eines jeden Kindes Basisfunktion besitzen und speziell für die Sprachentwicklung eine große Rolle spielen. Das Erfahren der Sprache durch Bewegung führt zu einem besseren Sprachverständnis. Deshalb forderte sie bereits 2002 die enge Verknüpfung von Sprachförderung und Bewegungserziehung und empfahl eine diesbezügliche Verbesserung der Lehrerbildung.[6]

---

[3] Ayres, 1998
[4] DIE WELT, 7.6.2002
[5] https://www.berlin.de/imperia/md/content/bamarzahnhellersdorf/publikationen/gesundheit/gessozplanung/esu_2013.pdf
[6] DIE WELT, 15.6.2002

Die Ergebnisse der Einschulungsuntersuchungen in Schleswig Holstein besagten im Jahr 2015[7], dass 22,6 Prozent aller Abc-Schützen Verhaltensauffälligkeiten zeigten.
Die Anzahl der Kinder mit Sprachauffälligkeiten und motorischen Problemen war in den letzten Jahren ebenfalls deutlich gestiegen. Die am Universitätsklinikum Schleswig-Holstein in Lübeck tätige Fachärztin für Kinder- und Jugendmedizin, Frau Dr. Ute Thyen benennt zunehmende motorische Schwierigkeiten: „Es gibt ganz offensichtlich einen Trend, dass die Fähigkeit der Kinder, sieben Sekunden lang auf einem Bein zu stehen oder schnell über ein Seil zu hüpfen, deutlich abnimmt", sagt die seit Jahren die Statistik bei den Schuleingangstests im Norden analysierende Professorin. Als Ursache für Defizite in Sprache, Motorik und Verhalten benennt sie geänderte Lebenswelten, in denen Kinder heute groß werden.

Im selben Jahr trug, laut Deutsche Gesellschaft für Kinder- und Jugendpsychiatrie, jedes fünfte Schulkind in Deutschland ein Risiko für psychische Erkrankungen. Während viele Mädchen unter Ängstlichkeit und Depressivität litten, reagierten Jungen häufiger mit Hyperaktivität.[8] (Schon 2013 wurde berichtet[9], dass sich das Verschreiben von Medikamenten gegen ADHS in den vergangenen 20 Jahren in Deutschland um das Zweihundertfache gesteigert habe. Mit fast 700.000 ADHS-Diagnosen sei Deutschland weltweit an der Spitze. Schätzungsweise die Hälfte der diagnostizierten Kinder bekämen Medikamente.)

2016 berichteten Medien von der Auswertung des Wissenschaftlichen Instituts der AOK (WIdO), die besagte, dass der Anteil der Kinder mit Defiziten in der Aufmerksamkeit und überstarkem Bewegungsdrang weiter zunahm[10]. Wurden 2006 noch bei 2,5 Prozent der 3- bis 17-Jährigen eine Aufmerksamkeitsdefizit-Hyperaktivitätsstörung (ADHS) diagnostiziert, waren es 2014 schon 4,4 Prozent. Von den Forschern wurde ADHS als die häufigste psychische Diagnose im Kindesalter beschrieben.[11]

---

7 http://www.shz.de/regionales/kiel/gewicht-motorik-verhalten-jedes-vierte-kind-ist-im-vorschulalter-auffaellig-id14400511.html

8 http://www.sueddeutsche.de/news/leben/familie-mobbing-und-stress-psychische-auffaelligkeiten-bei-kindern-dpa.urn-newsml-dpa-com-20090101-150304-99-09008

9 www.zdf.de/ZDF/zdfportal/blob/28236460/1/data.pdf

10 http://www.aerztezeitung.de/politik_gesellschaft/versorgungsforschung/article/917169/wido-zahl-kinder-adhs-nimmt.html

11 http://www.spiegel.de/gesundheit/diagnose/adhs-immer-mehr-kinder-bekommen-die-diagnose-a-1107713.html

Im selben Jahr (2016) konnte der Kinder- und Jugendärztliche Dienst in Niedersachsen in einzelnen Landkreisen nur noch etwa 50 Prozent der Kinder eine Schulempfehlung ohne größere Bedenken ausstellen[12]. Die Ursachen lagen im Bereich der Motorik, in einer steigenden Tendenz sprachlicher Defizite und in der Zunahme von Verhaltensauffälligkeiten, wie Aufmerksamkeitsstörungen, Konzentrationsschwierigkeiten und unreifem Sozialverhalten.

In Bezug auf Motorik erreichen nur knapp ein Drittel der Kinder und Jugendlichen die Empfehlungen der Weltgesundheitsorganisation, die Kindern und Jugendlichen eine tägliche körperliche Aktivität von mindestens einer Stunde empfiehlt[13]. Schon sechs bis zwölf Jahre alte Kinder sitzen an Wochentagen zusätzlich zum Schulunterricht etwa vier Stunden täglich[14]. Bewegungszeiten in Schulen werden häufig zugunsten „wichtigerer Lerninhalte" gekürzt[15].
Die Ergebnisse solcher Kürzungen zeigen sich u.a. in motorischer Unruhe, mangelnder Konzentration, verminderter Merkfähigkeit und Ausdauer, fehlender Koordination und Beweglichkeit sowie im zunehmenden veränderten emotional-sozialen Verhalten.

Mangelnde Bewegung attestierte auch die Studie „Wie gesund lebt Deutschland 2016?". Sie stellte fest, dass stundenlanges Sitzen für die Jüngeren zum Alltag gehört. Die Studie kam zu dem Schluss, dass von allen Berufsgruppen Schüler, Auszubildende und Studierende am längsten sitzen und sich die jüngere Generation bereits damit einen Lebensstil angewöhnt, der langfristig gesundheitliche Probleme mit sich bringt.

Der heutigen Entwicklung der „sensomotorischen Mangelernährung" stehen Erkenntnisse der Lernpsychologie und der Pädagogik entgegen, denn bereits in der Antike war bekannt:

> **Sinneserfahrung und handelndes Erfahren**
> **sind die Grundlagen jeglichen Lernens.**

Schon Aristoteles weist auf die Bedeutung der sinnlichen Wahrnehmung hin.

---

[12] http://www.kindererziehung.com/news-leser/bedenkliche-ergebnisse-bei-schuleingangsuntersuchungen00990.php

[13] http://www.dslv-sh.de/

[14] http://www.faz.net/aktuell/feuilleton/familie/bewegungsmangel-schon-kinder-sitzen-viel-zu-viel-13391356.html

[15] Bertelsmann Presse, 1.8.2002

Eine gelungene sensomotorische Entwicklung, die ausgereifte Entwicklung der Wahrnehmung und der Motorik sind Voraussetzungen für die Bewältigung komplexer schulischer Anforderungen.

2007–2010 ergab eine wissenschaftlich begleitete Studie des Hessischen Kultusministeriums (Projekt „Schnecke – Bildung braucht Gesundheit“ [16]), an der ca. 8000 Schülerinnen und Schüler im Alter von 5–19 Jahren teilnahmen, dass rund zwei Drittel aller teilnehmenden Grundschüler und jeder zweite Schüler einer weiterführenden Schule Verarbeitungsschwierigkeiten im Gleichgewicht zeigten. Schülerinnen und Schüler mit Schwierigkeiten in der Verarbeitung von Gleichgewichtsreizen hatten einen deutlich schlechteren Notendurchschnitt in den Schulfächern Mathematik, Deutsch und Sport als Schülerinnen und Schüler, die unauffällige Befunde bei den Gleichgewichtstests aufwiesen.
Die anschließende Evaluation der gezielt eingesetzten pädagogischen Maßnahmen mit sensomotorischem Schwerpunkt 2010–2012 [17] zeigte, dass ein regelmäßiges, tägliches, nur wenige Minuten dauerndes, aufeinander abgestimmtes Gleichgewichtstraining in der Interventionsgruppe ein wirksames Instrument war, um das Gleichgewicht von Schülerinnen und Schülern zu verbessern.
Die Verbesserung des Gleichgewichts ging mit einer deutlichen Steigerung der Lesefähigkeiten, der Rechenfähigkeiten, der Handgeschicklichkeit, der Verbesserung des Klassenklimas, der Lernfreude, der Anstrengungsbereitschaft und des Wohlbefindens in der Schule einher. Zusammenfassend konnte festgestellt werden, dass sich das regelmäßige Gleichgewichtstraining positiv auf kognitive, fein- und grobmotorische und auf die emotional-sozialen Bereiche auswirkte.[18]
Eine Bildunterschrift auf dem Faltblatt des Hessischen Kultusministeriums bringt es auf den Punkt:

Mit Bewegung lässt sich gezielt Bildung verbessern!

---

[16] http://www.schuleundgesundheit.hessen.de/themen/bewegung-wahrnehmung/programme/bildung-kommt-ins-gleichgewicht.html

[17] Evaluation Prof. Dr. med. Eckhard Hoffmann, Hochschule Aalen, Prof. Dr. phil. Christina Reichenbach, FH Bochum, Prof. Dr. med. Dietrich Grönemeyer, Grönemeyer Institut Bochum, Prof. Dr. rer. medic. Peter van Leeuwen, Dr. Silke Lange, Universität Witten-Herdecke.

[18] http://www.schuleundgesundheit.hessen.de/themen/bewegung-wahrnehmung/programme/bildung-kommt-ins-gleichgewicht.html

1. Aufbau und Funktion des Nervensystems

Das Nervensystem nimmt innerhalb des menschlichen Organismus eine besondere Stellung ein. Es ist die Grundlage für unser bewusstes Erleben. Durch seine Tätigkeit werden wir uns selbst und unserer Umwelt bewusst.

Das menschliche Nervensystem besteht aus Milliarden von Neuronen – Nervenzellen. Neuronen sind spezialisierte Zellen, die das Übertragen elektrischer Botschaften ermöglichen. Hauptaufgabe der Neuronen ist das Verarbeiten von Informationen. Ein Neuron besteht aus einem Zellkörper und seinen Fortsätzen. Sogenannte Dendriten nehmen Informationen von anderen Neuronen auf. Eine Nervenzelle kann bis zu tausend Dendriten haben. Das Neuron nimmt aber nicht nur Informationen auf, sondern gibt sie auch weiter. Dazu nutzt es das Axon, eine dünne Faser, die bis zu einem Meter lang sein kann.

Werden Neuronen immer wieder aktiviert, also vielfältig benutzt, so bildet sich um das Axon eine sogenannte Myelinschicht. Diese Schicht isoliert und schützt die Axone und sorgt für eine wesentlich schnellere Übermittlung von Nervenimpulsen. Je öfter Neuronen aktiviert werden, umso mehr Myelin bildet sich und umso schneller erfolgt die Verarbeitung.

Die Weiterleitung von Nervenimpulsen durch die Axone geschieht zum einen elektrisch entlang der Nervenfasern, zum anderen biochemisch über sogenannte Synapsen. Synapsen werden als Spalt, als Schaltstellen oder Kommunikationspunkte zwischen zwei Zellen benannt. Dort, wo ein Axon auf ein Dendrit trifft, gibt es diesen kleinen Spalt. Damit ein Signal den Spalt überwinden kann, werden von den Axonen Neurotransmitter – bestimmte chemische Stoffe – in den Spalt abgesondert. Durch die Aktivierung überbrücken die Neurotransmitter die Schaltstelle, also die Synapse, die zwischen den Neuronen liegt. Neuronen können viele Tausende von Synapsen haben um Informationen weiterzugeben und sie können von eben so vielen anderen Neuronen über Synapsen Informationen aufnehmen.

Während der Mensch sich bewegt, etwas wahrnimmt, denkt, sich erinnert, körperlich oder geistig aktiv ist, werden ständig neue Dendriten und Synapsen gebildet. Dadurch bilden sich vermehrt zusammenhängende neurale Netzwerke. Mit zunehmendem Alter werden diese Netze immer weiter verfeinert und ausgebaut.

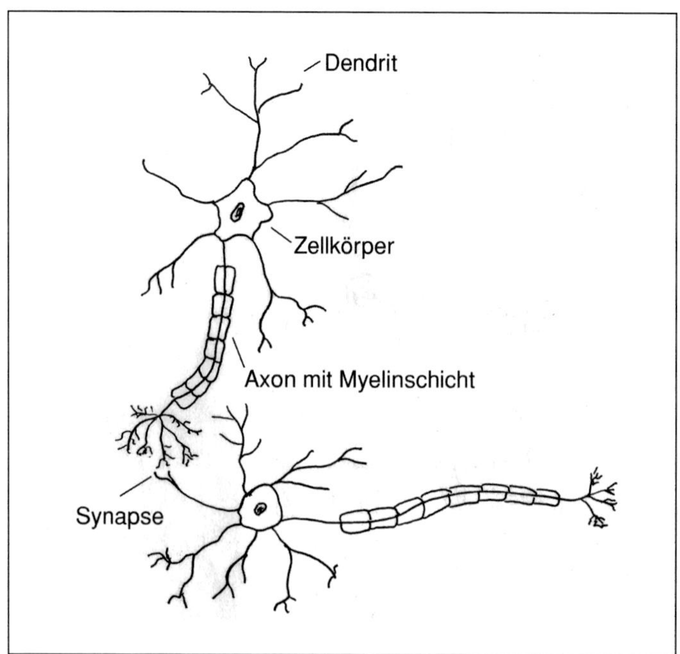

Das Nervensystem nimmt Informationen auf, verarbeitet und speichert sie.
Es gliedert sich wie folgt auf:

Zentrales Nervensystem (ZNS)

Peripheres Nervensystem (PNS)

Das ZNS setzt sich aus Gehirn und Rückenmark zusammen. Beide sind für Funktionsabläufe, die vom Nervensystem ausgehen, von entscheidender Bedeutung. Das Rückenmark, das sich im Wirbelkanal der Wirbelsäule befindet, verbindet das Gehirn mit den Rückenmarksnerven (Spinalnerven). Häute und Liquor (Cerebro-Spinal-Flüssigkeit) umgeben das Rückenmark.
Innerhalb des PNS lassen sich das somatische und das autonome – oder vegetative – Nervensystem unterscheiden.
Die Aufgabe des somatischen Nervensystems ist die Kontrolle der Skelettmuskulatur – die Steuerung der bewussten Wahrnehmung und Bewegung. Sensorische Bahnen (afferente Bahnen) leiten Informationen von den Sinnesorganen zum Gehirn. Motorische Bahnen (efferente Bahnen) bringen Informationen vom Gehirn zum Muskel.

Das autonome Nervensystem ist für die nicht willentlich gesteuerten Funktionen des Körpers zuständig. Unbewusst ablaufende Funktionen wie Kreislauf, Stoffwechsel, Wasserhaushalt und Stressreaktionen werden von ihm gesteuert. Es arbeitet eng mit dem Hormonsystem zusammen und ist in ständiger Interaktion mit dem somatischen Anteil des PNS und dem ZNS begriffen. Zusammen sorgen beide Systeme des PNS für die Aufrechterhaltung des inneren Gleichgewichts im Körper, z. B. für die Körpertemperatur.

Das autonome Nervensystem unterteilt sich in das sympathische und das parasympathische System. Beide Systeme sind für die Kontrolle derselben Organe zuständig, allerdings mit gegenteiliger Aufgabe.

Das sympathische System ist für Prozesse zuständig, bei denen Energie verbraucht wird; solche Prozesse sind z. B. Notfallsituationen bei extremer Körperbelastung oder bei extrem emotionaler Belastung. Das sympathische System setzt die Flucht-Kampf-Reaktion in Gang. Neurotransmitter (chemische Botenstoffe) wie Adrenalin und Noradrenalin werden ausgeschüttet und regen dadurch die Stoffwechseltätigkeit beteiligter Zellen an, um dem motorischen System Energie bereit zu stellen.
Der Parasympathikus innerviert die gleichen Bereiche wie der Sympathikus, nur wirkt er gegenteilig. Er übernimmt vegetative Funktionen im Ruhestand, so z. B. bei der Verdauung. Die ausgeglichene Zusammenarbeit von Sympathikus und Parasympathikus erhält das Gleichgewicht im Organismus.

Wirkung des Sympathikus	**Wirkung des Parasympathikus**
Erhöhung des Herzrhythmus	Senkung des Herzrhythmus
Erweiterung der Bronchien	Verengung der Bronchien
Hemmung der Aktivität im Verdauungstrakt	Steigerung der Aktivität im Verdauungsapparat
Erweiterung der Pupille	Verengung der Pupille
Verengung der Gefäße	Erweiterung der Gefäße
Herabsetzung des Speichelflusses	Verstärkter Speichelfluss
Anregung der Nebennieren/ Adrenalinsekretion	Hemmung der Adrenalinsekretion
Mobilisierung von Glukose	

Das ZNS und das PNS sind in ständiger Interaktion.

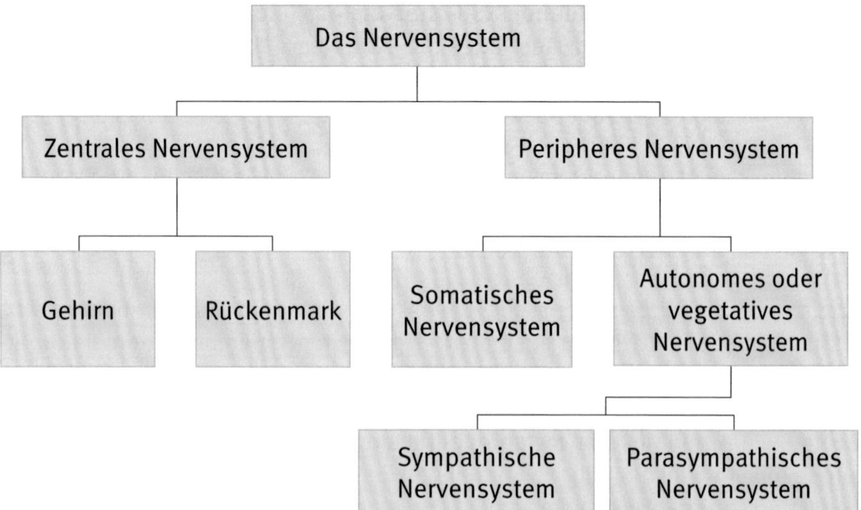

1.1 Das Gehirn

Um zu verstehen, warum Wahrnehmen und Bewegen eine wesentliche Grundlage für Lernen und Verhalten sind, ist es wichtig, sich die Arbeitsweise des menschlichen Gehirns anzusehen.
„Es ist ungefähr so groß wie eine Grapefruit. Es wiegt soviel wie ein Kohlkopf. Es ist das einzige Organ, was wir nicht transplantieren können, ohne jemand anderes zu werden. Das Gehirn steuert alle Körperfunktionen. Es überwacht unsere primitivsten Verhaltensweisen – Essen, Schlafen, Wärmeregulierung – und es ist zuständig für unsere höchstentwickeltsten Aktivitäten – unsere Kultur, Musik, Wissenschaft, Sprache. Unsere Hoffnung, unsere Gedanken, unsere Gefühle, unsere Persönlichkeit –, sie alle haben dort drinnen irgendwo ihren Sitz. Auch nachdem Tausende von Wissenschaftlern das Gehirn Jahrhunderte lang untersucht haben, wird ihm nur ein einziges Wort gerecht: Es ist ein Wunder.“[1]
Das Gehirn ist das Hauptorgan des Nervensystems. Es ist ein komplexes System, das permanent unter Schwachstrom steht und leistungsfähiger und viel komplexer als ein hochentwickelter Computer ist. Immer noch ist es uns Menschen relativ unbekannt.
Der Ablauf der Gehirnentwicklung ist genetisch festgelegt. Menschen bringen nach einem fast identischen Zeitplan bestimmte Meilensteine der Entwicklung hinter sich.

Das Gehirn lässt sich in drei Abschnitte gliedern:

- Reptiliengehirn (auch Rautengehirn genannt)
- Zwischenhirn (auch Limbisches System oder Säugetiergehirn genannt)
- Großhirnrinde (auch Neocortex genannt)

Das **Reptiliengehirn** ist entwicklungsgeschichtlich der älteste Teil des menschlichen Gehirns. Es differenziert sich praenatal (vorgeburtlich) am Ende der sechsten Woche und besteht aus verlängertem Mark (Medulla oblonga), Brücke (Pons), Mittelhirn (Mesencephalon) und Kleinhirn (Cerebellum).
Verlängertes Mark, Brücke und Mittelhirn bilden den sogenannten Hirnstamm. Der Hirnstamm verbindet das Gehirn mit dem Rückenmark. Der Hirnstamm nimmt eine zentrale Stellung im Nervensystem ein, denn hier laufen viele Ner-

[1] Ornstein, Thompson, 1993, S. 27

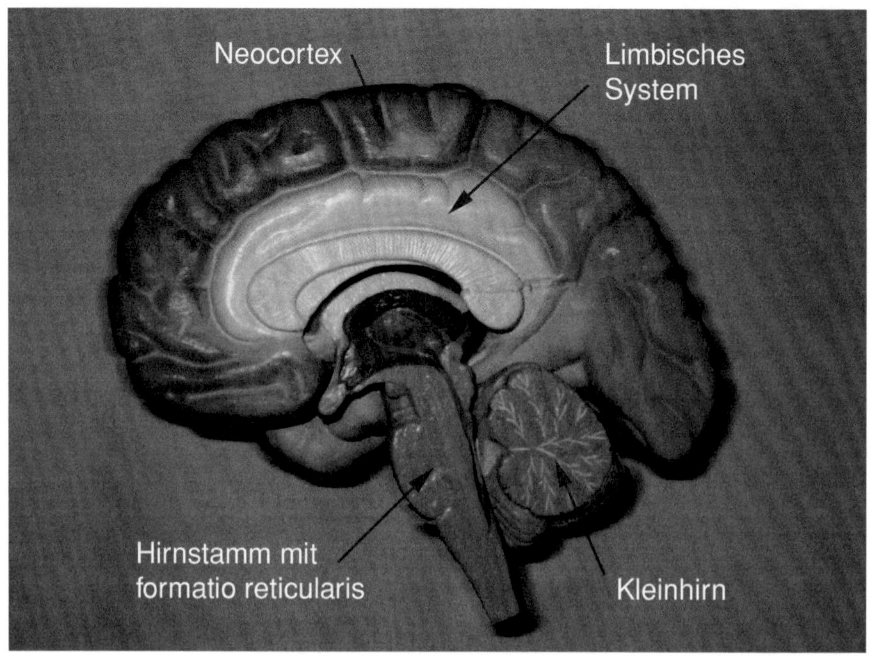

venbahnen aus allen Gebieten des Körpers zusammen. Vom Hirnstamm aus werden Impulse zu den entsprechenden Gebieten der Großhirnrinde weitergeleitet. Hier befinden sich lebenswichtige Steuerungszentren für Atmung, Blutdruck, Herzfrequenz und Verdauungsfunktionen.
Den Hauptkontrollmechanismus des Zentralnervensystems stellt die Formatio reticularis dar. Sie ist eine netzförmige, wenig gegliederte Nervenmasse, die ganz zentral im Hirnstamm liegt. Sie erhält die sensorischen Informationen aus allen Sinnesgebieten, mit Ausnahme des Geruchs. Einlaufende Informationen, besonders taktile, propriozeptive, vestibulare Reize werden hier miteinander verknüpft und für die Verarbeitung auf höherer Ebene vorbereitet.
Die Hauptfunktion der Formatio reticularis ist es, die Großhirnrinde zu wecken. Sie steuert den Wachheitszustand und den Grad der Aufmerksamkeit. Die Steuerung des Schlafrhythmus unterliegt ebenfalls der Formatio reticularis, die sich über den gesamten Hirnstamm bis hin zum Thalamus erstreckt. Sie sendet einerseits Nervenimpulse zur Großhirnrinde, wo die Regulierung des Bewusstseinniveaus stattfindet und andererseits Nervenimpulse von der Großhirnrinde zum Rückenmark, wo die Muskelspannung erfolgt. Ist die Aktivität der Formatio

reticularis vermindert, so beeinflusst das durch Verringerung von Impulsaussendung den Wachheits- und Aufmerksamkeitszustand der Person und gegebenenfalls den Muskeltonus (Tonus = Spannungszustand der Muskeln). Durch Aktivierung der Sinnesorgane kann die Formatio reticularis unterstützt werden, mehr Impulse an die Großhirnrinde weiter zu leiten, um damit den Aufmerksamkeitsgrad der Person zu erhöhen. Eine Funktion der Formatio reticularis ist auch die Hemmung sensorischer Reize. So schützt sie das Gehirn vor Reizüberflutung. Auf diese Weise ist es möglich, unwichtige Sinneseindrücke zeitweise zu unterdrücken, um volle Aufmerksamkeit für bestimmte Sinneseindrücke – z. B. Lesen von Texten auch in Klassenzimmern mit erhöhtem Geräuschpegel – zu ermöglichen.

Nach Kautzmann „betätigt der Hirnstamm eine Art Schalter für das Licht, das den Aufmerksamkeitsraum beleuchtet.“[2]
Um den Hirnstamm herum füllt das Kleinhirn den hinteren unteren Teil des Schädels aus. Das Kleinhirn ist der größte Teil des Reptiliengehirns, der zweitgrößte Teil unseres gesamten Gehirns. Es besteht aus zwei Hirnhälften und dem in der Mitte liegenden Wurm (Vermis) sowie einem sehr engen Netzwerk von Nervenzellen. Es steuert und kontrolliert die Koordination der Körpermuskulatur und den Muskeltonus. Die gesamte Information über die Körperhaltung wird im Kleinhirn zusammengeführt. Visueller, auditiver und vestibularer Sinnesbereich versorgen das Kleinhirn mit Daten, um planmäßige Bewegungen sicher zu stellen. Auch beim Sprechen, das äußerst komplexe Muskelkoordinationen erfordert, zeigt sich das Kleinhirn aktiv. Untersuchungen bestätigen zudem eine Beteiligung des Kleinhirns an geistigen Prozessen. Bildgebende Verfahren vertiefen die Annahmen der Mitarbeit des Kleinhirns bei emotionalen Aufgaben.
Das Reptiliengehirn formt sich vorgeburtlich und in den ersten fünfzehn Lebensmonaten aus. In dieser Zeit entwickeln sich etwa hundert Billionen neuraler Netze. Diese Entwicklung beginnt bereits mit dem Erscheinen der ersten Nerven um die dritte vorgeburtliche Woche. Schon zu dieser frühen Zeit verbinden sich Nerven mit anderen Nerven. Durch das Bilden der neuralen Netze kann das Gehirn auf die Außenwelt reagieren. Das Gehirn eines Babys kann mit einer Lernmaschine verglichen werden. Die Gene geben bestimmte Abläufe vor, die Umwelt prägt die Qualität der Abläufe.

---

2 Kautzmann, 1999, S. 92

Zusammenfassend: Das Reptiliengehirn ist für die gesamte lebensnotwendige Körperphysiologie – Gleichgewicht der Körperfunktionen, Atmung, Herzschlag, Körpertemperatur, Verdauung – und die Wahrnehmungsverarbeitung der sensorischen Reize zuständig. Es sichert das Überleben und befriedigt die Grundbedürfnisse. Eine Verletzung ist tödlich.

Das Zwischenhirn – auch Limbisches System oder Säugetiergehirn genannt – umfasst die ältesten und tiefsten Teile der Großhirnrinde (Cortex) und wird auch als emotionales Gehirn bezeichnet. Es zeigt sich in ringförmiger Anordnung um das Corpus Callosum. Das Corpus Callosum – auch Balken genannt – ermöglicht die Querverbindung der Nervenfasern zwischen der rechten und der linken Hirnhälfte.
Das Zwischenhirn oder limbische System (latein.: limbus = Saum) ist bei Säugetieren und Menschen ähnlich ausgeformt. Es mäßigt Instinkte, die im reptilienhaften Gehirn entstehen. Es beherrscht das reptilienhafte Gehirn. Im Zwischenhirn entstehen unsere Emotionen. Erinnerungen werden dort abgelegt und wieder hervorgeholt. Wichtige Steuerungszentralen und Drüsen für unbewusste Körperfunktionen des Körpers befinden sich im Zwischenhirn.
Als wichtigste Drüse des Körpers wird die Hypophyse angesehen. Sie produziert mehr als zehn verschiedene Hormone (u.a. Wachstumshormone, Hormone zur Stimulierung der Milchproduktion, der Schilddrüse, der Nebennieren, der Abgabe von Sexualhormonen).
Der Thalamus gilt als wichtige Schaltstelle für die Weiterleitung von Sinneseindrücken zur Großhirnrinde und wird deswegen auch oft als „Tor zum Bewusstsein“ bezeichnet (Ausnahme sind Riecheindrücke, sie gehen direkt vom Riechnerv zum Mamillarkörper). Er repräsentiert den Bereich im ZNS, in dem Empfindungen erstmals bewusst wahrgenommen werden. Über den Thalamus, der sich aus unterschiedlichen Kernen zusammensetzt, werden auch motorische Impulse von der Großhirnrinde zu den Muskeln übertragen
Der Hypothalamus (griech.: hypo = unter, liegt direkt unter dem Thalamus) gilt als Hauptzentrale der vegetativen Funktionen. Über das autonome Nervensystem – Parasympathikus und Sympathikus – nimmt er direkten Einfluss z.B. auf Stoffwechsel, Blutdruck, Herzschlag, Hungergefühl und Körpertemperatur. Er nimmt über die Bildung bestimmter Hormone Einfluss auf die Hypophyse, so dass diese entsprechende Hormone bildet, speichert oder ausschüttet. Einige Kerne des Hypothalamus sind bei der Steuerung körperlicher Reaktionen wie Stress, Angst oder Wut beteiligt.
Das Zwischenhirn ist eng mit einer subkortikalen Region, dem Hippocampus verbunden. Er gilt als Zentrum für das Kurzzeitgedächtnis und unterstützt die Integration neuer Erfahrungen.

An den Hippocampus schließt sich die kleine Amygdala, wegen ihrer Form auch Mandelkern genannt, an. Sie ist für die tiefsten Emotionen des Menschen zuständig. Ihr ist zu verdanken, dass der Mensch sich an alles, was mit positiven Gefühlen verbunden ist, länger und genauer erinnert. Je positiver das Gefühl bei einem Ereignis ist, desto länger wird das Erlebte im Kurzzeitgedächtnis des Hippocampus bleiben und desto besser kann das Erlebte in das Langzeitgedächtnis übergehen, mitunter lebenslang. Für die Schule bedeutet das: Macht das Lernen Spaß, ist es leichter und prägt sich besser ein. Auch die Amygdala erhält von sämtlichen Sinnesorganen Informationen. Sie kann durch reale wie durch vorgestellte Ereignisse aktiviert werden. Besondere Aktivität zeigt sie bei Angst, das ganze limbische System wird durch sie zur umgehenden Reaktion aufgefordert. Diese zeigt sich in der Ausschüttungen von Hormonen und in der Aktivierung vegetativer Körperfunktionen. Immer mehr Forschungsergebnisse weisen darauf hin, dass eine dauerhaft erhöhte Konzentration von Stresshormonen eine Gefahr für das Gehirn bedeuten kann. Die Amygdala ist auch mit den Stirnlappen im Kortex (dadurch gelingt uns das Kontrollieren von Gefühlen), mit Kerngebieten des Hirnstamms und mit den Basalganglien verbunden. Die Basalganglien bestehen aus mehreren Kernen, die untereinander stark vernetzt sind. Sie stellen ein Teil der subkortikalen Bezirke der Großhirnrinde dar und sind für die Organisation und Integration koordinierter Bewegungsabläufe zuständig. Sie stehen über zahlreiche Faserbündel mit fast allen Bereichen der Großhirnrinde in Verbindung. Zusammen mit dem Kleinhirn werden sie tätig, um eine bewusst geplante Aktivität in die Tat umzusetzen. Sie steuern hauptsächlich automatische motorische Aktivitäten, vermitteln angepassteres, komplexeres Verhalten als es durch die Steuerung des Hirnstamms möglich ist, sind aber nicht so präzise wie Bewegungen, die der Cortex ermöglicht. Da die Basalganglien eng mit unseren emotionalen Zuständen verbunden sind, können emotionale Zustände die Muskelspannung des Menschen beeinflussen.[3] Auch das Frontalhirn (Motivation, Antrieb) wird von den Basalganglien beeinflusst. Für die Entwicklung des Menschen bedeutet dies, dass Lernen und Schulausbildung wirkungsvoller sind, wenn in unserem Elternhaus und in unseren Schulen emotionale und soziale Verbindungen zum kognitiven Wissenserwerb geschaffen werden.

Zusammenfassung: Das Zwischenhirn entwickelt sich zunehmend in der Zeit von fünfzehn Monaten bis etwa zum vierten Lebensjahr. Es ist geprägt von Gefühlen, Vorahnungen, Intuitionen, Erinnerungen. Es steuert Gefühlsregungen und das Gedächtnis. Ein Leben lang wird unser Körper wesentlichstes Mittel

---

3 Krebs, Brown, 1998, S. 95 ff.

zum Ausdruck unserer Gefühle sein und stets sind Emotionen an Denkprozessen beteiligt.

Das Großhirn macht den größten Teil des menschlichen Gehirns aus. Die Großhirnrinde, **der Cortex,** gilt als phylogenetisch (Phylogenie: Stammgeschichte des Lebewesens) jüngster Teil des Gehirns beim Menschen und zeigt enorme Ausprägungen. In jedem einzelnen Kubikmillimeter des Cortex befinden sich etwa 40000 Neuronen, die untereinander mit fünf Kilometer Nervenleitern verbunden sind.[4]

Funktionen, die überwiegend vom Cortex gesteuert werden, können sich nur adäquat entwickeln, wenn alle subkortikalen Gehirnstrukturen (Zwischenhirn, Reptiliengehirn) optimal funktionieren. Die Entwicklung des Cortex beginnt im Mutterleib und wird ein Leben lang fortgesetzt. Bei der Geburt wiegt der Cortex etwa ein Viertel so viel wie bei einem Erwachsenen. Im Alter von sechs Monaten schon hat er ca. 50 %, mit ca. zweieinhalb Jahren 75 % des Endgewichts und mit fünf Jahren werden um die 90 % erreicht. In der Hirnrinde können in einer Sekunde bis zu tausend verschiedene Signale ankommen.[5]

Der Cortex besteht aus zwei Hälften (Hemisphären), die durch zahlreiche Windungen (Gyri) und Furchen (Sulci) in vier Bereiche unterteilt werden:

- Schläfenlappen
- Hinterhauptslappen
- Scheitellappen
- Stirnlappen

Die vorverarbeiteten Signale aus den Sinnesorganen werden in diesen Gebieten des Cortex empfangen. Der Schläfenlappen (Temporallappen) ist zuständig für das Hören und die Emotionen. Er ist eng mit dem Hippocampus verbunden.

Der Hinterhauptslappen (Okzipitallappen) ist zuständig für den Bereich des Sehens. Visuelle Informationen werden über das Auge an dieses im Hinterhauptslappen primäre Sehzentrum weiter gegeben.
Der Scheitellappen (Parietallappen) ist für die Verarbeitung sensorischer Daten wie Berührung, Temperatur, Schmerz zuständig. Er wird auch somatosensorischer Bereich genannt.

---

[4] Ornstein, 1993, S. 38
[5] Kautzmann, 1999, S. 92

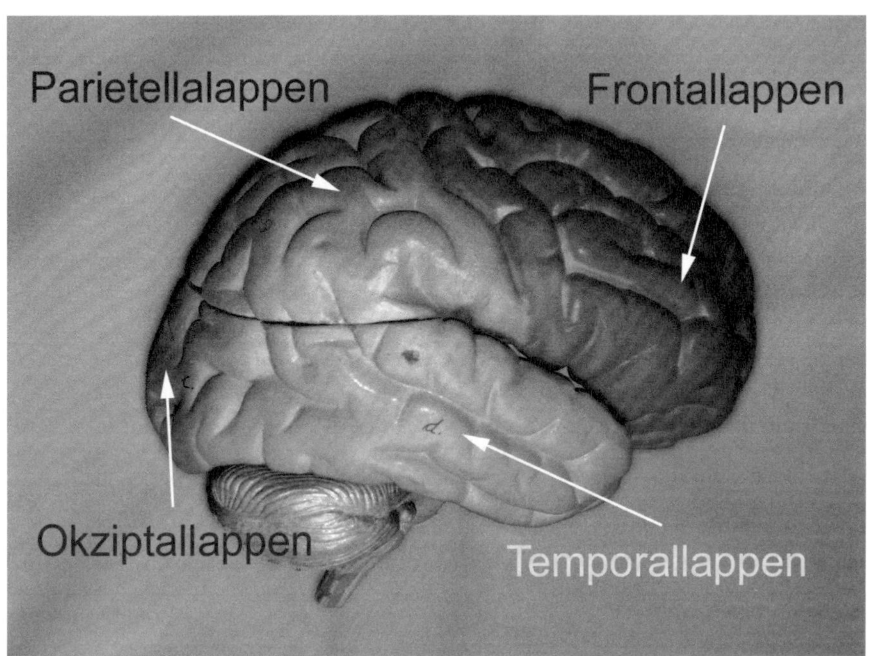

Der Stirnlappen (Frontallappen) scheint wichtig für die Kontrolle des Bewusstseins zu sein. Er ist zuständig für Denken, Planen, Logik, kognitive Prozesse. Er ist mit allen Bereichen des Gehirns verbunden und integriert die Arbeit der anderer Gebiete.
Die beiden Hemisphären (Hälften) des Cortex werden durch Nervenbahnen im Corpus Callosum (Balken) verbunden. Eine Hirnhälfte steuern jeweils die gegenüberliegende Körperseite. Die beiden Hemisphären des Cortex entsprechen sich spiegelbildlich, übernehmen aber spezifische Aufgaben. Bei 94% der Menschen ist der Großteil der sprachlichen Funktionen in der linken Hemisphäre angesiedelt.
Das Broca-Zentrum, das im unteren Teil des linken Stirnlappens liegt, benannt nach dem französischen Neurologen Paul Broca, hat eine wichtige Rolle bei der Produktion der Sprache.
Das Wernicke-Zentrum, benannt nach dem deutschen Neurologen Karl Wernicke, ist eine andere ebenfalls im Schläfenlappen der linken Hemisphäre gelegenen Region, welche weitgehend für das Verständnis der Sprache zuständig ist.

Insgesamt arbeitet die linke Hemisphäre vorwiegend verbal, logisch, analytisch, rational. Die rechte Hemisphäre besitzt die Eigenschaft mentale Assoziationen durchzuführen, ist für ganzheitliches Denken, Gefühle, Intuition und räumliche Relationen zuständig. Das Corpus Callosum integriert die unterschiedlichen Funktionen beider Gehirnhälften, es erlaubt und unterstützt den Austausch und die Zusammenarbeit der rechten und linken Hemisphäre. Je öfter und intensiver beide Hirnhälften aktiviert werden, umso mehr neurale Verbindungen werden gebildet. Krebs[6] bringt effektives Denken, Lernen, Arbeiten und Tun damit in Verbindung. Dennison, Pädagoge und Hirnforscher, entwickelte spezielle Mittellinienbewegungen (Brain-Gym® Programm) zur Unterstützung der Integrationen der beiden Hemisphären.[7] Verschiedene Konzepte zur Förderung von Kindern (z.B. Doman, Delacato, Kephard, Bartsch), die auf den Kenntnissen der Hemisphärenintegration aufbauten, wurden ebenfalls mit Erfolg eingesetzt. Bei optimaler Ausbildung des Corpus Callosum laufen pro Sekunde vier Milliarden Botschaften über die etwa 200 Millionen Nervenfasern.[8]
Laut S. Biddulph[9] ist das Corpus Callosum von Jungen kleiner als das von Mädchen.

Die linke Hemisphäre wächst bei jungen Kindern langsamer als die rechte Hemisphäre. Auch hier ist die Entwicklung bei Jungen langsamer als bei Mädchen Im Alter von sechs bis sieben Jahren, also um die Einschulungszeit, sind Mädchen den Jungen in der Entwicklung um einige Monate voraus.
Später holen die Jungen diesen intellektuellen Rückstand wieder auf.

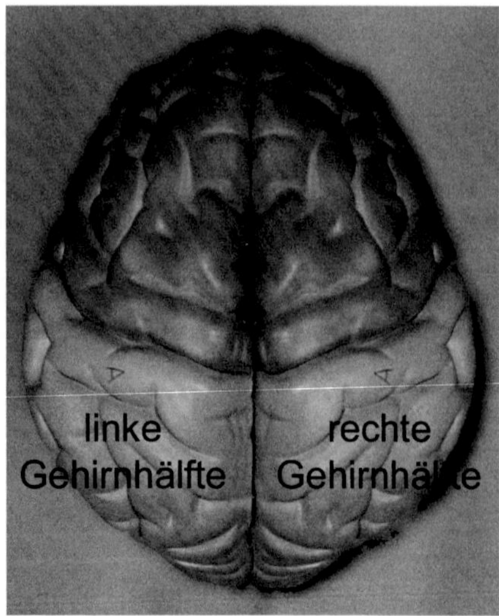

[6] Krebs 1998, S. 158
[7] Dennison 1997
[8] Hannaford, 1996, S. 94
[9] Biddulph, 2001

Die Verarbeitungsweisen der rechten und der linken Hemisphäre:

„Logische Hemisphäre" gewöhnlich linke Hemisphäre	**„Ganzheitliche" oder „Gestalt-Hemisphäre" gewöhnlich rechte Hemisphäre**
Verbale Sprache	Körpersprache
Bestandteile der Sprache	Sprachverständnis
Logik	Gefühl
Rationalität	Intuition
Gesetzmäßigkeit	Kreativität
Analyse	Synthese
Zeitempfinden	Raumerfahrung
Einzelheiten	Zusammenhänge
Sequenzielles Vorgehen	Ganzheitlichkeit
Wissenschaft, Mathematik	Rhythmus, Musik, Tanz
Druckschrift	Schreibschrift, Schwünge
Begriffliches Denken	Bildhaftes Denken
Planvolles Strukturieren	Spontanität

In der kindlichen Entwicklung wird die Zusammenarbeit der beiden Hirnhälften ganz intensiv durch die Krabbelphase des Kindes unterstützt. Etwa um den neunten Lebensmonat beginnt das Kind zu krabbeln. Während des Krabbelns benutzt es fast gleichzeitig das linke Bein/den rechten Arm, das rechte Bein/den linken Arm, um sich vorwärts zu bewegen.

Das gleichzeitige Benutzen der gegenüberliegenden Extremitäten aktiviert die beiden Hirnhälften über das Corpus Callosum zur Zusammenarbeit und bildet den Grundstein für späteres leichteres Lernen mit „dem ganzen Gehirn".

Nico, 12 Monate

Notwendigkeit des Lernens mit beiden Hemisphären (rechte und linke Gehirnhälfte) am Beispiel Deutsch:
Kinder, die vorwiegend linkshemisphärisch arbeiten, lesen häufig über lange Zeit einzelne Buchstaben, aber die Synthese, das Zusammenfügen der Buchstaben zu einem Wort, fällt ihnen schwer. Später fällt ihr Lesen oft durch eine monotone Stimme auf und sie verstehen häufig den Inhalt des Gelesenen nicht. Rechtschreib- und Grammatikregeln dagegen werden gut verstanden.
Kinder, die vorwiegend rechtshemisphärisch arbeiten, lesen oft sehr flott, manchmal zu hastig, überlesen schnell etwas und fragen häufig nicht nach, wenn sie etwas nicht verstehen.
Bei guter Zusammenarbeit der Hemisphären wird flüssig und gut betont gelesen. Es wird nachgefragt oder nachgesehen, wenn inhaltlich etwas nicht verstanden wird.

Notwendigkeit des Lernens mit beiden Hemisphären am Beispiel Rechnen

Kinder, die vorwiegend rechtshemisphärisch arbeiten, erkennen die Zahlen und Rechensymbole, wissen aber deren Bedeutung oft nicht mehr und haben keinen verstehenden Zugang zu mathematischen Zusammenhängen.

Kinder, die vorwiegend linkshemisphärisch arbeiten, wissen von der Bedeutung der Zahlen und Rechensymbole und wenden sie richtig an. Zahlenreihen werden sauber untereinander geschrieben und es fällt ihnen leicht, diese zu errechnen. Dabei beachten sie mathematische Zeichen. Textaufgaben jedoch bereiten ihnen häufig Schwierigkeiten.
Bei optimaler Zusammenarbeit der rechten und der linken Hemisphären werden Symbole richtig erkannt und angewandt, mathematische Aufgaben, auch Textaufgaben, inhaltlich richtig verstanden.

Zwischen dem motorischen Cortex im Gehirn und dem Bereich für formales Denken im Stirnlappen bestehen neurale Verbindungen. Das deutet abermals auf die Bedeutung von Bewegung bei Denkprozessen hin. Etwas malen, kritzeln, und/oder aufschreiben kann sehr wohl kognitive Prozesse unterstützen. Musik, Kunst und Sport sind Fächer, die einen größeren Anteil an Anerkennung, Finanzen und Schulstunden verdienen als zur Zeit üblich. Immer wenn wir gezielte Bewegungen ausführen, wird das Gehirn aktiviert und Lernen fällt leichter. Howard Gardner, Jean Ayres, Rudolf Steiner, Maria Montessori, Moshe Feldenkrais, Glenn Doman, Jonny E. Kiphard, Paul Dennison, Carla Hannaford und viele andere bekannte Persönlichkeiten, die sich mit dem Themenbereich Lernen befasst haben, betonen die Bedeutung der Bewegung für den Lernprozess.
Schulisches Lernen kann optimal unterstützt werden, wenn das Schulsystem Rücksicht nimmt auf die natürliche Entwicklung des Gehirns. Der Schreib-, Lese- und Mathematikunterricht muss besonders im Anfangsunterricht ganzheitlich angelegt sein, um die Funktionen der rechten Hemisphäre des Gehirns zu unterstützen. Das heißt, Lernen muss mit allen Sinnen geschehen. Details werden später ab etwa acht Jahren immer wichtiger, wenn die Logik-Funktion sich entwickelt. Für jedes Alter aber gilt: **Lernen geschieht nicht nur im Kopf, sondern mit dem ganzen Körper!**
Zusammenfassung: Das Großhirn ist zuständig für Willkürmotorik, Sprache, intellektuelle Fähigkeiten wie Planen, Denken und Konstruieren. Je leichter der Zugang zu beiden Hemisphären ist, umso besser gelingt das Lernen.
Gehirngerechtes Lernen fördert Kinder. „Der Mensch lebt, erlebt und handelt als Ganzes, nicht in abstrakten Teilbereichen.“[10]

[10] Köckenberger 2000, in Wendler, Irmischer, Hammer, S. 152.

Von der ersten Zellteilung an ist die Entwicklung des Gehirns ein Wechselspiel zwischen den Genen (Erbanlagen) und den Umwelteinflüssen. Das Gehirn selbst wird von Erfahrungen geprägt, es bleibt das ganze Leben formbar, jedoch ist es in der frühen Kindheit am empfänglichsten. Es ist so dynamisch, dass es sich stets darauf einstellt, die jeweiligen sensorischen, motorischen, emotionalen und kognitiven Anforderungen zu erfüllen.

Das junge Gehirn eines Kindes verfügt noch über eine bemerkenswerte Plastizität und Formbarkeit. Erfahrungen regen das Gehirn an, neue Synapsen zu bilden und optimale Nervenbahnen auszuwählen.

„Ändert sich der Zustand der Seele, so ändert dies zugleich auch das Aussehen des Körpers und umgekehrt: ändert sich das Aussehen des Körpers, so ändert dies zugleich auch den Zustand der Seele."

(Aristoteles)

1.2 Stufen der Gehirnentwicklung

Geburt	Die Entwicklung des Gehirns ist noch lange nicht abgeschlossen. Rückenmark und Hirnstamm sind vollständig ausgebildet. Bis zum fünfzehnten Monat beschränkt sich die Gehirnaktivität weitgehend auf den Hirnstamm, Teile des Kleinhirns und den Thalamus.
2. – 3. Monat	Die Aktivität mehrerer Kortexgebiete steigt, am deutlichsten ist die Aktivität im Bereich der Sehrinde.
8. Monat	Das Aktivieren der Stirnlappen wird durch das Auftreten von ersten kognitiven Anzeichen wie Erinnern sichtbar.
1. Lebensjahr	Das Gehirn wächst fast um das Dreifache. Es nimmt von einem Viertel auf ein Dreiviertel des endgültigen Gewichts zu. Die Befriedigung der Grundbedürfnisse wie Nahrung, Schutz, Geborgenheit steht im Mittelpunkt. Motorische Entwicklung wird durch das Ausleben der frühkindlichen Reflexe und den Erwerb der Halte- und Stellreaktionen unterstützt. Die Umgebung beeinflusst die Gehirnentwicklung des Säuglings.
Bis zum 4. – 5. Lebensjahr	Die Gehirnaktivität findet stark im Bereich des Zwischehirns (Limbisches System) statt. Emotionales Erkundungsverhalten, Umgang mit Sprache und das Gedächtnis entwickeln sich. Soziale Kontakte werden erprobt. Das Kind nimmt andere wahr, es beginnt zu interagieren. Ab etwa drei Jahren sind erste Anzeichen von Altruismus (Anteilnahme und Bewusstsein für die Bedürfnisse anderer Menschen, Tiere und Gegenstände) und Empathie (Einfühlungsvermögen) sichtbar. Auch das Entstehen des Vorstellungsvermögens, der Phantasie und das Spiel gehören stark in diese frühen Entwicklungsjahre. Limbische Lautäußerungen, Mimik und Gestik prägen diese frühe Entwicklungszeit des Menschen. Bis etwa zum vierten Lebensjahr sind die Emotionen noch nicht über den Verstand steuerbar. Hannaford[11] weist darauf hin, dass die frühen Jahre aufgrund der Entwicklung des Limbischen Systems Gelegenheit bieten, soziale Bindungen aufzubauen und dem Kind das Verhalten gegenüber anderen Menschen, Tieren und der Umwelt nahe zu bringen.

[11] Hannaford, 1996, S. 71

4.– 7. Lebensjahr	Die Ausbildung der rechten Hemisphäre steht im Mittelpunkt der Gehirnentwicklung. Wahrnehmungen, Erinnerungen, Wünsche, Träume, Phantasien werden in Rollenspielen verarbeitet. Das Kind erlebt seine Welt noch vorwiegend ganzheitlich. Erkennen und kognitives Denken entwickeln sich immer mehr. Im Alter zwischen vier und acht Jahren hat der Energieverbrauch des Gehirns seinen Höchststand erreicht.
7.– 9. Lebensjahr	Die Ausbildung der linken Hemisphäre, der Logik-Hemisphäre, steht im Mittelpunkt. Die Verarbeitung von Details wird immer besser möglich. Kognitives Denken und die Verfeinerung der Sprache sind zu bemerken. Lesen, Schreiben und mathematisches Arbeiten können gelingen. Die Ausbildung der Stirnlappen zeigt sich. Das Kind beginnt logisch zu denken. Es versucht, Probleme mit Hilfe der Logik zu lösen. Die feinmotorische Entwicklung verbessert sich, die Geschicklichkeit des Kindes nimmt zu. Augeneinstellungen für Augenfolgebewegungen fallen dem Kind zu dieser Zeit leichter. Das Kind ist in der Lage, auf Belohnungen zu warten.
9.–12. Lebensjahr	Verstärkte Ausbildung des Corpus Callosum – Verarbeitung mit dem ganzen Gehirn. Ein Teil des Corpus Callosum – der hintere Teil, Splenium genannt – ist bei Frauen größer als bei Männern. Die Kommunikation der beiden Hemisphären ist dadurch effizienter. Für die sprachlichen Fähigkeiten scheint dies ein Vorteil zu sein, für Raumwahrnehmungen eher ein Nachteil.
12.–16. Lebensjahr	Östrogen und Testosteron beeinflussen das Denken und das Verhalten. Männer und Frauen erzeugen jeweils beide Hormone, jedoch ist bei Frauen der Östrogenspiegel, bei Männern der Testosteronspiegel sehr viel höher.
16.– 21. Lebensjahr	Dies ist die Zeit der Verbesserung der kognitiven Fähigkeiten. Bis zum 18. Lebensjahr weist das Kleinhirn ein ausgeprägtes Wachstum auf.
Ab 21 Jahren	Ausbildung und Verfeinerung des Stirnlappens. Logisches, systemisches Denken, Verfeinerung der Emotionen, Verbesserung der Feinmotorik.

1.3 Sensible Phasen der Gehirnentwicklung

In der Entwicklung treten verschiedene sensible Phasen höchster Lernaktivität auf. In diesen Zeiten ist die Möglichkeit der Feinarbeit bei der Verschaltung des Gehirns besonders effektiv. Eliot meint, alle sensiblen Phasen beginnen innerhalb der ersten vier Lebensjahre.[12]

Die sensible Phase in der Ernährung, die weitreichende Konsequenzen für die künftigen kognitiven, emotionalen und neurologischen Funktionen des Kindes hat, beginnt bereits vor der Geburt um die zweite Hälfte der Schwangerschaft und zieht sich bis etwa zum zweiten Lebensjahr. In dieser Zeit reagiert das Gehirnwachstum hoch empfindlich auf Qualität und Quantität der Nahrung, mit der es versorgt wird. Das bedeutet, dass wir der Ernährung der werdenden Mutter und später des Kindes in den ersten zwei Jahren besondere Aufmerksamkeit widmen müssen. Ernährungsdefizite, Nährstoffmangel, Mangelernährung können zu beeinträchtigter Gehirnfunktion führen. Je früher die Mangelernährung einsetzt, je länger sie in dieser sensiblen Phase anhält, umso einschneidender die Auswirkung auf die Gehirnfunktion.

In der sensiblen Phase für die Eltern-Kind-Beziehung scheint die erste Lebensstunde nach der Geburt eine wichtige Rolle zu spielen, wenn Mutter und Kind sowie Vater und Kind sich nacheinander in die Arme nehmen. Das Neugeborene ist kurz nach der Geburt erstaunlich wach und aufmerksam. Der direkte Hautkontakt zur Mutter unterstützt die erste Mutter-Kind-Bindung optimal. In den siebziger Jahren wiesen Forscher auf diese Phase ganz besonders hin, in den achtziger Jahren jedoch kam man zu der Ansicht, dass elterliche Liebe nach und nach während des ersten Lebensjahres entsteht. Da alle Untersuchungen aber bestätigten, dass ein früher Kontakt Vorteile hat, kam es zu Veränderungen in den Kliniken. Heute wird für den ersten Kontakt zwischen Eltern und Kind so selbstverständlich gesorgt wie für die erste Stillmöglichkeit.

Die sensible Phase für Berührungsempfindung beginnt etwa um die Mitte der Schwangerschaft. Das zeigt, dass sämtliche Berührungsreize, die das Ungeborene im Uterus verspürt, wichtig für seine spätere Körperwahrnehmung sind. Inzwischen weiß man, dass diese sensible Phase noch durch das ganze Leben hindurch verfeinert werden kann. Dennoch bestimmen frühe Berührungserfahrungen die Qualität unserer Tastempfindlichkeit. Kinder wachsen und gedeihen vor allem in den ersten Monaten durch Berührung und Körperkontakt.

---

[12] Eliot, 2002, S. 56

Die sensiblen Phasen für die visuelle Entwicklung. Während der normalen visuellen Entwicklung gibt es mehrere sensible Phasen. Solange sich die Synapsen, die für die verschiedenen visuellen Bereiche zuständig sind, noch in der Phase der feinen Abstimmung befinden, sind sie formbar. Die Reifung und auch die sensible Phase des binokularen Sehens setzt früh, schon kurz nach der Geburt ein. Sehstörungen kleiner Babys, die in diesem Bereich liegen, sollten bis zum achten Lebensmonat behoben sein, damit das binokulare Sehen sich störungsfrei entwickeln kann. Bei der Entwicklung der Sehschärfe beginnt die sensible Phase erst in den ersten Lebensmonaten. Frühestens jetzt ist das Kind in der Lage, Einzelheiten zu erkennen und die visuellen Informationen beidseitig ausgewogen zu verarbeiten. Die sensible Phase erreicht laut Eliot ihren Höhepunkt zwischen dem neunten und elften Monat und ist mit zwei Jahren weitgehend abgeschlossen.[13] Nachdem sich binokulares Sehen und Sehschärfe entwickelt haben, sind sie, solange noch eine synaptische Feinabstimmung stattfindet, beeinflussbar, das bedeutet bis ungefähr ins achte Lebensjahr.[14]

Die sensible Phase für die auditive Entwicklung beginnt vorgeburtlich und zieht sich bis in die ersten Lebensmonate. Die Phase endet vor dem sechsten Lebensmonat des Säuglings.[15] Die synaptische Feinabstimmung des Gehörs benötigt jedoch noch die gesamte Vorschulzeit und die frühen Schulkindjahre. Die Fähigkeit der akustischen Figur-Grund-Differenzierung – die Möglichkeit, bestimmte Geräusche vor dem Hintergrundslärm zu erkennen – ist erst im Alter von zehn Jahren voll ausgereift. So lange bleibt das Gehör formbar.

Die sensible Phase der Sprachentwicklung liegt am Beginn des Lebens. Der frühe Kontakt zur Sprache ist für die Entwicklung des menschlichen Sprachvermögens notwendig und muss erstmals in dieser sensiblen Phase erfolgen. Noch innerhalb des ersten Lebensjahres werden die Dendriten und Synapsen im Gehirn geformt. Wie die motorischen Fähigkeiten und wie jedes Sinnesorgan wird auch der Spracherwerb entscheidend von den Erfahrungen des Kindes geprägt. Das Kind muss dauerhaft mit den verschiedenen Kombinationen von Lauten, Bedeutung und Grammatik seiner Sprache konfrontiert werden, damit sich die zuständigen Schaltkreise im Gehirn entwickeln und festigen können.

---

[13] Eliot, 2002, S. 318
[14] Eliot, 2002, S. 318
[15] Eliot, 2002, S. 365

Die sensible Phase des Erlernens einer Fremdsprache, besonders der Aussprache und der Grammatik, liegt laut verschiedenen Studien im vorschulischen Altersbereich. Kinder im Alter bis zu sechs/sieben Jahren erlernen eine Fremdsprache am ehesten fehlerlos. Das kindliche Gehirn scheint in dieser Zeit besonders befähigt, sich Sprache anzueignen. Diese Fähigkeit nimmt mit zunehmendem Alter bis zur Pubertät ab, im frühen Erwachsenenalter ist die sensible Phase vorbei.

1.4 Vorschläge für Eltern, Kindergarten und Schule

Vorschläge für Eltern

- Vermeiden Sie Alkohol in der Schwangerschaft. Ein regelmäßig erhöhter Alkoholkonsum während der Schwangerschaft schadet dem Kind. In den USA ist der erhöhte Alkoholkonsum Schwangerer eine Hauptursache für geistige Retardierung. Alkohol vernichtet viele Neuronen direkt, je nach Zeitpunkt des Alkoholkonsums sind verschiedene Gehirnregionen davon betroffen. Die Auswirkungen sind in ihrer Intensität von der Menge des konsumierten Alkohols abhängig
- Rauchen sollten Sie in der Schwangerschaft vermeiden. Rauchen erhöht das Risiko einer Fehlgeburt. Nikotin gelangt in den fötalen Blutkreislauf, verändert die Atembewegungen des Babys. Entwicklung und Funktion des Gehirns können durch vorgeburtliche Nikotinzufuhr beeinträchtigt werden. Am schädlichsten ist das Rauchen im letzen Abschnitt der Schwangerschaft, da es das Risiko des Sauerstoffmangels während der Geburt erhöht
- Meiden Sie Drogen. Drogen werden mit Schwangerschaftsproblemen, Beeinträchtigung der Gehirnentwicklung des Ungeborenen, hoher Sterblichkeitsrate in der Neugeborenenzeit, Drogenabhängigkeit der Neugeborenen mit starken Entzugserscheinungen in Verbindung gebracht
- Medikamente sollten Sie nur in Absprache mit dem Arzt einnehmen
- In der Schwangerschaft sollten Sie darauf achten, Kaffee und anregende Tees nur in Maßen zu sich zu nehmen. Koffein gelangt durch die Plazenta in den Blutkreislauf des Fötus. Übermäßig hoher Koffeinkonsum kann beim Baby nach der Geburt Entzugserscheinungen verursachen
- Gesunde, vitaminreiche Ernährung ist wichtig für Mutter und Kind, siehe sensible Phasen!
- Stress zu reduzieren ist wichtig. Die Gemütsverfassung der werdenden Mutter kann den Fötus beeinflussen
- Hören Sie in der Schwangerschaft Musik und reden sie mit Ihrem Kind
- Gehen Sie spazieren, bewegen Sie sich angemessen und entspannen Sie sich

- Bei vorzeitigen Blutungen und der Anweisung sich körperlich ruhig zu halten, sollten Sie mit dem Arzt besprechen, ob das Liegen in einer Hängematte/auf einer Luftmatratze, Sitzen auf einem Schaukelstuhl möglich ist – es vermittelt vestibulare Reize für das Ungeborene!
- Nehmen Sie regelmäßige die Vorsorge Termine wahr
- Schenken Sie Ihrem Kind regelmäßige Liebe und Zuwendung
- Nehmen Sie sich regelmäßig Zeit für das Kind; laut internationaler Studie des Lego Learning Institutes Dänemark nehmen 60 % der deutschen Eltern den Nachmittag ihres Kindes als zeitlich verplant wahr. Diese Einschätzung wächst mit dem Alter des Kindes
- Achten Sie auf regelmäßige Ess- und Schlafgewohnheiten ihres Kindes
- Schmusen Sie viel mit Ihrem Kind, halten Sie engen Körperkontakt zu ihm
- Sprechen, reden und singen Sie mit dem Kind
- Nehmen Sie alle U-Untersuchungen mit dem Kind regelmäßig wahr
- Suchen Sie bei Unsicherheit den Kinder- und Jugendarzt oder den Facharzt auf
- Lesen Sie dem Kind Geschichten, Märchen, Reime, Spaßverse vor
- Vermitteln Sie dem Kind Sinnesreize: Hautkontakt, Kniereiterspiele, Musik, Wiegen, nutzen Sie Anregungen aus dem Buch „Bildung beginnt schon auf dem Wickeltisch“. verlag modernes lernen
- Achten Sie beim Kauf von Spielzeug auf Qualität. Je mehr Sinne ein Spielzeug anspricht, umso länger wird sich das Kind dafür interessieren. Oft ist ein einfaches Spielzeug viel reizvoller und kreativer einzusetzen als hochkomplizierte Spielzeuge, die automatisch funktionieren
- Bieten Sie Ihrem Kind angemessen – eher weniger als zu viele – Eindrücke am Tag an. Das Kind muss Eindrücke auch verarbeiten können
- Lassen Sie Ihr Kind viel und über lange Zeit krabbeln. Verzichten Sie auf frühe Laufhilfen
- Lassen Sie Ihr Kind Kontakt mit anderen Kindern aufnehmen
- Loben Sie seine Fürsorge und Pflege für Tiere und leben Sie ihm diese vor

- Zeigen (vorleben) Sie ihm sorgfältigen Umgang mit Spielzeug (besonders Puppen, Teddys, Stofftieren) und anderen Gegenständen und loben Sie Ihr Kind dafür
- Machen Sie gemeinsame Spaziergänge in der Natur
- Beziehen Sie Ihr Kind in die tägliche Arbeit kindgerecht mit ein
- Geben Sie dem Kind die Möglichkeit, Dinge allein zu können und lassen Sie ihm Zeit dafür, z. B. sich anzuziehen, etwas zu sortieren ...
- Loben, anerkennen und ermutigen Sie Ihr Kind – Sie erreichen damit mehr, als wenn Sie tadeln
- Bieten Sie Ihrem Kind schon früh Wasser als Getränk an. Wasser ist überall im menschlichen Körper, es füllt jede Zelle. Der Mensch besteht zu etwa 60 % bis 70 % aus Wasser. Alle Abläufe im Körper werden durch Wasser erst möglich gemacht. Wassermangel kann zu Krankheiten führen. Das Gehirn benötigt Wasser, um aktiv arbeiten zu können

Vorschläge für den Kindergarten

- Freies Spielen ermöglichen, das Kind holt sich intuitiv seine Sinnesreize
- Erlebnisse in der Natur anbieten
- Tanzen, Turnen, Bewegungsspiele im Wechsel von Anleitung und Eigenaktivität
- Bewegung und Austausch mit anderen Kindern fördern, Spielregeln einführen
- Fürsorglicher und pflegender Umgang mit Materialien und Spielzeug
- Zeitgefühl einüben: In drei Minuten räumen wir auf – Eieruhr klingeln lassen
- Fingerspiele und Fadenspiele einführen, s. dazu „Bildung beginnt schon auf dem Wickeltisch".
- Bastel- und Malangebote machen
- Krabbelspiele, Spiele zum Überkreuzen der Körpermittellinie in den Tagesablauf integrieren
- Tägliches gemeinsames Frühstück durchführen

- Das Programm „Von Anfang an im Gleichgewicht“ einsetzen (Literatur *BORGMANN MEDIA*)
- Wasser als Getränk anbieten
- Positive Verstärkung durch Lob und Anerkennung
- Das Kind in seiner Persönlichkeit annehmen und unterstützen

Vorschläge für die Grundschule

- Lernen mit allen Sinnen, lernen mit Spaß und Freude
- Lernen mit Hilfe von Bewegung – das Programm „Bildung kommt ins Gleichgewicht“ einsetzen (Literatur *BORGMANN MEDIA*)
- Die Persönlichkeit des Kindes anerkennen und achten
- Lernen an verschiedenen Orten, inner- und außerschulische Lernorte erfahren
- Handlungsorientiertes Lernen steht immer am Anfang neuer Lernprozesse
- Durch bewegten Unterricht die Aufmerksamkeit der Kinder erhalten und unterstützen, das Programm „Beweg dich, Schule!“ einsetzen (Literatur *BORGMANN MEDIA*)
- Schule als Lern- und Lebensraum betrachten und gestalten
- Tägliche Gespräche mit den Kindern z. B. im Morgenkreis, im Klassenkreis, im Freitagskreis
- Tägliches gemeinsames Frühstück
- Während des Unterrichts Wasser trinken lassen. Über die Notwedigkeit genug Wasser zu trinken mit den Kindern sprechen
- Brain-Gym®-Übungen in den Tagesablauf integrieren
- Spiele und Tänze zum Überkreuzen der Körpermittellinie einführen
- Entspannungssituationen anbieten
- Lob verstärkt positives Verhalten, Tadel verhindert negatives Verhalten keineswegs

Vorschläge für die weiterführende Schule

- Wechsel von kognitiven Phasen und Entspannung bzw. Bewegung, das Programm „Beweg dich, Schule!“ einsetzen (Literatur *BORGMANN MEDIA*)
- Die Sinne schulen – fächerübergreifende Parcours/ Stationenarbeit
- Bewegung und Wahrnehmung aktiv in den Lernprozess einbeziehen, das Programm „Bildung kommt ins Gleichgewicht“ einsetzen (Literatur *BORGMANN MEDIA*)
- Angenehme Lernatmosphäre schaffen (Raumgestaltung, Umgangston beachten)
- Brain-Gym® Übungen
- Wasser als Getränk im Unterricht erlauben, im Klassen- und Fachunterricht auf die Wesentlichkeit von Wasser für den Menschen eingehen
- Jonglieren
- Tanzen
- Entspannungsübungen anbieten
- Sport und Spiel mit Überkreuzbewegungen der Körpermittellinie
- Regelmäßige Gespräche zwischen Lehrern und Schülern
- Anerkennung der Persönlichkeit des Schülers
- Dem Schüler Lob, positive Verstärkung, Vertrauen zukommen lassen

2. Die Entwicklung von Wahrnehmung und Bewegung

Bereits um die neunte Schwangerschaftswoche beginnt für das Ungeborene, das man zu dieser Zeit Fötus nennt, die Phase, in der hauptsächlich die Entwicklung der Wahrnehmung und der Bewegung im Mittelpunkt steht. Wahrnehmung und Bewegung unterliegen einem bestimmten Entwicklungsprozess.

Folgende Wahrnehmungssysteme sollen hier unterschieden und auf ihre Entwicklung und Bedürfnisse hin betrachtet werden:

- Die taktile Wahrnehmung – das Tasten und Fühlen
- Die vestibulare Wahrnehmung – das Gleichgewicht
- Die propriozeptive Wahrnehmung – die Stellung und Spannung der Muskeln, Sehnen, Gelenke
- Die auditive Wahrnehmung – das Hören
- Die visuelle Wahrnehmung – das Sehen
- Die gustatorische Wahrnehmung – das Schmecken
- Die olfaktorische Wahrnehmung – das Riechen

2.1 Das taktile Wahrnehmungssystem

Das taktile Sinnessystem ist das vielfältigste und flächenmäßig größte Sinnessystem des Menschen. Unsere Haut umhüllt und schützt uns. Sie hat Rezeptoren für Druck und Bewegung, für Wärme und Kälte sowie für Schmerz. Die Haut spiegelt die Empfindungen von Menschen wider; sie erblasst, errötet, schwitzt. Sie schützt den Menschen, sie reguliert, atmet und warnt. Unsere Haut hat somit lebenserhaltende Funktion. Reize von fast jedem Quadratzentimeter der Haut erreichen das Zentralnervensystem (ZNS) und werden dort verarbeitet und integriert. Viele Reize werden dem Menschen nicht bewusst, leiten aber auf niedrigerer Ebene des Gehirns Bewegungen und/oder Gefühlsäußerungen ein. Montagu sieht die Bedeutung der taktilen Funktion auch darin, dass ihr im Gehirn deutlich größere Zonen zuzuordnen sind als anderen Funktionen.[1]

[1] Montagu, 1995

Die Haut wird während der Entstehung des Menschen – wie das Nervensystem – aus der gleichen Gewebsschicht, dem Ektoderm gebildet. Deshalb spielen die Haut und Bewegungsreize eine Schlüsselrolle bei der Organisation des Gehirns. In diesem Zusammenhang ist von Bedeutung, dass der Mensch zwar taub und blind leben kann, die Funktion der Haut aber lebensnotwendig ist.

Das taktile System ist das früheste reagierende Sinnessystem, denn schon um die fünfte bis siebte Schwangerschaftswoche reagiert der Fötus mit einer Ganzkörperrückzugsbewegung, wenn er eine zarte Berührung an den Lippen erfährt. Die Lippen sind die erste tastempfindliche Körperregion des Ungeborenen, es folgen Hand und Fußsohlen. Bis zur 13./14. Woche dehnt sich die taktile Reaktion auf den ganzen Körper aus. Das taktile Sinnessystem ist ein wichtiges Kommunikationssystem des Ungeborenen.

Vorgeburtlich erhält der Fötus vielfältige Hautreize durch die Bewegung der Mutter. Im letzten Drittel der Schwangerschaft ermöglicht die Verbindung des taktilen Sinnessystems mit anderen Sinnessystemen die Entstehung komplexer Reaktionen. Während der Geburt stimuliert die Kontraktion des Uterus kräftig die Haut des Fötus. Nie wieder im weiteren Leben wird es solche intensiven Reize des taktilen Sinnessystems geben. Die Stimulierung der Haut verleiht dem Neugeborenen Geborgenheit, Sicherheit und Wohlbehagen. Die Berührungen sind Grundlagen für das weitere soziale Lernen. Sie stimulieren das Wachstum der sensorischen Nervenenden des Körpers. Diese sind an motorischen Bewegungen, räumlicher Orientierung, visueller Wahrnehmung und Berührungen beteiligt.[2]

Während der Entwicklung des Menschen ist die erste Berührung im Uterus auf sich selbst gerichtet, nach der Geburt erfährt das Kind Berührungen mit anderen Menschen und mit Materialien.

Nach dem ersten Lebensjahr verarbeitet das Kind die Berührungsreize etwa viermal so schnell wie bei der Geburt, im sechsten Lebensjahr etwa achtmal so schnell.

Je besser die taktile Wahrnehmung differenziert wird, um so klarer werden das Körperschema und das Körperbild des Kindes. Das Körperschema umfasst die Orientierung am eigenen Körper, das Wissen und die Kenntnis vom eigenen Körper und dessen Funktionen und die Einschätzung in Bezug auf Größe und Aus-

---

[2] Hannaford, 1996, S. 45 ff.

dehnung. Das Körperbild beinhaltet das eigene Körperbewusstsein, die Einstellung zum eigenen Körper und das Erleben der Körpergrenzen. Ein gut entwickeltes Körperschema/Körperbild führt zu Selbstvertrauen, das mit der Entwicklung eines positiven Ich-Gefühls einhergeht.

Die neuere Gehirnforschung zeigt, dass Kinder mit viel Hautkontakt weniger Stress haben und eine entsprechend geringere Aggressionsbereitschaft aufweisen. Carla Hannaford betont: „Berührung ist ein starker Anker für Verhalten und Lernen.“[3] Sie berichtet von einem Experiment an kanadischen Schulen: Schüler, die negative Verhaltensmerkmale zeigten, wurden bei positivem Verhalten fünfmal leicht an der Schulter berührt und gelobt. Unangenehmes Verhalten wurde ignoriert. Bei allen Schülern verbesserte sich das Verhalten innerhalb kurzer Zeit.

Jean Ayres entdeckte eine Verbindung zwischen der Unfähigkeit Berührungen zu ertragen und Lernschwierigkeiten.[4] Sie benennt taktile Abwehr als zwar geringfügige, aber dennoch ernst zu nehmende neurologische Störung. Die Symptome zeigen sich in Überempfindlichkeit solchen Reizen gegenüber, die bei normaler taktiler Verarbeitung kaum spürbar sind. Manche einfache Berührung stellt für ein berührungsempfindliches Kind eine geradezu elementare Bedrohung dar. Scheinbar unangemessene Reaktionen wie Wut, Kampf oder Flucht sind die Folgen.

Aus Untersuchungen ist bekannt, dass Frühgeborene, die Körperkontakt bekamen, besser überlebten und sich schneller entwickelten als solche Frühgeborene, die in Wärmebettchen oder Brutkästen ohne Körperkontakt blieben.

Die taktile Sinneswahrnehmung ist nicht nur für Frühgeborene, Säuglinge, Kinder und Jugendliche wichtig. Bis in das Seniorenalter hinein ist zu erkennen, dass taktile Reize positive Auswirkungen auf die Psyche sowie die körperliche und geistige Fitness haben. „Das Bedürfnis nach peripherer Hautstimulation dauert so lange wie das Menschenleben, aber es ist am intensivsten und wesentlichsten in der frühen Phase der reflektiven Verbindung.“[5]

Menschen untereinander treten über ihren Körper in Beziehung, dabei spielen Blickkontakte, Mimik, Gestik, Körperhaltung, stimmliche Signale und direkte Berührungen eine Rolle. Kinder mit taktiler Abwehr neigen dazu, emotional ne-

---

3 Hannaford, 1996, S. 49.

4 Ayres 1998, S. 152

5 Clay, 1966 in Montague, 1992, S. 145

gativ auf Berührungsreize zu reagieren. Sie kommen häufig in Konflikte, denn schon ein leichter Körperkontakt wird von ihnen als unangenehm empfunden und abgewehrt. Nahes nebeneinander Stehen oder Sitzen erscheint unerträglich und bedrohlich. Das daraus resultierende Verhalten wird oft als aggressiv und/oder egozentrisch erlebt.

Berührungsvermeidung kann bis zum Ausweichen des Blickkontaktes führen. Kinder mit autistischen Zügen weisen in der Regel starke Auffälligkeiten in der taktilen Wahrnehmungsverarbeitung auf.

In der Fachliteratur gibt es auch Hinweise auf die Verknüpfung der Sprachentwicklung mit dem Körperkontakt. Für Leboyer ist die Sprache der Berührung die erste Sprache, die das Kind versteht.[6] Montagu meint, dass sich die erste Sprache des Kindes aus seinen Empfindungen ableitet. Aucouturier und Lapierre sehen in der gesprochenen Sprache die höchstentwickelte Form der Kommunikation. Ihrer Ansicht nach ist sie nur über bestimmte Stufen – beginnend mit dem Körperkontakt – zu erreichen.[7]

In der Schule und im Kindergarten erkennt man Kinder mit überempfindlicher Berührungssensibilität häufig daran, dass sie nicht gerne mit Kleister arbeiten, Matsch meiden und beim Plätzchenbacken ständig ihre Hände waschen möchten. Auf Berührungen reagieren sie mit plötzlichen Wutausbrüchen oder Weinen, vor allem in Gruppensitu-ationen.

Eltern berührungssensibler Kinder berichten oft von der Verweigerung von Zärtlichkeiten. Teilweise ertragen die Kinder nicht einmal Berührungen ihrer eigenen Eltern und/oder Geschwister, was die Zurückgewiesenen hilflos, sehr traurig oder auch wütend werden lässt. Ein Elternpaar erzählte, dass sie ihr Kind deshalb sogar schlugen. Erst eine Therapie öffnete ihnen schließlich die Augen. Andere Kinder wehren die Zärtlichkeiten entfernter Verwandter, Freunde oder außenstehender Personen ab, während die der Eltern durchaus erwünscht sind. Da sich dies auch im Sportunterricht auswirken kann, ist es wichtig, dass Eltern verstehen, was in ihren Kindern vorgeht, um dies auch an Betroffene – in diesem Fall den Sportlehrer – weiter zu geben. Auch von der Verweigerung bestimmter Speisen sowie über ein sehr intensives Geruchsempfinden der Kinder wird in diesem Zusammenhang berichtet.

---

[6] Leboyer, 1981

[7] Aucouturier, B., Lapierre, A., 1995

Taktile Wahrnehmungsschwierigkeiten sind häufig bei Kindern mit Dyskalkulie zu erleben. Kinder, die mir mit Rechenschwäche vorgestellt werden, haben in hohem Maße auch Auffälligkeiten in der Verarbeitung ihrer taktilen Reize. Sie sind in der Lage Körperteile zu benennen, werden ihnen aber Gegenstände auf bestimmte Körperteile gelegt, sehen sie sich außerstande zu sagen, auf welchem Körperteil sie den Gegenstand spüren. Ihr Körperschema ist nicht zuverlässig gespeichert. Die Grundlage für das spätere sichere Umgehen in abstrakten Räumen fehlt. Probleme mit Zahlenräumen, Zahlenfolgen, geometrischen Formen, Lageempfindungen von Zahlen und Buchstaben, Einhalten der Linien im Heft, Bewältigung von Textaufgaben und der Orientierung auf dem Arbeitsblatt treten in diesem Zusammenhang vermehrt auf.

Zusätzlich zu intensiver Körpererfahrung müssen Kinder Materialien zuerst im wahrsten Sinne des Wortes „begreifen“ „erfassen“, um später sicher mit ihnen umgehen zu können. Deshalb ist handlungsorientierter Unterricht zwingend notwendig.

Besonders sensible Situationen für Berührungsempfindungen sind in der Schule der Beginn und das Ende der Pausen. Es wird gedrängelt, geschubst, Körperkontakt ist fast nicht zu vermeiden – für manches Kind eine große Belastung. Häufig bemerkt der Lehrer im Unterricht in den ersten Minuten unruhiges oder unkonzentriertes Verhalten des Schülers, kann sich dies jedoch, gerade nach einer Pause, nicht erklären.

In einer meiner Klassen befand sich ein Junge mit auffallend empfindlicher Berührungssensibilität, bei dem es anfangs zu häufigen Ausbrüchen im Klassenzimmer kam. Im gemeinsamen Klassengespräch verabredeten wir, stets von vorn auf den Mitschüler zuzugehen, wenn wir mit ihm Kontakt wollten. Diese Vereinbarung war hilfreich, weil der Junge bei Kontaktaufnahme ohne Augenkontrolle (auch wenn eine Berührung noch nicht erfolgt war) ausrastete, schlug, weinte, schrie und sich nur langsam wieder beruhigte. Der soziale Kontakt zwischen dem Schüler und seinen Klassenkameraden verbesserte sich erheblich und der Junge wurde schließlich gut in die Gemeinschaft integriert.

Diagnostisch gibt es Unterscheidungen zwischen taktiler Unter- und Überempfindlichkeit. Im täglichen Leben erweisen sich entsprechende Aussagen als schwierig. Scheinbar unterempfindliche Kinder zeigen oft auch Überreaktionen auf Berührungsreize. Kinder balgen sich mit ihren Eltern oder Geschwistern und sind dabei mitunter unangemessen grob, reagieren aber überempfindlich, wenn sie sich selbst weh tun oder unvorhergesehen angefasst werden.

„Es führt zu nichts, wenn man die Welt der Sinne abtötet, die der Gedanken aber mästet!"

(Hermann Hesse)

„Die Sinne füttern"

Alle weiteren aufgeführten Beispiele von Hilfsangeboten zur leichteren Integration der verschiedenen Sinnesreize sind präventive oder begleitende Unterstützungsmöglichkeiten. Sie gelten nicht nur für Kindergarten- und Grundschulkinder. Auch in weiterführenden Schulen ist ein progressiver Anstieg von fehlenden Grundlagen durch den Mangel an sensorischen und motorischen Erfahrungen zu beobachten. Mitunter können Kinder eine Zeit lang diese Defizite kompensieren, doch bricht die Möglichkeit des abstrakten Lernens irgendwann in der Schulzeit – beispielsweise beim Übergang von der 4. in die 5. Klasse – zusammen.

2.1.1 Vorschläge für Eltern, Kindergarten und Schule

Vorschläge für Eltern

- Streicheln Sie den Bauch der werdenden Mutter
- Streben Sie – wenn möglich – eine natürliche Geburt an

Die Barmer Ersatzkasse meldet 2001 für ihre Mitglieder eine Kaiserschnittrate von 22,4 %, die AOK 21,6 %. Drei Jahre zuvor waren es bei der Barmer noch 17,7 %, bei der AOK 18,5 %. Im Jahr 2014 wurden in Deutschland 31,8 Prozent der Kinder per Kaiserschnitt geboren[8]. Für die ansteigenden Raten werden u. a. erhöhte Schwangerschafts- und Geburtsrisiken durch später gebärende Frauen verantwortlich gemacht

Hebammen sprechen aber auch von Kenntnisdefiziten der Geburtshelfer bei der Behebung von Fehllagerungen. Zudem ist bundesweit der Trend zum „Wunschkaiserschnitt" steigend. Die Bayerische Arbeitsgemeinschaft für Qualitätssicherung (BAQ) sieht das Risiko für das Kind bei dem geplanten Kaiserschnitt als „leicht erhöht" an. Durch den fehlenden Druck im Geburtskanal könne es zu einer ungenügenden Entleerung der Lungen und damit zu Atemanpassungsproblemen kommen.[9]

- Wählen Sie die sanfte Geburt
- Gehen Sie behutsam und zärtlich mit Ihrem Kind um
- Bieten Sie dem Neugeborenen den Bauch der Mutter als Nest an
- Stellen Sie in der frühen nachgeburtlichen Phase den engen Körperkontakt zwischen Mutter, Vater und Kind her
- Stillen Sie Ihr Kind
- Wickeln, baden, tragen, füttern Sie Ihr Kind in liebevollem Körperkontakt. Nutzen Sie die Angebote aus: „Bildung beginnt schon auf dem Wickeltisch". *(verlag modernes lernen)*
- Schmusen Sie mit Ihrem Kind, streicheln Sie es und kuscheln Sie so oft es geht
- Massieren Sie Ihr Baby/Kind mit und ohne Cremes

In manchen Ländern hat das Massieren von Babys eine lange Tradition. Das sanfte, systematische Streicheln und Reiben des ganzen Körpers ist dort ein wichtiger Bestandteil der täglichen Versorgung. Indische Babys erhalten diese regelmäßige Massage sogar in Waisenhäusern.

---

[8] https://www.aerzteblatt.de/nachrichten/sw/Kaiserschnitt?nid=64988
[9] DIE WELT, Britta von Lehn, 16.7.2002, S. 3

- Lassen Sie Ihr Baby häufig nackt in einem warmen Raum strampeln
- Gehen Sie mit Ihrem Kind zum Kinderturnen
- Lassen Sie Ihr Kind barfuß laufen, wo immer es geht
- Spielen Sie Fingerspiele, Kniereiter, Strampel- und Huckepackspiele
- Backen, graben, buddeln, panschen, krabbeln, rutschen und rollen Sie mit Ihrem Kind
- Machen Sie Mal- und Schreibspiele auf dem Rücken Ihres Kindes
- Gehen Sie so oft wie möglich in die Natur
- Spielen Sie schon ganz früh mit Ihrem Kind im Wasser
- Wasserspiele unterstützen sanft den Aufbau des Körperschemas. Die Möglichkeit seinen Körper im Wasser zu genießen und zu erproben, sollte auch vor und während der Zeit des Schwimmenlernens immer im Mittelpunkt stehen

Zusammenfassend: Ein Mangel an taktilen Reizen bedeutet Deprivation, den Entzug von etwas Erwünschtem. Er führt immer zu einer Verzögerung der taktilen Entwicklung des Körperschemas. Berührungsreize sind umso wichtiger, je mehr ein Kind in diesem Bereich nachzuholen hat.

Auch ein Kind mit einem Hirnschaden benötigt dringend taktile Reize.

Bei taktiler Abwehr muss kleinschrittig und sensibel vorgegangen werden, denn das Kind nimmt die Reize als bedrohlich und beängstigend wahr. Die schrittweise und sensible Gewöhnung an Reize ist effektiver als eine massive Reizüberflutung.

Vorschläge für den Kindergarten

- Fingerspiele, Klatschspiele, Krabbelverse, Bewegungslieder, Kreisspiele, Kleine Tänze aus „Bildung beginnt schon auf dem Wickeltisch“ 0–8 Jahre. *(verlag modernes lernen)*
- Programm „Von Anfang an im Gleichgewicht“ einsetzen *(Literatur BORGMANN MEDIA)*
- Finger- und Fußspiele aus „Kita und Schule – ein starkes Team“ anbieten *(BORGMANN MEDIA)*
- Spiele zum Kennenlernen des Körpers aus „Ich wär’ jetzt mal ’ne Fledermaus!“ nutzen *(verlag modernes lernen)*

- Spiele zum Rollen, Rutschen, Krabbeln, Matschen, Buddeln, Bauen, Plantschen
- Naturmaterialien sammeln und mit ihnen spielen
- Reißen, knüllen, basteln, malen
- Im Sand spielen
- Ton und Gipsarbeiten, kneten und kleistern
- Rollenspiele mit und ohne Verkleidung
- Kleine Spiele und Anlässe für die Partnermassage
- Kleine Tänze
- Im Freien spielen

Vorschläge für die Grundschule

- Handzeichen zur Unterstützung des Buchstabenlernens
- Bewegungs- und Partnerspiele mit angemessenen Berührungsanlässen, dazu auch Rechen- Lese-Schreib- und Lernspiele aus „Beweg dich, Schule!" einsetzen *(Literatur BORGMANN MEDIA)*
- Mit dem Programm „Bildung kommt ins Gleichgewicht" arbeiten *(Literatur BORGMANN MEDIA)*
- Fingerspiele, Klatschspiele
- Spiele zur Förderung der Hand- und Fußmotorik aus „Ich wär' jetzt mal 'ne Fledermaus" *(BORGMANN MEDIA)*
- Gemeinsames Tanzen im Kreis und mit Partner
- Entspannungsspiele mit und ohne Materialien
- Tastparcours für Füße und Hände (siehe dazu auch Fuß- und Fingerspiele aus „Kita und Schule – ein starkes Team")
- Partnerspiele (Paarlauf, Schattenlaufen ...)
- Motopädagogik/psychomotorischer Sportunterricht

Vorschläge für die weiterführende Schule

- Erfahrungen mit dem eigenen Körper (Puls messen, Hautbeschaffenheit erkunden)
- Altersgemäße Bewegungsanlässe im Unterricht schaffen, dazu Lern- und Bewegungssequenzen zu Unterrichtsinhalten aus dem Buch „Beweg dich, Schule!" einsetzen *(BORGMANN MEDIA)*
- Mit dem Program „Bildung kommt ins Gleichgewicht" arbeiten *(Literatur BORGMANN MEDIA)*

- Entspannungssituationen mit Materialien zum Belegen von verschiedenen Körperteilen
- Geschicklichkeitsspiele mit Materialien auf der Haut
- Tanzen
- Brain-Gym® Übungen
- Sportarten, die Körperkontakt und Regeln mit sich bringen
- Erlebnisspiele und Erlebnispädagogik mit angemessener Körpererfahrung (kriechen, rollen, robben)
- Sportmassagen

„Berührt, gestreichelt und massiert werden,
das ist Nahrung für das Kind.
Nahrung, die genauso wichtig ist
wie Mineralien, Vitamine und Proteine.
Nahrung, die Liebe ist.
Wenn ein Kind sie entbehren muss,
will es lieber sterben.
Und nicht selten stirbt es wirklich.“

(Frederick Leboyer)

Sinneserfahrung genießen

2.2 Das vestibulare Wahrnehmungssystem

Das menschliche Vestibularorgan befindet sich auf beiden Seiten des Kopfes im Innenohr. Informationen vom Gleichgewichtssystem werden dem Menschen relativ selten bewusst. Trotzdem ist das Vestibularsystem von großer Bedeutung. Es erfasst die Richtung von Schwerkraft und Bewegung und ermöglicht dem Menschen den Körper im Stehen und in der Bewegung im Gleichgewicht zu halten ohne umzufallen. Handlungen können mit seiner Hilfe fließend ausgeführt werden.

Das vestibulare System nimmt jede Verlagerung im Raum mit hochsensiblen Rezeptoren wahr. Auch die Kontrolle der Augen und die der Halsmuskulatur hängt von ihm ab. Jean Ayres hält den Gleichgewichtssinn für „das alles vereinende Bezugssystem." Sie weist darauf hin, dass vestibulare Informationen das gesamte Nervensystem zu einer „wirkungsvollen Funktion" anhalten und dass die Verarbeitung anderer Empfindungen unregelmäßig und ungenau wird, wenn das vestibulare Sinnessystem nicht korrekt funktioniert.[10]

Das vestibulare und das auditive Sinnessystem stehen in enger Verbindung. Sie entstehen vorgeburtlich um den 34. Tag aus den Labyrinthbläschen und befinden sich im häutigen Labyrinth des Innenohrs. Professor Dr. A. Tomatis, ein bekannter französischer Arzt, schreibt, dass das vestibulare System seine Arbeit bereits zwei Tage nach Beginn des Herzschlagens im Mutterleib aufnimmt.[11] Dieser frühe Beginn würde untermauern, dass sich das Vestibularsystem auf lebensnotwendige Aufgaben vorzubereiten hat. Wegen der entwicklungsmäßigen und räumlich engen Verbindung beider Sinnessysteme arbeiten Therapeuten intensiv über die Stimulation des Gleichgewichts, um Verarbeitungsprozesse für Gehör und Sprache zu verbessern. Deshalb wird auch in ergotherapeutischen, motopädischen oder logopädischen Praxen – zum Erstaunen von Außenstehenden – immer wieder geschaukelt, geschwungen, gedreht und gewippt.

In der vorgeburtlichen Phase kommt es zu einer raschen Entwicklung des Vestibularsystems, das neben dem taktilen Sinnessystem eines der Systeme ist, die sich am frühesten entwickeln und funktionieren. Bereits um die neunte Schwangerschaftswoche reagiert der Fötus erstmals auf Bewegungsreize. Durch Bewegungen der Mutter kommt es zu Lageveränderungen, die wie die Eigenbewegung des Fötus das vestibulare System immer wieder aktivieren. Der gut ent-

[10] Ayres, 1998, S. 65

[11] Tomatis, 1999

wickelte Vestibularapparat erlaubt dem Ungeborenen, sich entsprechend der Schwerkraft im Raum zu orientieren und sich vorgeburtlich in die Geburtsposition zu bewegen. Lise Eliot meint, das Risiko einer Beckenendlage bei der Geburt sei sehr viel größer, wenn ein Defekt des Vestibularapparates vorliege.[12]

Kinder lieben die Bewegung von Geburt an und empfinden sie als beruhigend (wiegen, getragen werden). Die Bewegung bietet auch lustvolle und stimulierende Reize (schaukeln, schwingen, wippen). Kleinkinder verschaffen sich häufig selbst intensive vestibulare Stimulation, indem sie sich drehen, springen, hüpfen, kullern.

Die Reifung des Sinnessystems ist für die Entwicklung des Kindes wichtig. Das vestibulare Sinnessystem hat einen wesentlichen Anteil an unserer Körperhaltung und Motorik. Koordination, Tonus und Gleichgewichtsreaktionen sind von ihm abhängig.

Zum Gleichgewichtsgefühl des Menschen tragen auch die von den Augen aufgenommenen Informationen bei. „Etwa 20% der Botschaften von den Augen, von der Retina und den äußeren Augenmuskeln gehen in Bereiche des Gehirns, die für Gleichgewicht zuständig sind.“[13] Das Vestibularsystem veranlasst die Augenmuskeln automatisch zu ausgleichenden Augenbewegungen und hält unser Gesichtsfeld konstant.

Gleichgewichtsprobleme deuten auf Störungen im vestibularen Bereich hin. Häufiges Stolpern und Hinfallen sowie allgemeine Ungeschicklichkeit können mit schlecht abgestimmter Arbeit des vestibularen Sinnessystems zusammenhängen.

Durch die Verknüpfungen des vestibularen und visuellen sowie des vestibularen und auditiven Bereichs können weitere Folgen entstehen. Visuelle Wahrnehmungsprobleme wie verschwommenes Sehen sind genauso möglich wie auditive Verarbeitungsstörungen und/oder Entwicklungsverzögerungen in der Sprache.

Jean Ayres sieht einen Zusammenhang zwischen Schulschwierigkeiten und vestibularen Störungen.[14] Frank und Levinson sehen in der mangelnden Augen-, Hals-, Kopfstabilität eine der Hauptursachen der Leseschwäche.[15]

---

[12] Eliot, 2002, S. 216
[13] Hendrickson, 1969 in Hannaford, 1996 S. 39
[14] Ayres, 1998
[15] Ayres 1998, S. 110

Auf einen engen Zusammenhang zwischen dem Gleichgewicht und dem Verdauungstrakt ist hinzuweisen. Übelkeit oder verminderte Darm- und Blasenkontrolle können mit dem gestörten Vestibularsystem zusammenhängen.

Bei Kindern mit vestibularen Schwierigkeiten tritt auch die mangelhafte Raumvorstellung auf: Sie laufen in die verkehrte Richtung, finden den Weg nicht, beim Schreiblernprozess setzen sie Buchstaben in falsche Linien oder schreiben in anderer Richtung. Größen und Höhen werden ebenfalls falsch eingeschätzt. Schwerkraftunsicherheit führt möglicherweise zu vermehrter Furcht, Angst, Unsicherheit, Zerstreutheit und Konzentrationsschwierigkeit.

In der Diagnostik werden vestibulare Unterempfindlichkeit und vestibulare Überempfindlichkeit unterschieden. In der Praxis vermischen sich die Erscheinungsbilder. Ein Kind mit vestibularer Unterempfindlichkeit holt sich ständig Stimulation, indem es sich bewegt. In der Schule oder im Kindergarten fällt es durch motorische Unruhe auf. Es läuft hin und her, schaukelt lange und so heftig, dass es Anderen beim Hinsehen schwindlig wird. Es klettert in einsame Höhen und springt hinunter, scheint häufig Gefahren nicht richtig einschätzen zu können. Ruhige Spiele werden nur selten gespielt, das Stillsitzen in der Schule scheint anstrengend bis unmöglich zu sein.

Vor Jahren brachte man mir im Unterricht einen Jungen, der wegen seiner motorischen Unruhe als nicht unterrichtsfähig eingestuft wurde. Obwohl liebenswert, störte er ständig den Unterricht und selbst kurzzeitige Leseaufgaben bzw. konzentriertes Arbeiten waren ihm unmöglich. Da ich noch mit anderen Kindern beschäftigt war, schlug ich ihm vor, erst einmal zu schaukeln, ehe ich zu ihm kommen würde. Zufällig lag ein Lesebuch auf der Schaukel (quadratische Therapieschaukel). Der Junge schaukelte und plötzlich hörte ich ihn dabei laut sprechen. Als ich zu ihm hinschaute, sah ich, dass er aus dem Lesebuch vorlas und dabei heftigst schaukelte. Dabei blieb er über einen längeren Zeitraum und hatte sichtlich Freude am Lesen.

Dieses Kind zeigte ein typisches – wenn auch schon extremes – Verhalten für vestibulare Unterempfindlichkeit. Jedem anderen Kind wäre es bei der Kombination des heftigen Schaukelns und dem gleichzeitigen Lesen wahrscheinlich übel geworden, für diesen Jungen bot das Schaukeln jedoch eine Gelegenheit zum Lesen. Gemeinsam mit den Eltern, einer außerschulischen Therapeutin und der Klassenlehrerin stellten wir einen Unterstützungsplan zusammen, um das Kind so angemessen wie möglich zu fördern. In der Schule erhielt er ein Ballkissen anstatt eines „normalen“ Schülerstuhls, er bekam zusätzliche Bewegungsmöglichkeiten am Schulvormittag und nahm nachmittags am motopädagogischen Schulturnen teil. Seine Hausaufgaben machte er beim Autofahren mit seinen Eltern. In der Ergotherapie wurde er mit Hilfe der Sensorischen Integrationstherapie unterstützt.

In letzter Zeit werden immer häufiger Kinder vorgestellt, von denen man auf den ersten Blick meint, sie seien vestibular unterempfindlich. Diese Kinder zeigen zum größten Teil eine oft ausgeprägte motorische Unruhe in Freizeit und Unterricht. Sie meiden jedoch tendenziell Schaukeln oder Klettergerüste. Sie sind eher vorsichtig und zeigen sich in der Gruppe ängstlich und weinerlich.

Vermeidungsstrategien oder das Übernehmen der Kasperrolle kennzeichnen ihr Verhalten. Sie albern, verweigern sich oder überspielen ihre Probleme im Unterricht. Manche der Kinder neigen zu einer gewissen Selbstunterforderung. Heftige Reaktionen dagegen zeigen sie, wenn sie angerempelt oder angestoßen werden. Dies geschieht vor allem auf dem Weg in die Pause und zurück. So ist es kein Wunder, dass einige Schüler nach den Pausen unausgeglichener erscheinen als zuvor.

Die beschriebenen Kinder erleben eine vestibulare Überempfindlichkeit. Bei Spielen in der Klasse, die mit dem Wechsel zwischen Bewegen und Stehen zu tun haben, erkennt man sie daran, dass sie sich beim freien Stehen im Raum an der Wand oder anderen Kindern anlehnen oder sich auf den Boden fallen lassen. Nicht selten werten sie diese Art Spiele als „zu leicht", „nicht cool" oder gar „baby" ab (womit sie nur von den eigentlichen Problemen ablenken wollen). Für den Lehrer/Erzieher ist es wichtig, sich von diesen Äußerungen nicht verunsichern oder gar provozieren zu lassen, sondern liebevoll und freundlich die Spiele zur Unterstützung des Vestibularsystems durchzuführen.

Spaß an der Kombination vestibularer Reize

2.2.1 Vorschläge für Eltern, Kindergarten und Schule

Vorschläge für Eltern

- Tragen Sie Ihr Kind im Arm, wiegen und schaukeln Sie es
- Legen Sie Ihr Kind in die Wiege
- Spielen Sie Kniereiterspiele wie „Hoppe, Hoppe Reiter"
- Spielen Sie Dreh- und Schwingspiele („Engelchen flieg", „Wer kommt in meine Arme?")
- Tragen Sie Ihr Kind huckepack
- Nutzen Sie Ideen aus „Bildung beginnt schon auf dem Wickeltisch"
- Machen Sie Naturspaziergänge in Wald, Feld und Wiese
- Hüpfen Sie, steigen, klettern, rollen, kullern, und purzeln Sie mit Ihrem Kind
- Gehen Sie zum Kleinkinder- und Kinderturnen mit Ihrem Kind
- Bieten Sie Hängematte, Schaukel und Wippe an
- Bieten Sie Ihrem Kind ein Schaukelpferd, einen Schaukelstuhl, einen Drehstuhl an
- Lassen Sie Ihr Kind auf einer Matratze hüpfen
- Lassen Sie Ihr Kind Roller fahren. Der Roller ist der erste Schritt zur Verkehrsteilnahme auf dem Gehweg. Zu frühes Fahrradfahren birgt ein festgestelltes hohes Unfallrisiko. In Untersuchungen wurde zudem festgestellt, dass Rollerfahren die psychomotorische Entwicklung von Vorschulkindern positiv unterstützt. Gleichgewicht und Reaktion der Kinder profitieren vom Rollerfahren
- Lehren Sie Ihr Kind das Fahrradfahren
- Fahren Sie mit Ihrem Kind Karussell
- Lassen Sie es auf Mauern, Baumstämmen, Steinen balancieren
- Bieten Sie Ihrem Kind die Möglichkeit zu reiten
- Gehen Sie mit Ihrem Kind ins Schwimmbad und spielen Sie mit ihm im Wasser

Im Wasser wird außer dem taktilen System auch der Gleichgewichtssinn stark stimuliert. Schaukel-, Kipp-, Drehbewegungen um die Längs- und Querachse regen das vestibulare Sinnessystem an.

Vorschläge für den Kindergarten

- Rutschen, rollen, kullern, klettern, schwingen, schaukeln
- Spiel/Spaziergänge/Erlebniswanderungen in der Natur (Feld und Wald)

- Spielerisches Turnen, Kindertänze
- Kreis- und Bewegungsspiele zum Drehen, Hüpfen, Wiegen
- Das Programm „Von Anfang an im Gleichgewicht“ einsetzen *(Literatur BORGMANN MEDIA)*
- Gleichgewichts-Spiele aus „Kita und Schule – ein starkes Team“ nutzen *(BORGMANN MEDIA)*
- Hüpfspiele auf einem Bein und mit beiden Beinen
- Rollbrett fahren
- Spiele mit dem Therapiekreisel, Hängematte/Schaukel/Wippe

Vorschläge für die Grundschule

- Hüpfspiele zum Erlernen des Rechnens im Klassenzimmer
- Rechen-, Lese- und Schreibspiele aus „Beweg dich, Schule!“ *(BORGMANN MEDIA)*
- Gleichgewichtsprogramm für den Unterricht „Bildung kommt ins Gleichgewicht“
- Sitzball/Ballkissen als Alternative zum Stuhl
- Spiele mit geschlossenen Augen
- Tänze, Turnen, motopädagogische Angebote
- Unterrichtsgänge und Naturerlebnisse, Wanderungen
- Brain-Gym® Übungen
- Hüpfkästchenspiele
- Gummitwist
- Bewegte Pausen mit Geräten zum Klettern, Schwingen, Schaukeln, Balancieren, Drehen und Wippen
- Rollschuh fahren, Schlittschuh fahren
- Rollerspiele und Fahrradparcours
- Skaten
- Trampolin springen

Vorschläge für die weiterführende Schule

- Gleichgewichtsprogramm für den Unterricht „Bildung kommt ins Gleichgewicht“ *(Literatur BORGMANN MEDIA)*
- „Beweg dich, Schule! Eine Prise Bewegung im täglichen Unterricht“ Klasse 1–13
- Sport und Turnspiele

- Alternativen zum Sitzen auf dem Stuhl: Sitzball, Ballkissen, Schaukelstuhl, Drehstuhl
- Kampfsportarten
- Tanzveranstaltungen
- Brain-Gym® Übungen
- Klettertouren, Wanderungen
- Erlebnisspiele und Erlebnispädagogik
- Skaten, Skifahren, Surfen
- Fahrradtouren, Rollschuh/Schlittschuhausflüge

„Das Leben ist Schwingung“

(Kükelhaus)

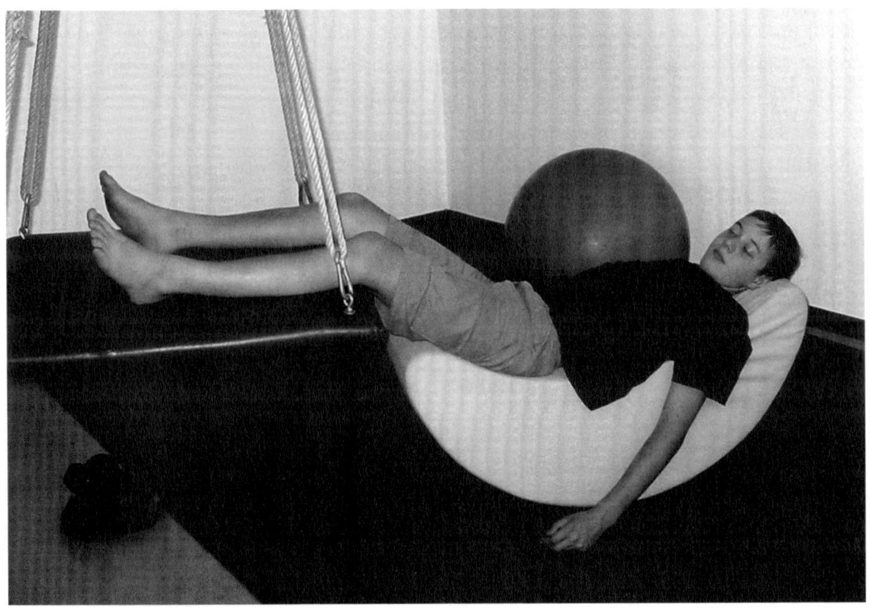

Ein Genießer der Schwingung

2.3 Das propriozeptive Wahrnehmungssystem

Auch die Propriozeption – Eigenwahrnehmung oder Tiefensensibilität genannt – ist für die menschliche Entwicklung von besonderer Bedeutung. Beeinträchtigungen in diesem Wahrnehmungsbereich haben Auswirkungen auf Bewegung und Wahrnehmung, auf das Lernen und das psychische Befinden.

Die Propriozeption, der Stellungs- und Spannungssinn, registriert die sensorischen Informationen, die durch Kontraktion und Streckung von Muskeln und Sehnen sowie durch Drücken und Ziehen von Gelenken verursacht werden. Knochen umhüllendes Gewebe und Knochenhäute enthalten ebenfalls Propriozeptoren. Das propriozeptive Sinnessystem ist beinahe ebenso weit ausgedehnt wie das taktile System. Es ermöglicht uns, Körperbewegungen schnell und geschickt auszuführen. Eigenwahrnehmungen können vorwiegend bei Bewegung empfunden werden. Bereits in den frühen pränatalen Wochen nutzt der Fötus seine Möglichkeit sich zu bewegen.

Vestibulares, taktiles und propriozeptives Sinnessystem arbeiten eng zusammen und tragen zur Entwicklung des Körperschemas bei.

Ohne eine exakte Propriozeption müssen Bewegungen immer durch visuelle Kontrolle geplant und gesteuert werden. Bei Störungen in der Propriozeption kann es zu wenig differenzierten Finger- und Zehenbewegungen sowie zu schlaffem oder verspanntem Tonus kommen. Hierdurch ist das Erlernen komplizierter Bewegungen und das Automatisieren von Bewegungen erschwert, die gezielte Bewegung wird beeinträchtigt. Schwierigkeiten im Bereich der taktilen, vestibularen und propriozeptiven Verarbeitung können aber auch zu Problemen bei der Erkennung einzelner Reize und der Hervorhebung von Informationen führen. Dies kann zu einer gestörten Figur-Grund-Beziehung führen, die im Bereich der Körperwahrnehmung zu Tage tritt. Die zu hohe Spannung im gesamten Muskelbereich (hypertoner Muskeltonus), oder die total schlaffe Muskulatur (hypotoner Muskeltonus) geben nicht genügend differenzierte Informationen, um auf Reize angemessen reagieren zu können

Die Figur-Grund-Wahrnehmung ist eine wichtige Voraussetzung für das Erlernen von Lesen, Schreiben und Rechnen. Sie steht in engem Zusammenhang mit Sehen und Hören. Visuelle Figur-Grund-Wahrnehmung bedeutet, eine Figur mit Hilfe des Sehens auch zweidimensional aus dem Hintergrund herauslösen zu können und setzt voraus, dass ein Kind zunächst genügend taktil-propriozeptive Erfahrung gemacht hat. Beeinträchtigungen der Figur-Grundwahrnehmung führen dazu, dass Kinder einzelne Buchstaben, Worte und /oder Rechenzeichen aus einer Fülle von optischen Informationen nicht erkennen können. Das Verwechseln von Buchstaben, Formen und Farben zieht Abschreibfehler nach sich. Manche Kinder verlieren schnell die Lesezeile und wissen nicht mehr, wo sie gerade arbeiten. Ihre Aufmerksamkeit wird so stark strapaziert, dass sie schnell ermüden und ihr Arbeitsverhalten unzureichend erscheint.

Bei der akustischen Figur-Grund-Wahrnehmung kommt es darauf an, den wesentlichen/die wesentlichen Laute aus der Fülle des insgesamt Gehörten zu erfassen. Auch hier ist die angemessene taktil-propriozeptive Figur-Grund-Wahrnehmung Voraussetzung. Das Kind muss in der Schule die Stimme des Lehrers aus dem Unterrichtsgeschehen heraushören können und die Nebengeräusche als weniger wichtige Informationen ausschalten, um nicht verwirrt zu werden. Kinder mit Problemen in der auditiven Figur-Grund-Wahrnehmung ordnen oft Laute falschen Buchstaben zu und können einzelne Buchstaben eines Wortes nicht „erhören". Fehler beim Schreiben, schnelle Ermüdung und ein scheinbar schlechtes Arbeitsverhalten sind die Folge.

Kinder mit mangelnder Propriozeption fallen im Kindergarten und in der Schule oft dadurch auf, dass sie ungeschickt und /oder tollpatschig erscheinen. Sie verschütten Flüssigkeiten, rempeln andere Kinder an, weil sie ihre Bewegung nicht rechtzeitig stoppen können, werfen unabsichtlich Gegenstände zu Boden. Die Folgen sind häufig Streit und Rangeleien. Sie erlernen verzögert das Schleifebinden, handhaben das Essbesteck unvollkommen und haben Probleme mit dem Bleistift und dem Füller. Beim Schreiben und Malen wird unangemessener Druck auf den Stift ausgeübt, das Einhalten von Begrenzungslinien fällt schwer. Sie zeigen Schwierigkeiten Ordnung zu halten. Fingergelenke und Ellenbogengelenke werden oft überstreckt. Mundmotorische Auffälligkeiten wie nuschelnde Aussprache, ausdrucksarme Mimik, Speichelfluss, häufiges Offenstehen des Mundes sowie zu langsames oder zu hastiges Arbeitsverhalten fallen auf

Soziale Missverständnisse und geringe Akzeptanz sind die Folge. Die verminderte Ausdruckslosigkeit in der Mimik führt zu dem Eindruck, sie seien gegenüber Vorwürfen abgestumpft.

Die propriozeptive, die vestibulare und die taktile Wahrnehmung gehen der visuellen und auditiven Entwicklung voraus. Sie geben die ersten entscheidenden Körperinformationen, die später durch visuelle und auditive ergänzt werden. Dies ist ein entscheidender Punkt bezüglich des Förderunterrichts und der Förderarbeit in Kindergarten und Schule. Es bedeutet für die Fördernden, die Hilfe auf einer Ebene anzusiedeln, die auf grundlegender Körpererfahrung basiert. Handlungsorientierter Unterricht ist wichtig, handlungsorientierter Förderunterricht ist notwendig!

2.3.1 Vorschläge für Eltern, Kindergarten und Schule

Vorschläge für Eltern

- Machen Sie mit ihrem Kind Babygymnastik
- Bieten Sie Spiele zum Fassen und Loslassen an
- Machen Sie Töne, bilden Sie Laute (Mundmotorik)
- Kriechen, krabbeln, robben, klettern, hüpfen, springen Sie mit Ihrem Kind
- Machen Sie Klatschspiele, Kniereiterspiele, Fingerspiele mit ihrem Kind, nutzen Sie Ideen aus „Bildung beginnt schon auf dem Wickeltisch“
- Ziehen, drücken und schieben Sie ihr Kind, lassen sie sich drücken, schieben und ziehen
- Bauen und konstruieren Sie mit verschiedenen Materialien
- Lassen Sie das Kind auf der Schiefertafel, auf dem Hof, auf dem Gehweg malen
- Spielen Sie Ballspiele mit ihrem Kind
- Geben Sie Ihrem Kind Möglichkeiten und Zeit, sich allein an- und auszuziehen
- Beziehen Sie Ihr Kind mit in die Haushaltsarbeiten ein (abwaschen, Tisch decken, backen ...)
- Beziehen Sie Ihr Kind in evtl. Gartenarbeiten mit ein (Unkraut zupfen, pflanzen, ernten ...)
- Gehen Sie mit Ihrem Kind viel zu Fuß, steigen Sie Treppen – lassen Sie Auto und Lift stehen
- Ermöglichen Sie Ihrem Kind Erfahrungen und Spiele im Wasser

Vorschläge für den Kindergarten

- Psychomotorische Bewegungsstunden
- Bewegungsspiele, Bewegungslandschaften
- Programm „Von Anfang an im Gleichgewicht“ für die Kita nutzen (Literatur *BORGMANN MEDIA*)

- Spiele zur Fein- und Grobmotorik aus „Kita und Schule – ein starkes Team“ *(BORGMANN MEDIA)* und „Bildung beginnt schon auf dem Wickeltisch“
- Spiele zum Kennenlernen des Körpers aus „Ich wär' jetzt mal 'ne Fledermaus“ (verlag modernes lernen)
- Psychomotorische Bewegungsstunden
- Bauen, basteln, schneiden, malen, kneten, knüllen, reißen, kleben
- Hände spüren das Material, die Augen folgen
- Turnen und klettern an verschiedenen Geräten
- Kinderfahrzeuge (Rutschauto, Roller) bereitstellen
- Rollenspiele spielen (Haushalt, Handwerker, Kaufmann, Straßenverkehr ...)
- Natur erkunden in Wald, Feld, Wiese und Garten
- Kochen, backen, abwaschen, aufräumen in der Gemeinschaft

Vorschläge für die Grundschule

- Bewegte Lernsequenzen aus „Beweg dich, Schule!“ (Rechnen, Lesen, Schreiben) (Literatur *BORGMANN MEDIA*)
- Gleichgewichtsprogramm für den Unterricht „Bildung kommt ins Gleichgewicht“ (Literatur *BORGMANN MEDIA*)
- Lesen lernen mit Handzeichen / Lautgebärden
- Lesen mit Lesefinger, Lesepfeil oder Leseschablone
- Teilweises Abdecken von Arbeitsblättern
- Vielfältige, fächerübergreifende grob- und feinmotorische Angebote
- Spracherziehung mit Spaßversen, lustigen Reimen ...
- Singen und Musizieren in den verschiedenen Fächern
- Verkehrserziehung mit Roller und Fahrrad
- Wanderungen und Naturerfahrungen
- Bewegungsgeschichten aus „Ich wär' jetzt mal 'ne Fledermaus“ (verlag modernes lernen)
- Turnen / motopädagogisches Angebot
- Fadenspiele, Seilspiele, Ballspiele, Jonglierangebote
- Spielen „wie in alten Zeiten“
  (inzwischen werden in Ferienpassaktionen alte Spiele angeboten, weil Kinder diese teilweise gar nicht mehr kennen)
- Ton- und Knetarbeiten
- Bewegte Pausen

Vorschläge für die weiterführende Schule

- Bewegtes Lernen in allen Unterrichtsfächern „Beweg dich, Schule!" *(Literatur BORGMANN MEDIA)*
- Bewegungs- und Gleichgewichtsprogramm für den Unterricht „Bildung kommt ins Gleichgewicht"
- Unterstützung durch Lesezeichen
- Teilweises Abdecken der Arbeitsblätter
- Farbige Markierungen
- Werkarbeiten, Modellbau, Schulhaus gestalten, Graffity
- Wanderungen/naturkundliche Ausflüge
- Gartenarbeit, Hausarbeit, Renovierungsarbeiten in der Schule
- Jonglieren, Koordinations- und Geschicklichkeitsangebote
- Walken, joggen, tanzen
- Betriebspraktika

Unsere allgemeine Befindlichkeit, unser Selbstvertrauen, unsere Selbstkontrolle wie unsere Kognition bauen auf einer intakten Propriozeption auf.

Spielerische Wassererfahrung unterstützt die Wahrnehmungs- und Bewegungsentwicklung

2.4 Das auditive Wahrnehmungssystem

Das auditive Sinnessystem ist eine wichtige Voraussetzung für die sprachliche Kommunikation und das Denken.

Das Ohr ist ein kompliziertes Organ. Es entwickelt sich vorgeburtlich zwischen der vierten bis achten Woche. Um die 14. Woche beginnt das Kind im Mutterleib zu hören und Musik wirkt auf sein Gehirn. Harmonische Musik beruhigt es, schrille Musik kann es schon zu dieser Zeit erschrecken. Psychologen nehmen an, dass vor allem die beruhigende Stimme der Mutter schon während der Schwangerschaft Sicherheit vermittelt, während die Empfindlichkeit gegen Lärm etwa mit dem sechsten Schwangerschaftsmonat einsetzt und nach der Geburt noch einige Monate lang anhält. Eine sehr geräuschintensive Umgebung kann bereits vorgeburtlich eine Überforderung des auditiven Sinnessystems darstellen und sogar zu einer Schädigung des Gehörs führen.[16]

Das Ungeborene entwickelt eine immer differenziertere auditive Wahrnehmung. Während des letzten Schwangerschaftsdrittels zeigt sich die Fähigkeit Geräusche zu unterscheiden. Der Fötus, der vorwiegend von den Körpergeräuschen der Mutter beeinflusst wird (Herzschlag, Rauschen des Blutes, Geräusche aus den inneren Organen, Stimme der Mutter), beginnt nun auf verschiedene akustische Reize von außen zu reagieren. Verschiedene Experimente haben gezeigt, dass sich akustische Eindrücke während der Schwangerschaft so einprägen, dass sich Neugeborene an vertraute Töne, Lieder und andere akustische Erlebnisse nach der Geburt noch erinnern. Von Geburt an gewinnt das kindliche Gehör ständig an Schärfe, nachdem die überschüssige Flüssigkeit aus den Ohren verschwunden ist.

Der Mensch hat ein sogenanntes Hörfeld, d.h. er hört nur innerhalb eines bestimmten Frequenzbereiches von ca. 16 Hz bis zu 20 000 Hz. Bis zum dritten Lebensjahr lernt das Kind seine Ohren auf spezielle Frequenzen der eigenen Sprache einzustellen. Dies ist die Zeit, in der das Kind durch das wiederholte Hören bestimmter Laute die Möglichkeit hat, jede Sprache zu lernen.[17]

Die Hörfähigkeit des Kindes entwickelt sich bis zum Schulalter weiter und es ist kein Zufall, dass sich das Gehör parallel zum Erlernen der kindlichen Sprache bis hin zu deren Beherrschung entwickelt. Häufige Infektionen im Hals-Nasen-Ohrenbereich können in der frühen Kindheit (wenn sie über längere Zeiträume

[16] Eliot, S. 342
[17] Goddard, 1998, S. 83

wiederholt auftreten) zu vorübergehenden Hörverlusten führen. Für die Dauer jeder Mittelohrentzündung gilt – auch wenn die Symptome durch Antibiotika schnell verschwinden – dass das Kind ungefähr vierzehn Tage lang um etwa 20 bis 30 dB leiser hört als normal. Bei hohen Tönen kommt es zu einem zusätzlichen Abfall.[18] Dies kann die Entwicklung der akustischen Unterscheidungsfähigkeit negativ beeinflussen.

Ein Hörschaden kann sich ebenso wie eine Hypersensitivität (eine Überempfindlichkeit im Hören) problematisch auf die Entwicklung des Kindes auswirken. Beide Symptome belasten das Erlernen der Sprache, die Kommunikation und das schulische Lernen. Der verzögerte Sprachaufbau kann sich zudem hemmend und belastend auf den späteren Schriftsprachaufbau auswirken.

Tomatis beschäftigte sich mit der Unterschiedlichkeit der Aufnahme des Gehörten über das rechte und das linke Ohr.[19] Er hält das rechte Ohr für leistungsfähiger, wenn es um das Empfangen und Übermitteln von Sprachlauten geht. Geräusche, die rechtsohrig dominant aufgenommen werden, wandern direkt in die linke Gehirnhälfte zum Hauptsprachzentrum. Geräusche, die linksohrig dominant aufgenommen werden, gehen zuerst in die rechte Gehirnhälfte zum untergeordneten Sprachzentrum und gelangen dann über das Corpus Callosum – einen breiten Nervenstrang, der beide Gehirnhälften verbindet – zum Entschlüsseln in die linke Gehirnhälfte. Daraus resultiert eine Verzögerung im Umfang von Millisekunden. Besteht keine eindeutige Präferenz eines Ohres, so kann die Reihenfolge der Laute, die das Gehirn erreichen verändert sein.[20] Hierdurch kann es zu Ungereimtheiten beim Buchstabieren, zu Silben- und Wortvertauschungen kommen.

Vor allem bei Kindern mit Sprachauffälligkeiten, Lese,- Schreib- und Rechtschreibschwierigkeiten sowie bei Verhaltensauffälligkeiten ist es wichtig, dass zusätzlich zum peripheren Hörvermögen die zentrale Hörverarbeitung überprüft wird.

Liegt die Hörbeeinträchtigung im Bereich der Verarbeitung der akustischen Reize, so kann dies die auditive Figur-Grund-Wahrnehmung oder die auditive Differenzierung betreffen. Bei der Beeinträchtigung der auditiven Differenzierung hat das Kind Schwierigkeit ähnlich klingende Laute, Wörter oder Zahlen zu un-

---

[18] Warnke, 2001, S. 19

[19] Tomatis, 1998, S. 106

[20] Goddard, 1998, S. 85 ff.

terscheiden. Besonders das Unterscheiden stimmhafter und stimmloser Konsonanten wie g-k, b-p, d-t, s-z ist schwierig. Auch Endungen auf m und n werden nicht sauber ausgesprochen/geschrieben. Unterscheidungen von Zwie- oder Umlauten wie ei-eu, eu-au, eu-ö, u-o fallen schwer. Schärfung und Dehnungslaute werden oft verwechselt. Ein Kind mit auditiven Differenzierungsschwierigkeiten hat es auch schwer, ähnlich klingende Wörter zu unterscheiden. Es benötigt dabei mehr Zeit, es fragt häufig nach. Bei Diktaten gerät es unter Druck und macht Fehler.

Bei der akustischen Figur-Grund-Wahrnehmung muss das Kind den wesentlichen Laut/das wesentliche Wort aus der Fülle des insgesamt Gehörten heraushören. Nebengeräusche müssen ausgeschaltet werden, um nicht zu verwirren. Kinder mit Problemen in der auditiven Figur-Grund-Wahrnehmung ordnen Laute nicht den entsprechenden Buchstaben zu. Oft hören sie einzelne Buchstaben des Wortes nicht. Dadurch ergeben sich häufig Fehler beim Schreiben und die Kinder ermüden schneller.

Für Eltern, Erzieher und Lehrer ist es wichtig zu wissen, dass undeutliches und verwaschenes Sprechen mit einer Hörminderung zusammenhängen kann, die die Artikulation beeinflusst. Die spätere Folge davon können Rechtschreibprobleme sein. Es erscheint daher wichtig, das Spiel- und Lernverhalten von Kindern frühzeitig zu beachten und bei Auffälligkeiten einen Facharzt aufzusuchen.

2.4.1 Vorschläge für Eltern, Kindergarten und Schule

Vorschläge für Eltern

- Stillen Sie Ihr Kind. Die Wahrscheinlichkeit von Ohrinfektionen ist beim gestillten Kind geringer als bei Flaschenkindern
- Rauchen Sie nicht in Räumen, in denen sich Ihr Kind aufhält. Kinder, die Passivraucher sind, haben ca. 40 % mehr Ohrinfektionen als nicht dem Rauch ausgesetzte Kinder[21]
- Lassen Sie Ihr Kind den vertrauten Herzschlag der Mutter hören
- Schlaf- und Wiegenlieder beruhigen, besänftigen und trösten Ihr Kind

[21] Eliot, 2002, S. 39

- Reden Sie viel mit dem Kind. Die sogenannte „Kleinkindsprache“, die oft intuitiv von Erwachsenen angewandt wird, ist anscheinend eine ideale Stimulation für das Gehör des Kindes. Das langsamere Tempo, die eher laute Redeweise, die einfacheren Worte, die fast singende Melodie der Stimme und die höhere Tonlage stimulieren das Gehör des Säuglings und entsprechen in vieler Hinsicht dem Hörverarbeitungsbedürfnis des Babys
- Sprechen Sie deutlich mit Ihrem Kind
- Lassen Sie regelmäßige U-Untersuchungen beim Kinder- und Jugendarzt vornehmen
- Machen Sie Naturerfahrungen mit Ihrem Kind, lassen Sie es Vogelgezwitscher, Blätterrauschen, Meeresrauschen, Möwengeschrei hören
- Erleben Sie Geräusche mit Naturmaterialien (Knallerbsen knacken, auf Grashalmen blasen)
- Lauschen Sie Wettergeräuschen (Regen, Hagel und Donner, Sturm und Windgeräusche)
- Benennen Sie mit Ihrem Kind alle Gegenstände in Haus, Garten und Umgebung
- Erfinden Sie Spaßworte und Reime
- Lesen Sie Ihrem Kind regelmäßig Bilderbücher, Märchen und Geschichten vor
- Machen Sie mit Ihrem Kind Fingerspiele, Kniereiterspiele, Bewegungsspiele mit rhythmischen Versen, nutzen Sie Ideen aus „Bildung beginnt schon auf dem Wickeltisch“
- Singen Sie Ihrem Kind etwas vor und singen Sie gemeinsam mit Ihrem Kind
- Hören Sie mit Ihrem Kind gemeinsam Musik. Aus Singen und Musik entwickelt die Sprache ihren Rhythmus und ihre Melodie; Musik hat eine positive Wirkung auf die Gehirnentwicklung, Forscher nehmen an, dass klassische Musik das mathematische Verständnis und die räumliche Vorstellungskraft positiv unterstützt[22]
- Lassen Sie Ihr Kind ein Instrument spielen
- Spielen Sie Topfschlagen mit Ihrem Kind (unterstützt das Richtungshören)
- Lassen Sie Worte oder Abmachungen laut wiederholen

[22] Eliot, 2002, S. 637

Vorlesen ist wichtig

Töne erleben

Vorschläge für den Kindergarten

- Bilderbücher und Geschichten vorlesen
- Im gemeinsamen Kreis Erlebnisse erzählen
- Das Programm „Von Anfang an im Gleichgewicht“ einsetzen *(Literatur BORGMANN MEDIA)*
- Lieder, Reime, Rhythmusspiele kennen lernen, singen und sprechen
- Klatsch und Fingerspiele, singen und tanzen mit den Kindern, n. „Bildung beginnt schon auf dem Wickeltisch“
- Gemeinsam Musik machen mit selbstgebastelten Instrumenten
- Spiele zur Hörwahrnehmung aus „Kita und Schule – ein starkes Team“ nutzen *(BORGMANN MEDIA)*
- Hör-Kimspiele, Hör-Memory, Hör-Spiele („Hänschen piep einmal“)
- Geräusche nachahmen und nachmachen
- Rollenspiele unterstützen (Autogeräusch, Klingel, telefonieren ...)
- Die Natur erleben, einen Bauernhof besuchen
- Wettermusik machen (Fingertrommeln/Regentropfen, Faustschlag/Donner)
- Flüstergeschichten erzählen

Vorschläge für die Grundschule

- Zuhören und Erzählen im Morgen- oder Tageskreis
- Das Gleichgewichtsprogramm für den Unterricht „Bildung kommt ins Gleichgewicht“ einsetzen *(Literatur BORGMANN MEDIA)*
- Probleme besprechen
- Abmachungen und Hausaufgaben laut wiederholen lassen
- Den Lärmpegel niedrig halten, ein hoher Lärmpegel im Klassenzimmer behindert konzentriertes Lernen. Forschungsergebnisse ergaben einen Lärmpegel von 70 bis 77 Dezibel in Klassenzimmern. Alltägliche Geräusche wie Papierrascheln, Flüstern, Husten, Stühle rücken erschweren es, Sprache zu verstehen und entspannt zu lernen. Die vorgegebenen Dezibel-Werte für geistiges Arbeiten liegen bei maximal 55 Dezibel. Vorhänge oder Teppiche unterstützen Geräuschereduktion im Raum[23]
- Gemeinsames Singen und gemeinsames Musizieren in den verschiedenen Fächern

[23] Wetzlarer Neue Zeitung, 4.8.2002, S. 3

- Gemeinsames Vorlesen
- Verse und Reime in Bewegung umsetzen
- Finger-, Klatsch- und Hüpfspiele
- Spiele zur Hörwahrnehmung aus „Kita und Schule – ein starkes Team" nutzen *(BORGMANN MEDIA)*
- Hörspiele mit Flöte und Glöckchen (Richtungshören oder Instrumente raten)
- Takt nachklopfen
- Buchstaben hören und dazu das entsprechende Handzeichen machen
- Buchstaben in Worten austauschen und dadurch neue Worte entstehen lassen
- Über auditive Anleitung lernen (Nimm zuerst das Heft, dann nimm den Stift ...)
- Selbst Anleitungen geben
- Kopfrechenaufgaben und 1×1-Aufgaben laut sprechen lassen
- 1×1-Aufgaben singen lassen (Eine engagierte Kollegin erzählte mir, dass durch das Singen von Aufgaben bei vielen Kindern Stress vermindert wird und die Kinder zusätzlich großen Spaß am Unterricht haben.)
- Brain-Gym® Übungen

Vorschläge für die weiterführende Schule

- Freies Sprechen, Diskutieren und Zuhören in Gruppen
- Das Gleichgewichtsprogramm für den Unterricht „Bildung kommt ins Gleichgewicht" einsetzen *(Literatur BORGMANN MEDIA)*
- Probleme besprechen
- Streitschlichtergespräche führen
- Konkrete Abmachungen treffen, eventuell wiederholen lassen und einhalten
- Nacherzählen eines gehörten Textes (zuerst schrittweise)
- Lernsequenzen aus „Beweg dich, Schule!" einsetzen *(BORGMANN MEDIA)*
- Vogelstimmen in der Natur/Musikinstrumente/Automotoren identifizieren und zuordnen lassen
- Geräusche identifizieren und eigene Geschichte dazu erfinden (Getränk einschenken, Tür knallt, Telefon klingelt ...)
- Entfernungen von Geräuschen schätzen
- Geräusche hören und versuchen sie zu imitieren (aufnehmen)

- Reportagen und Befragungen in und um die Schule machen (aufnehmen)
- Liedtexte lernen, singen, Musik machen und Instrumente spielen
- Eine Schülerband gründen
- Eigene Musik mitbringen und vorführen
- Karaoke-Veranstaltungen in der Klasse durchführen
- Lautes Lesen von neuen Vokabeln
- Brain-Gym® Übungen,

2.5 Das visuelle Wahrnehmungssystem

Die Sehfähigkeit ist ein Prozess der Interpretation empfangener Bilder. Die Augen sehen, das Gehirn interpretiert. Das visuelle Gedächtnis ist bei der Geburt wahrscheinlich leer. Die Seherfahrung entwickelt sich vom Säugling bis zum Greis.

Um die achte vorgeburtliche Woche schimmert an der Stelle, an der sich die Augenbecher ausgestülpt haben, die pigmentierte Netzhaut. Etwa ab dem 44. Tag beginnen sich die Augenlider zu entwickeln. Sie sind bis kurz vor der Geburt geschlossen und verklebt, doch kann der Fötus Hell und Dunkel unterscheiden. Ultraschallbeobachtungen haben gezeigt, dass in der späten embryonalen Phase Augenbewegungen ausgeführt werden.

Das Neugeborene kann die Augen in alle Richtungen bewegen, die äußeren Augenmuskel sind gut entwickelt, der Pupillenreflex (auf direkten Lichteinfall verengt sich die Pupille) ist ausgebildet. Neugeborene können ihre Augen noch nicht auf beliebige Entfernungen einstellen, ihr Fokus liegt ungefähr 30 cm von den Augen entfernt. Dagegen ist ihr peripheres Sehen sehr gut ausgeprägt.

Das visuelle Sinnessystem kann viele grundlegende Entwicklungsschritte erst nach der Geburt durchlaufen. Das Sehen ist für den Säugling eine gänzlich neue Erfahrung. In der ersten Zeit fixieren Kinder scharfe Helligkeits- und Farbkontraste, mit zwei bis drei Monaten können sie sich auf Teile von Gesichtern konzentrieren.[24] Mit ca. einem halben Jahr sind alle primären Sehfähigkeiten wie Farbensehen, Tiefenwahrnehmung, Scharfsehen, zielgerichtete Augenbewegungen ausgebildet. Vielfältige Angebote zur altersgemäßen Seherfahrung unterstützen später zu bewältigende visuelle Aufgaben.

Die Sehschärfe des Säuglings beträgt nach der Geburt etwa 50 % eines Erwachsenen, verbessert sich aber während der folgenden sechs Monate stark. Die volle detaillierte Sehschärfe erreicht das Kind mit sieben bis acht Jahren. Jetzt kann erwartet werden, dass Kinder auch kleinere Einzelheiten fixieren können. Mit Beginn der Schulzeit wird das Kind vor neue visuelle Aufgaben gestellt. Es soll Lesen und Schreiben lernen.

Ca. 80 % aller Nervensignale sind visueller Art und aktivieren mehr als 50 % aller Hirnbereiche. Dennoch darf das visuelle System aufgrund beständiger Kooperation nur im Kontext aller Sinnessysteme gesehen werden.[25]

---

[24] Krüll, 1997, S. 75

[25] Garson, 2000, S. 3

Sehprobleme eines Kindes können sich bei Anstrengungen durch Augenreiben, Stirnrunzeln, schnelle Ermüdung, Kopfschmerzen und Lern- und/oder Verhaltensauffälligkeiten bemerkbar machen. Kinder mit schlechter Sehschärfe entwickeln zudem ein stark kompensatorisches Verhalten. Sie klagen nicht über schlechtes Sehen, sie kennen die Welt nicht anders. Sie versuchen Unterstützung durch veränderte Kopf- oder Körperstellung zu erfahren. Manche der Kinder lernen Texte auswendig, um sie leichter vorlesen zu können. Einzelne Buchstaben helfen ihnen beim Erraten eines Wortes. Die genannten Symptome sollten dazu veranlassen, den Augenarzt aufzusuchen und, wenn nötig, eine Brille zu tragen.

Die sechs Augenmuskeln, die das Auge steuern, müssen in Ruhe und bei Bewegung koordiniert werden. Der parallele Stand der Augen ist wichtig, damit der fixierte Gegenstand beidseitig im Zentrum der Netzhaut abgebildet wird. Dies wird von unterschiedlichen Formen des Schielens verhindert, bei Anstrengung und Müdigkeit entstehen Doppelbilder. Das Binokularsehen entwickelt sich zwischen dem zweiten und fünften Lebensmonat und vollzieht sich nach Eliot sehr rasant und schnell.[26] Vermutete oder sichtbare Sehstörungen sollten frühzeitig dem Kinderarzt bzw. Augenarzt vorgestellt werden, denn jede Beeinträchtigung des Binokularsehens kann die visuelle Entwicklung des Kindes erheblich beeinflussen.

Kinder, die im Schulalter Schwierigkeiten des Binokularsehens aufweisen, verlieren die Zeile beim Lesen, beim Schreiben verschlechtert sich die Schrift. Die Folge ist ein Mehraufwand an Energie, die Fehler mehren sich. Die beidäugige – binokulare – Integration, die mit fünf Jahren entwickelt sein soll, beschreibt Walls so, dass das führungsdominante Auge das Objekt zunächst für Sekundenbruchteile allein fixiert, das andere Auge folgt unmittelbar und deckungsgleich.[27] Die Bedeutung der ausgeprägten Lateralität (Seitigkeit) beim Sehen ist wesentlich für den schulischen Lese- und Lernprozess. Eine Unreife bzw. ein Wechsel des Führungsauges kann zu kurzfristigem Verschwimmen des Bildes führen.[28]

Beeinträchtigungen von Augenbewegungen können Einfluss auf die Auge-Hand-Koordination haben. Dies ist eine komplexe Leistung, die die Kooperation der visuellen mit der motorischen Funktion voraussetzt. So bringt das Baby im Alter von ca. vier Monaten erstmals seine Hand eher zufällig ins eigene Ge-

---

[26] Eliot, 2002, S. 313
[27] Milz, 1996, S. 118 ff.
[28] Milz, 1996, S. 119

sichtsfeld. Dies findet dann immer gezielter statt, so dass ein Kind schließlich sieht, was die Hand spürt. Im neurologischen Reifungsprozess übernehmen die Augen die Führungsrolle und die Hände folgen (Auge-Hand-Koordination). Kinder mit Problemen in dieser Auge-Hand-Koordination sind zu unterscheiden in solche, die zu wenig Gelegenheit zur Übung hatten und jene, die Entwicklungsverzögerung und /oder eine Wahrnehmungsbeeinträchtigung haben.

Die Auge-Hand-Koordination ist für das Erlernen der Kulturtechniken unabdingbar notwendig. Schlechte Handschrift, nicht eingehaltene Linien/Rechenkästchen oder Schwierigkeiten beim Ausmalen können Hinweise auf mangelhaft ausgeprägte Auge-Hand-Koordination sein.

Die Auge-Hand-Koordination ist zugleich auch eine wichtige Vorstufe für das Zählen, Ordnen und Zuordnen von Elementen. Das Kind zählt und ordnet, anfangs benutzt es Augen und Hand gemeinsam dazu.

Ingeborg Milz weist auf eine Untersuchung hin, in der Paolidis erhebliche Unterschiede in der Augenfolgebewegung von Lesenden fand.[29] Gute Leser tasteten die Wörter mit rhythmischen und gleichmäßigen Augefolgebewegungen ab, schlechte Leser (Dyslektiker) zeigten unrhythmische Augenbewegungen ohne Kontinuität. Leseschwache Kinder vertauschen oft die Buchstabenfolge von Wörtern, da aufgrund mangelnder Augenfolgebewegung Buchstaben übersprungen werden und /oder ein Wechsel in der Leserichtung auftritt.

Die visuelle Figur-Grundwahrnehmung ist eine wichtige Voraussetzung für das Erlernen von Lesen, Schreiben und Rechnen. Sie steht in engem Zusammenhang mit der Propriozeption und der Taktilität. Visuelle Figur-Grund-Wahrnehmung im vorschulischen und schulischen Bereich bedeutet, eine Figur/ein Zeichen/einen Buchstaben/eine Ziffer mit Hilfe des Sehens zweidimensional aus dem Hintergrund herauslösen zu können. Sie setzt voraus, dass ein Kind zunächst genügend taktil-propriozeptive Erfahrung gemacht hat, das Kind muss zuerst direkt mit der Hand erfassen und begreifen. Visuelle Figur-Grund-Wahrnehmung ermöglicht dem Kind einzelne Buchstaben, Worte und Rechenzeichen aus einer Fülle von optischen Informationen erkennen zu können. Das Verwechseln von Buchstaben, Rechenzeichen, Ziffern und Formen zieht Abschreibfehler nach sich. Manche Kinder mit Schwierigkeiten in der Figur-Grund-Wahr-

[29] Milz, 1996, S. 115

nehmung verlieren schnell die Lesezeile und wissen nicht mehr, wo sie gerade arbeiten. Ihre Aufmerksamkeit wird so stark strapaziert, dass sie schnell ermüden und ihr Arbeitsverhalten unzureichend erscheint.

Die Formkonstanz ist ebenfalls ein Bereich der visuellen Wahrnehmung, der mit schulischen Leistungen zusammenhängt. Formen als konstant zu erkennen setzt voraus, dass die Form mit allen Sinnen erfasst wurde, um sie in verschiedenen Positionen wieder erkennen zu können. Das Phänomen Konstanz gilt auch für Mengen und Größen, die im mathematischen Denken eine große Rolle spielen.

Die visuelle Raum-Lage-Wahrnehmung steht in engem Zusammenhang mit dem Körperschema des Kindes. Das Vertauschen von Buchstaben – d/b, p/q, n/u – und Verdrehen von Zahlen – 6/9, 4/7, 34/43 ... – sind die auffälligsten Störungen in diesem Bereich. Von absoluter Wichtigkeit ist die vorgeschaltete und / oder gleichzeitige taktile, propriozeptive und vestibulare Wahrnehmungserfahrung über die direkte körperliche Handlung. Das Erfassen räumlicher Beziehungen – vorn/hinten, oben/unten, darüber/darunter ... – wird zuerst körperbezogen erlebt und danach visuell und sprachlich wiedergegeben. Reihenfolgeprobleme, die auch im Zusammenhang mit visueller Raum-Lage-Wahrnehmung auftauchen können, führen zu Lese- und Rechenfehlern sowie zum Schreiben falscher Buchstabenfolgen im Wort.

2.5.1 Vorschläge für Eltern, Kindergarten und Schule

Vorschläge für Eltern

- Suchen Sie bei vermuteten Sehschwierigkeiten den Kinder- oder Augenarzt auf
- Spielen Sie Sehspiele mit Ihrem Kind („Ich sehe was, was du nicht siehst“)
- Spielen Sie Spiele zum Verschwinden und Wiederherholen von Gegenständen, nutzen Sie dazu Spielanregungen aus „Bildung beginnt schon auf dem Wickeltisch“
- Bringen Sie Sehanregungen im Kinderwagen, im Kinderzimmer an (Mobilé, Wandbilder ...)
- Spielen Sie Fingerspiele zur Auge-Hand-Koordination
- Lassen Sie mit Förmchen Plätzchen ausstechen
- Gehen Sie mit Ihrem Kind in die Natur

Vorschläge für den Kindergarten

- Sehspiele, z. B. aus „Kita und Schule – ein starkes Team *(BORGMANN MEDIA)*
- Programm „Von Anfang an im Gleichgewicht“ ein *(Literatur BORGMANN MEDIA)*
- Tischspiele (Farbspiele, Dominos, Memories)
- Spiele zur Auge-Hand-Koordination (Ballspiele, Perlen fädeln ...)
- Mit der Strickliesel arbeiten
- Wald und Feldspaziergänge
- Sprechen Sie mit den Eltern, wenn Ihnen Sehschwierigkeiten bei Kindern auffallen

Vorschläge für die Grundschule

- Gleichgewichtsprogramm für den Unterricht „Bildung kommt ins Gleichgewicht“ (Literatur *BORGMANN MEDIA*)
- Lesefinger, Leseschablone einsetzen
- Farbige Kennzeichnung von Merkmalen
- Abdecken von Teilen des Arbeitsblattes
- Motopädagogische Auge-Hand-Erlebnisse (mit Wasserpistolen Kerzen ausspritzen, mit Spülflaschen Wandbilder spritzen)
- Handarbeiten (stricken, sticken, häkeln, nähen, knüpfen ...)
- Fadenspiele
- Sehspiele, z. B. aus „Kita und Schule – ein starkes Team“ *(BORGMANN MEDIA)*
- Sprechen Sie mit den Eltern, wenn Ihnen Sehschwierigkeiten bei Kindern auffallen

Vorschläge für die weiterführende Schule

- Gleichgewichtsprogramm für den Unterricht „Bildung kommt ins Gleichgewicht“ *(Literatur BORGMANN MEDIA)*
- Lesezeichen nutzen
- Sportliche Spiele zur Auge-Hand-Koordination (Volleyball, Tischtennis, Federball, fechten ...)
- Werk- und Modellbauarbeiten
- Aktivitäten in der Natur

- Jonglieren, Geschicklichkeitsspiele zur Auge-Hand-Koordination (Bierdeckel drehen, fangen ...)
- Sprechen Sie mit den Eltern, wenn Ihnen Sehschwierigkeiten bei Kindern auffallen

2.6 Das gustatorische Wahrnehmungssystem

Der Mensch unterscheidet vier Grundqualitäten des Geschmacks: süß, sauer, salzig und bitter. Der Geschmackssinn bildet sich zu einem frühen Zeitpunkt in der Entwicklung des Kindes aus. Die ersten Geschmacksknospen entstehen um die achte vorgeburtliche Woche, bereits um die zwölfte pränatale Woche ist der Saugreflex beim Fötus vorhanden. Zwischen der 13. und 15. Woche haben sich überall im Mund Geschmacksknospen gebildet, deren Zahl nach der Geburt noch zunimmt. Versuche zeigen, dass das Fruchtwasser der Mutter durch die Nahrung, die sie aufnimmt, in seinem Geschmack verändert wird. Humphrey stellte fest, dass es zu vermehrten Schluckbewegungen kommt, wenn das Fruchtwasser süß schmeckt, dagegen führen Bitterstoffe zum Grimassieren der Föten.[30]

Auch das Neugeborene zeigt schon in den ersten Lebenswochen geschmackliche Präferenzen. Es favorisiert das süße Aroma der Muttermilch. Der süße Geschmack aktiviert Genusszentren im Gehirn und löst angenehme körperliche Empfindungen aus, denen Energieschübe folgen. Bis zum Schulalter ziehen Kinder gesüßte Nahrung ungesüßter Nahrung vor.

Das gustatorische Sinnessystem hat einen kleinen, aber dennoch wichtigen Anteil an der Entwicklung des Körperschemas. Der Geschmackssinn ermöglicht dem Menschen den Genuss von Nahrung, entscheidet aber auch zuverlässig über deren Essbarkeit. Ähnlich aussehende Nahrung wird genau unterschieden. Der gustatorische Sinn kann als ein Warnsignal reagieren und sorgt damit im Rahmen des Körperschemas für den notwendigen Schutz.

Das Schmecken selbst erfordert die Aktivität von Zunge und Kiefer. Tausende von Nervenenden befinden sich in den Schleimhäuten des Mundes. Virusinfektionen, Schädelverletzungen, Nasenpolypen, Erkrankungen der Nasenneben-

[30] Krüll, 1997, S. 77

höhlen und Medikamente können zu einer Störung oder gar einem Verlust des Riech- und Schmeckvermögens führen. Die Verbindung von Mundhöhle und Nasenraum wird bei Schnupfen deutlich, die Nahrung schmeckt häufig nicht mehr, weil die Nasenlüftung fehlt.

2.6.1 Vorschläge für Eltern, Kindergarten und Schule

Vorschläge für Eltern

- Stillen Sie Ihr Kind so lange es geht

In der Muttermilch befindet sich nicht nur das bevorzugte süße Aroma, welches dem Säugling sinnlichen Genuss und Zufriedenheit verschafft, sondern zusätzliche Nährstoffe, Vitamine, Mineralien, Fette und Enzyme, die das Immunsystem des Kindes stärken und sein Wachstum und die Entwicklung verschiedener Organsysteme fördern. Viele Forscher sind zudem davon überzeugt, dass Muttermilch für die Entwicklung des Gehirns nützlich ist

- Ernähren Sie sich während des Stillens besonders gesundheitsbewusst und verzichten Sie auf Alkohol. Alkohol geht ungehindert vom Blut der Mutter in die Muttermilch über
- Geben Sie Ihrem Kind Obst und Gemüse anstelle von Süßigkeiten. Diese spenden zusätzlich zu dem gewünschten süßen Aroma noch Kohlehydrate und Vitamine
- Bieten Sie Ihrem Kind frühzeitig Wasser als Getränk an
- Denken Sie daran, dass Sie auch bezüglich der Nahrung Vorbilder für Ihr Kind sind

Vorschläge für den Kindergarten

- Das gemeinsame Frühstück in der Gruppe bietet einen Schutzraum, um mit Genuss und Ruhe essen und trinken zu können
- Das Frühstücksbuffett in der Gruppe bietet die Möglichkeit, andere Geschmacksrichtungen auszuprobieren, kennen und schätzen zu lernen
- Kimspiele zum Erraten von Lebensmitteln stärken das gustatorische Erkennen
- Wasser zum Durststillen soll im Kindergarten jederzeit griffbereit sein
- Denken Sie daran, dass Sie für die Kinder auch bezüglich der Nahrung Vorbild sind

Vorschläge für die Schulen

- Ein gemeinsames Frühstück in der Schule schafft eine geschützte Atmosphäre
- Fächerübergreifend können neue und fremdartige Geschmacksrichtungen erfahren werden
- Wasser muss im Trinkangebot der Schule vorhanden sein. Wassertrinken soll zu jeder Zeit – auch im Unterricht – in der Schule erlaubt sein

Gemeinsamer Genuss verbindet

2.7 Das olfaktorische Wahrnehmungssystem

Im Gegensatz zu den anderen sensorischen Informationen, die durch den Thalamus – die Schaltstelle zum Großhirn – geleitet werden, senden die nasalen Nerven ihre Impulse direkt zum Riechkolben im Gehirn. Das Riechorgan befindet sich im oberen Teil der Nasenhöhle. Die angekommenen Impulse werden in bestimmte Gehirnregionen geschickt, die mit der Speicherung von Erinnerungen zu tun haben. Dies gilt auch als Grund dafür, dass Gerüche Menschen an bestimmte Ereignisse erinnern.

> *Als ich wegen Blutungen in der 8. Schwangerschaftswoche im Bett liegen musste, roch es draußen nach „Herbst" (Moder, Feuchtigkeit ...). Bis heute habe ich diese Empfindungen von damals („es geht mir schlecht" – Angst um mein Kind – gedrückte Stimmung – alleine sein) in mir, wenn um die Jahreszeit, Anfang Oktober, dieser Geruch auftritt.*

Ob ein Kind im Mutterleib bereits riechen kann, ist ungewiss. Man nimmt an, dass die Geruchsempfindung ca. in der 28. Schwangerschaftswoche beginnt. Die Riechbahn wird in der frühen Embryonalphase angelegt. Riechzellen beginnen sich nach der siebten Woche zu bilden. Sie sind nach heutigem Wissen die einzigen Nervenzellen des Körpers, die sich lebenslang nachbilden; etwa alle 60 Tage werden abgestorbene Riechzellen durch neue ersetzt.

Bei der Geburt ist das olfaktorische Sinnessystem bereits gut ausgebildet. Neugeborene befinden sich in der Nähe ihrer Mutter am geborgensten, die Muttermilch, ihr Speichel und ihr Schweiß sind Geruchsstoffe, die dem Neugeborenen vertraut sind. Das Baby findet aufgrund seines Geruchssinns die Brustwarze der Mutter.

Das olfaktorische Sinnessystem ermüdet von allen Sinnessystemen am schnellsten. Deshalb nimmt man selbst starke Gerüche nach einiger Zeit nicht mehr wahr. Gerüchen werden auch unterschiedliche Wirkungen zugeschrieben. Sie sollen beruhigend, anregend, konzentrationsfördernd und/oder stimmungsverändernd sein. Die emotionale Komponente der Geruchswahrnehmung ist hoch, Geruchserfahrungen haben eine intensive Tiefen- und Langzeitwirkung. So hängen z. B. Kleinkinder an ihrem Kissen, einem Schmusetier, einer Decke und wollen nicht, dass diese gewaschen werden.

Bei verschiedenen Tests stellte man fest, dass Mädchen und Frauen einen feineren Geruchssinn haben als Jungen und Männer. Die Geschlechtshormone Östrogen und Testosteron werden mit diesen Unterschieden in Verbindung gebracht. Ein hoher Östrogenspiegel steigert die Geruchsempfindlichkeit, Testosteron senkt sie.

> **„Geruchserinnerungen sind der magische Teppich, der uns in einem Augenblick in die paradiesische unreflektierte Welt der Kindheit zurückträgt.“**
>
> *(J. Stephan Jellinek)*

Beruhigung und Trost – „Affi“ durfte Jahre lang nicht gewaschen werden

2.7.1 Vorschläge für Eltern, Kindergarten und Schule

Vorschläge für Eltern

- Verstehen Sie, warum Ihr Kind in Ihrem Bett schlafen will (Ihr Geruch beruhigt Ihr Kind)
- Verstehen Sie, warum das Stofftier nicht gewaschen werden soll
- Geben Sie Ihrem Kind das geliebte Schmusetier oder Kissen mit, wenn es auswärts übernachtet oder ins Krankenhaus muss
- Gestalten Sie die Gerüche in der Umgebung Ihres Kindes angenehm und beruhigend, vermeiden Sie den dauernden Wechsel intensiver Gerüche
- Erleben Sie mit Ihrem Kind Riecherfahrungen in der Natur (Tannenwald, Heuernte, Meeresluft)

Vorschläge für den Kindergarten

- Kimspiele zur Ermöglichung von Riecherfahrung
- Auf starke Stimulation durch Gerüche soll verzichtet werden
- Spaziergänge in der Natur

Vorschläge für die Schule

- Einbeziehung von Riecherfahrung in alle Fächer
- Deutsch: Bei der Einführung des Buchstabens A den Apfel auch riechen lassen
- Biologie: Kräuter nicht nur im Buch betrachten, sondern sammeln und riechen, trocknen und riechen
- Fremdsprachenunterricht/Geographie: die nationalen Gerichte kochen, schmecken, riechen
- Auf die bewusste, starke Stimulation durch Gerüche im Klassenraum sollte verzichtet werden. Der Geruch, der für den Lehrer angenehm erscheint, kann bei einzelnen Kindern evtl. Kopfschmerz oder unangenehme Erinnerungen hervorrufen

Fazit:

Der Mensch benötigt Sinnesnahrung im gleichen Maße wie er Essen und Trinken braucht. Sinnesnahrung erst ermöglicht eine optimale Hirnreife und Hirnorganisation. Daraus folgt, dass Bewegen und Wahrnehmen im Elternhaus, im Kindergarten, in der Schule und in unserer Gesellschaft wieder stärker in den Mittelpunkt rücken müssen. Motorik, Wahrnehmung, seelisches Erleben, biochemische Faktoren und Kognition sind untrennbar miteinander verbunden.

Die positive Haltung, die angemessene Stimme und die vertrauensvolle Körpersprache des Erwachsenen beeinflussen das Ergebnis maßgeblich. Tageslicht, farbliche Gestaltung der Räume, angenehme Atmosphäre und die angemessene Materialauswahl bieten Grundlagen, das Verhalten positiv zu beeinflussen. Ein Kind kann nur dann neugierig sein, wenn es sich sicher und aufgehoben weiß, sich geliebt fühlt und Vertrauen in die Welt entwickelt.

Regeln, Rituale und auch Grenzen schränken das Lernen nicht ein, sondern sollen dem Kind einen sicheren, verlässlichen Rahmen bieten. Nur so werden Orientierung und gegenseitiger Respekt gefördert.

Nur wer genug Sinnesnahrung bekommt, wer sich selber spüren kann, wird mit Anderen mitfühlen können und kann an Andere weitergeben, nimmt An-teil, kann mit-fühlen, ver-stehen, ein-gehen, zu-hören, an-sehen.

Wer sich selber gut fühlen und spüren kann, hat die Möglichkeit, sich zu vertrauen und sich etwas zuzutrauen – Selbstvertrauen entsteht.

Ein Kind ist nie zu klein, um mit ihm zu sprechen. Ihm klar zu machen, welche Auswirkungen Verhaltensweisen haben können, gibt ihm eigene Sicherheit und lässt Toleranz entstehen.

Jean Ayres weist darauf hin, dass Förderung an der Vorstufe zum individuellen Entwicklungsstand ansetzt, dort also, wo das Kind noch im Gleichgewicht ist und nicht an der Stelle, an der es sich bereits in Schwierigkeiten befindet.[31] Ihre Erfahrung offenbart, wie effektiv das Untermauern des „Gekonnten“ im Gegensatz zur Arbeit an Defiziten ist. Ayres hält Therapien für am wirkungsvollsten, wenn das Kind selbstbestimmend handeln kann, während der Erwachsene die Umgebung des Kindes unmerklich lenkt.

---

[31] Ayres, 1984

3. Die motorische Entwicklung des Menschen

Der Körper des Menschen besteht aus über 200 Knochen und mehr als 600 Muskeln, die alle mit dem Nervensystem und damit auch mit dem Gehirn verbunden sind. Die Bewegungsentwicklung des Menschen ist abhängig von der Reifung des Zentralnervensystems. Der Ablauf der motorischen Entwicklung wird von festgelegten Entwicklungsmustern und von der Stimulation (Anregung) durch die Umwelt bestimmt. Wahrnehmung und Bewegung bedingen sich dabei wechselseitig, d.h. jede Bewegung ist mit einer Wahrnehmung verbunden und jede Wahrnehmung äußert sich auch in Bewegung.

Die Ultraschallmethode erlaubt es, das motorische Verhalten schon beim Ungeborenen zu beobachten. Durch diese Möglichkeit sind in der Vergangenheit die Vorstellungen von Föten korrigiert worden. Der Fötus zeigt sich weit früher motorisch aktiv als dies auch von den Schwangeren selbst wahrgenommen wird. Zuerst zeigen sich Zuckungen oder Massenbewegungen, danach entwickeln sich schnell isolierte Bewegungen der Arme und Beine. Ab der zehnten uterinen Woche sind bereits Berührungen des Gesichts mit der Hand zu sehen. Ab der zwölften Woche sind Saugen und Schlucken zu bemerken. Zusätzliche Bewegungen des Räkelns, Streckens und Gähnens folgen. Die Gesamtaktivität des Ungeborenen nimmt bis kurz vor der Geburt zu und vermindert sich in der Endphase wahrscheinlich aus Platzmangel.

Die Geburt ist für das Kind ein einschneidendes Ereignis. Sie verlangt eine totale Umstellung und Neuanpassung des kindlichen Organismus. Atmung, Kreislauf, Temperaturregelung, Nahrungsaufnahme und deren Verarbeitung, aber auch die Anpassung an die Erdanziehung verändern sich und neue Sinneseindrücke stehen im Mittelpunkt.

3.1 Frühkindliche Reflexe und Reaktionen

Um zu überleben, wird der Mensch mit einer Anzahl sogenannter frühkindlicher oder primitiver Reflexe ausgestattet. Diese Reflexe werden unbewusst auf Hirnstammebene durch einen Reiz (Berührung, Lageveränderung, Geräusche, Lichteinfall) ausgelöst. Es sind unwillkürlich ablaufende körperliche Reaktionen, die dem Neugeborenen das Überleben unter neuen Bedingungen ermöglichen, wie z. B. der Saugreflex. Bereits im Mutterleib helfen diese frühkindlichen Reflexe dem Ungeborenen Positionen einzunehmen, die Fortschritte in der Entwicklung der Motorik (Bewegung) und Sensorik (Wahrnehmung) unterstützen. Mit zunehmendem Alter verschwinden diese Reaktionen und das Kind lernt, bewusst auf Reize zu reagieren.

Jeder einzelne der frühkindlichen Reflexe hat eine bestimmte Aufgabe, ist in der Entwicklung des Menschen vorgesehen und bildet die Grundlage für spätere bewusst gesteuerte Fertigkeiten. Wenn die Reflexe ihre Aufgabe erfüllt haben, werden sie durch höhere Zentren im Gehirn gehemmt und kontrolliert. Das Vorhandensein der frühkindlichen Reflexe über den sechsten bis zwölften Lebensmonat hinaus deutet auf Unterentwicklung innerhalb des Zentralnervensystems hin. Es kann unreife Verhaltensmuster verursachen. Ebenso verhindert es die optimale Entwicklung der nachfolgenden Halte- und Stellreaktionen, die lebenslang fortdauern. Je nach Stärke der bleibenden Reflexaktivität können mehrere Funktionsgebiete, die Grundausstattung für Lernen und Verhalten sind, betroffen sein, z. B. die grob- und feinmotorische Koordination, die sensorische Wahrnehmung, die Kognition, das Ausdrucksvermögen. Für die frühkindlichen Reflexe gibt es einen bestimmten Zeitpunkt der Entstehung und ihrer Herausbildung sowie ein bestimmtes Muster der Reflexunterdrückung. Reflexe erstarken, bis sie einen Höhepunkt erreicht haben, dann erfolgt allmähliche Unterdrückung. „Die Natur scheint es so eingerichtet zu haben, dass sie die Tür hinter dem einen Reflex schließt, indem sie die Tür zum nächsten öffnet.“[1]

Das gesunde Neugeborene zeigt:

frühkindliche, überlebensnotwendige Reflexe als Vorläufer späterer motorischer Verhaltensmuster, beispielsweise
- den Saugreflex: er ermöglicht die Aufnahme von Nahrung, verschwindet ca. nach zwei Monaten und geht in willentlich gesteuertes Saugen über;
- den Greifreflex: er wird nach ca. drei Monaten integriert und geht in willentlich gesteuertes Greifen über;

Reflexe, die lebenslang erhalten bleiben, beispielsweise
- den Atemreflex: er sichert durch ständiges Ein- und Ausatmen die Sauerstoffversorgung des Menschen;
- den Blinzelreflex: er bewirkt das Schließen der Augenlider und schützt so das Auge vor Verletzung;
- den Schluckreflex: er ermöglicht die Aufnahme von Nahrung.

---

[1] Blythe, 1990, S. 27

Diagnostisch gesehen sind die genannten Reflexe bei (Vorsorge-) Untersuchungen in der kinderärztlichen Praxis von Bedeutung, da

- alle Reflexe, die frühkindlichen und die lebenslang erhaltenden Reflexe, bei der Geburt vorhanden sein sollen;
- zu lang erhaltene frühkindliche Reflexe ein Indiz für die Notwendigkeit einer intensiven Beobachtung des Kindes sind.

Frühkindliche Reflexe schaffen die Grundlage für spätere Halte- und Stellreaktionen. Während die frühkindlichen Reflexe sich auf der Ebene des Hirnstamms zeigen, sind die Halte- und Stellreaktionen im Wesentlichen auf der Ebene des Zwischenhirns angesiedelt. In einem Prozess von Zusammenspiel und Integration operieren sie über einen bestimmten kurzen Zeitraum gemeinsam. Die Entwicklung der Halte- und Stellreaktionen ist ein Hinweis auf die aktive Kontrolle von höheren Gehirnstrukturen über die Aktivität des Hirnstamms. Sie weist auf eine Reifung des Zentralnervensystems hin. Da im Säuglingsalter eine Trennung von motorischer und geistiger Entwicklung kaum durchführbar ist, sind die Halte- und Stellreaktionen als wichtiger Schritt für die weiteren motorischen Fähigkeiten und für die kognitive und psychische Weiterentwicklung zu sehen.

Zu den Halte- und Stellreaktionen, deren Aufgabe die Unterstützung von Haltung, Stabilität und Bewegung ist, gehören:

1. Stellreaktionen wie z. B.:
   - Die Augen- und Labyrinthstellreflexe
   - Der Amphibienreflex
   - Der Segmentäre Rollreflex

2. Gleichgewichtsreaktionen, Schutz- und Kippreaktionen, wie z. B.
   - Die Parachutereaktion (Abstützreaktion)

Unterentwickelte Halte- und Stellreaktionen sind schon lange als Faktoren bei Dyspraxie (Ungeschicklichkeit) und Apraxie (Handlungsunfähigkeit) bekannt. In einigen Übungsprogrammen zum Bewegungstraining wird durch Wiederholen von Bewegungen aus der Entwicklungsphase der Halte- und Stellreaktionen versucht, eine Veränderung der Gehirnorganisation anzustreben. Sally Goddard und Peter Blythe weisen jedoch darauf hin, dass, solange die frühkindlichen Reflexe noch persistieren, das alleinige Unterstützen von Halte- und Stellreaktionen nur selten Veränderungen bei der feinmotorischen Koordination, der okulomotorischen Funktion (die Augenmuskelmotorik betreffend), der Verarbeitung von Wahrnehmungen oder der konventionellen Schulleistungen mit sich bringt.

3.1.1 Der Moro-Reflex

Der Moro-Reflex wurde nach dem deutschen Kinderarzt Ernst Moro benannt (1874–1951). Dr. Moro betonte 1918, dass er in diesem Reflex im Wesentlichen einen Greifreflex sieht, der auch bei jungen Menschenaffen zu beobachten ist. Er bezeichnete den Reflex als „Umklammerungsreflex.“[2]

Entstehung:	9.–12. Woche im Mutterleib
Bei der Geburt	völlig vorhanden
Integration	2.–4. Lebensmonat
Auslöser	Unerwarteter vestibularer Reiz (Lageveränderung), unerwarteter visueller Reiz (Lichteinfall), unerwarteter auditiver Reiz (plötzliches Geräusch), unerwarteter taktiler Reiz (Temperaturunterschiede ,unsanfte Berührung)
Entwicklung zur	reifen Schreckreaktion

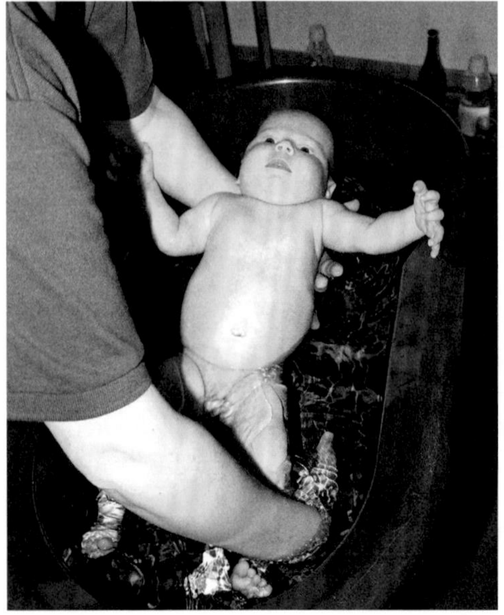

Moro-Reflex

[2] Goddard, 1990, S. 2

Der Moro-Reflex erscheint pränatal etwa in der neunten bis zwölften Schwangerschaftswoche. Zu dieser Zeit entwickelt sich auch das Vestibularsystem und das Cerebellum. Das taktile Sinnessystem ist bereits aktiv. Während der gesamten Schwangerschaft entwickelt sich der Moro-Reflex kontinuierlich weiter und ist bei der Geburt vollständig vorhanden. Bennet beschreibt diesen Reflex als „die erste primitive Schreckreaktion."[3]

Nach der Geburt sollte der Reflex etwa im zweiten bis vierten Monat integriert sein, um dann in die reife Schreckreaktion transformiert zu werden.

Der Moro-Reflex bereitet das Nervensystem auf lebensbedrohliche Situationen vor. Der Hirnstamm löst den Moro-Reflex als eine Art Notschalter für Kampf- und Fluchtreaktionen aus.[4] Daraufhin reagiert das Kind mit einer Reihe schneller aufeinanderfolgender Bewegungen:

Phase 1: Symmetrische Abduktion der Arme und Beine (gleichzeitiges Auseinandergehen von Armen und Beinen), Öffnen der Hände, Spreizen der Finger, Kopf geht in den Nacken, kurzes Erstarren, der Mund öffnet sich bei gleichzeitiger Einatmung

Phase 2: Darauf folgende Adduktion (gleichzeitiges Schließen der Arme und Beine), Beugung im Ellenbogengelenk, Faustschluss, gepaart mit Ausatmen (evtl. als Schrei)

Es wird vermutet, dass der Moro-Reflex einen wesentlichen Anteil an der Entwicklung des kindlichen Atemmechanismus im Uterus hat und auch den ersten Atemzug bei der Geburt ermöglicht. Goddard weist daraufhin, dass der erste Atemzug bei der Geburt häufig durch einen Klaps auf den Po des Neugeborenen oder durch Halten des Kindes kopfüber an den Füßen ausgelöst wird.[5]

Wenn der Moro-Reflex während seiner aktiven Phase (zweiter bis vierter Schwangerschaftsmonat bis zum zweiten/dritten Lebensmonat) nur unvollständig vorhanden ist, kann die Auswirkung

- ein zu schwach ausgelöster Reflex sein
- im zweiten Teil (Schließen der Arme und Beine gepaart mit Ausatmung) schwach ausgeprägt oder abwesend sein.

---

3 Bennett, 1988 in Goddard, 1990, S. 8
4 Goddard, 1998, S. 20
5 Goddard, 1998, S. 21

Die zuletzt genannte Auswirkung bedeutet, dass nach einem tiefen Einatmen das Ausatmen nicht stattfindet. Dies ist mit Luftanhalten zu beschreiben. Cotrell sieht Zusammenhänge zwischen Auffälligkeiten einer Unreife, fortgesetzter Präsenz des Moro-Reflexes und Asthma. Er betont, dass ein noch bestehender Moro-Reflex die Entwicklung des CO^2-Reflexes nicht erlaubt.[6] Dies kann zu flachem Atem und zu Hyperventilation führen und ist als Vorläufer von Panik zu sehen. Die Verzögerung oder das Ausbleiben der 2. Phase des Moro-Reflexes kann auch die späteren Abstützreaktionen des Kindes verlangsamen oder verhindern. Umfallen beim Sitzen, vermehrtes ungeschütztes Hinfallen beim späteren Laufen sind zu beobachten.
Wird der Moro-Reflex nicht rechtzeitig integriert, bleibt das Kind im sensorischem Bereich (taktil, vestibular, auditiv, visuell, olfaktorisch) überempfindlich. Gesteigerte Wahrnehmungsempfindung wird von Stresshormonen (hoher Adrenalin- und Kortisol-Spiegel) begleitet und belastet das Kind erheblich.

Zusammenfassend bedeutet dies, dass eine qualitativ und quantitativ gute Ausführung des Reflexes und eine dadurch erfolgende optimale Integration wichtig sind, um die Entwicklung der reifen Schreckreaktion zu unterstützen. Persistierende Restreaktionen des Moro-Reflexes können durch die Reizüberladung zu einer „Stimulus-Gebundenheit" führen, die als Unfähigkeit gilt, unwesentliche Sinneseindrücke auszufiltern und zu integrieren.[7] Die Restreaktionen des Reflexes können sich belastend auf die Konzentrationsfähigkeit auswirken und zu schneller Blutzuckerverbrennung führen, was oft zusätzlich Stimmungs- und Leistungsschwankungen hervorruft.

„Mit Vorfreude saß ich in einer großen Kirche, um ein Schüler-Weihnachtskonzert zu hören.
Es sollte ein Abend zum Atemschöpfen und ‚Zur-Ruhe-Kommen' sein.
Die Kirchenbänke waren eng besetzt.
Nach kurzer Zeit stellte ich fest, dass Haare und Mantel der Dame neben mir den Geruch von Essen verströmten. Der strenge Geruch nach gebratenem Fleisch und Zwiebeln stieg mir unaufhörlich in die Nase. Zum Schutz hielt ich mir häufig meinen Schal, der meinen Duft trug, vor die Nase.
Schräg rechts hinter mir saß ein leicht behinderter Mann, der beim Atmen in gleichbleibendem Rhythmus die Nase ‚hochzog'.
Schon nach kurzer Zeit hielt ich mir das rechte Ohr zu und drehte den Kopf leicht nach links, obwohl die Akteure eher rechts von mir standen.

---

[6] Cotrell, 1987 in Goddard, 1990, S. 9
[7] Goddard,1998, S. 22

Wäre die Kirche nicht so vollbesetzt gewesen und hätte ich nicht einen so guten Platz durch frühzeitiges Kommen gefunden, hätte ich wohl ‚die Flucht ergriffen'. An Atemschöpfen und ‚Zur-Ruhe-Kommen' war nicht zu denken."
(aus dem Herzen einer „Moro-Frau" gesprochen)

3.1.2 Der Palmar- und der Plantar-Reflex

Der Palmar- (Handgreifreflex) und der Plantar-Reflex (Fußgreifreflex) gehören zur Gruppe der sogenannten Klammerreflexe.

	Palmar-Reflex	Plantar-Reflex
Entstehung	11. Schwangerschaftswoche	
Bei der Geburt	vollständig vorhanden	
Integration:	Im 2./3. Lebensmonat	7./9. Lebensmonat
Auslöser:	Berührung oder Druck in der Handinnenfläche; am Fußballen	
Entwicklung:	Durch die Hemmung des Palmar-Reflexes kommt es zur schrittweisen Entwicklung des willkürlichen Greifens und der verfeinerten Fingerkontrolle. Die Hemmung des Plantar-Reflexes ermöglicht das Abrollen des Fußes beim Gehen.	

Der Palmar-Reflex wird durch eine leichte Berührung oder Druck auf die Handinnenfläche ausgelöst. Dieses Auslösen führt zum Einrollen der Finger und zum Faustschluss. Solange der Reiz besteht, bleibt die Hand geschlossen, der Säugling kann an den Händen hochgezogen werden, die Ellenbogen bleiben dabei leicht gebeugt.

Der Palmar-Reflex soll bei der Geburt vollständig entwickelt sein. Im Alter von vier bis sechs Monaten ist es wichtig, dass dieser Reflex so weit integriert ist, dass der Säugling einen Gegenstand loslassen und ihn im Pinzettengriff zwischen Daumen und Zeigefinger halten kann. Dieses sind Grundlagen für die weitere Entwicklung der manuellen Geschicklichkeit des Kindes. Besteht dieser Reflex über seine vorgesehene Zeit hinaus, kann das Abstützen auf die offene Hand nicht optimal erfolgen, d. h. Gleichgewichtsreaktionen sind beeinträchtigt.
In den ersten Lebensmonaten besteht eine enge Verbindung zwischen dem

Palmar-Reflex und dem Stillen. Die sogenannte Babkin-Reaktion zeigt, dass Saugbewegungen den Säugling dazu anregen, beim Saugen knetende Handbewegungen zu machen.[8] Der Palmar-Reflex ist daher nicht nur in einem engen Zusammenhang mit späterer feinmotorischer Koordination zu sehen, sondern auch mit Sprache und Artikulation.[9]

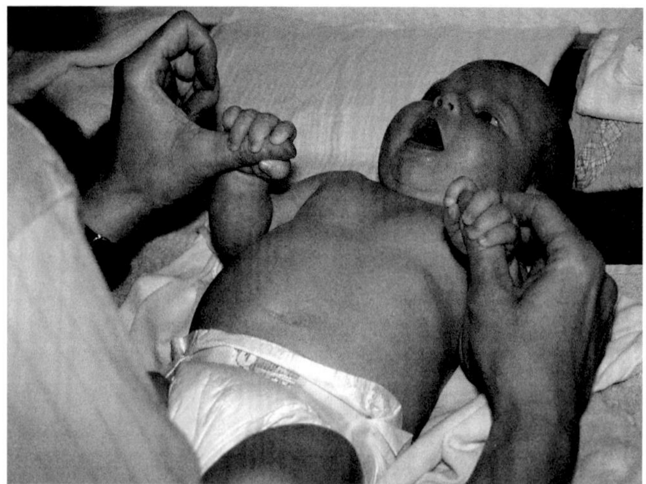

Palmar-Reflex

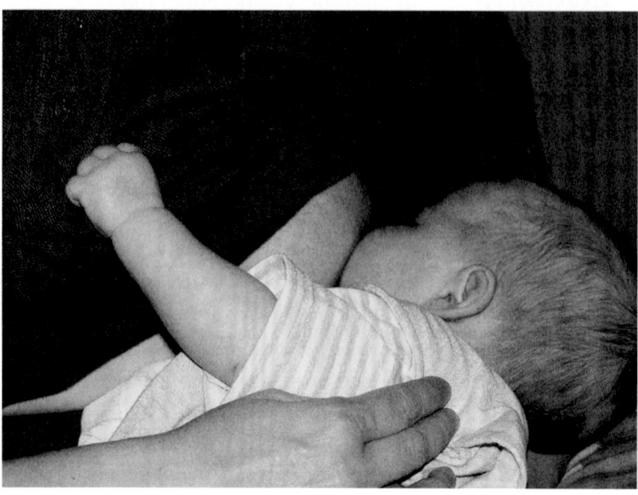

Saug- und Handbewegung

[8] Lietz, 1996, S. 37

[9] Goddard, 1998, S. 26

Der Plantar-Reflex entsteht ebenso wie der Palmar-Reflex in der elften Schwangerschaftswoche bereits im Mutterleib, ist bei der Geburt vollständig vorhanden und wird ca. vier bis sechs Monate später als der Palmar-Reflex integriert. Er reagiert mit Einklammern der Zehen auf Berührung des mittleren Fußballens. Beim Loslassen spreizen sich die Zehen.

Persistierende Restreaktionen dieses Reflexes können das Stehen mit flachem Fuß und das Abrollen des Fußes erschweren oder verhindern. Spätere orthopädische Fehlhaltung durch ständige Kompensationsmechanismen sind nicht auszuschließen.

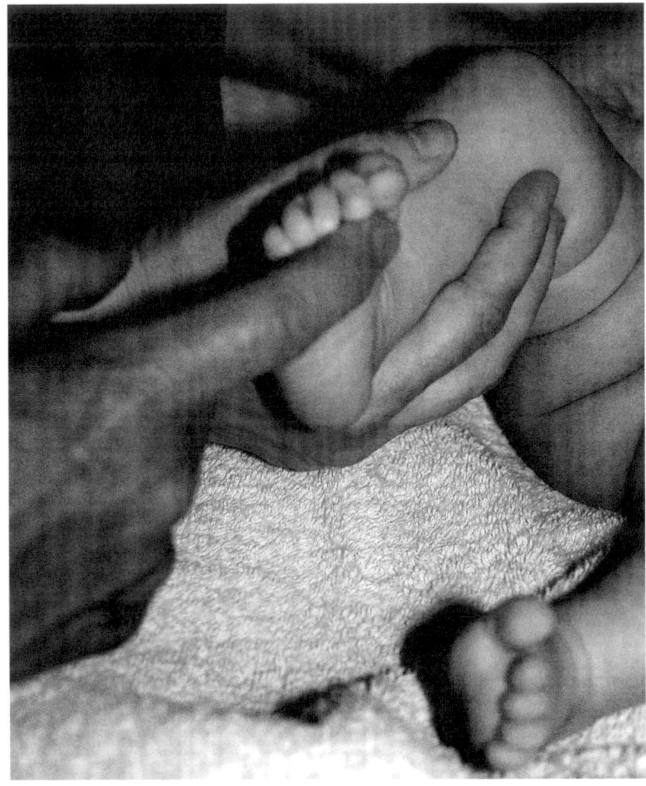

Plantar-Reflex

3.1.3 Der Asymmetrisch-Tonische-Nackenreflex (ATNR)

Der Reflex hat verschiedene Aufgaben: Er unterstützt den Geburtsprozess, ermöglicht dem Säugling freie Atmung in der Bauchlage und das erste Auge-Hand-Koordinationstraining.

Entstehung:	16. – 18. Schwangerschaftswoche
Bei der Geburt:	Vollständig vorhanden
Hemmung:	4.– 6. Monat nach der Geburt
Auslöser:	Kopfdrehung des Kindes
Entwicklung:	Wird integriert in den Amphibienreflex (Kriechmuster) und in den segmentären Rollreflex (Überkreuzen der Mittellinie)

Der Asymmetrisch-Tonische-Nackenreflex (ATNR) wird durch die Nackenreptoren beim Drehen des Kopfes zu einer Seite ausgelöst. Reflexhaft strecken sich die Gliedmaßen auf dieser Seite, während sie sich auf der Hinterhauptseite beugen.

Während der Zeit im Mutterleib ermöglicht der Reflex Bewegungen, die den Muskeltonus entwickeln und vestibuläre Stimulation anbieten. Während der Geburt sollte der Reflex vollständig entwickelt sein, denn er ist als Hilfe für den Geburtsvorgang zu sehen. Die aktive Mitarbeit des Babys im zweiten Stadium der Wehen ist abhängig von einem vollständig entwickelten ATNR. Gleichzeitig wird der ATNR aber auch durch den Massageeffekt der Wehen weiter aktiviert und verstärkt. Dies ist hilfreich für seine Aufgabe in den ersten Lebensmonaten.

Durch den ATNR wird der Tonus für spätere Greif- und Streckbewegungen geübt und die erste Auge-Hand-Koordination findet statt.

Die allmähliche Hemmung des Reflexes im Alter von vier bis sechs Monaten ist nötig, damit das Kind später kriechen und krabbeln kann. Kriechen und Krabbeln ist wichtig für die weitere Entwicklung, denn es hängt mit der Fertigkeit und Möglichkeit des Überkreuzens der Mittellinie und dem Finden der dominanten Hand zusammen.[10]

[10] Goddard, 1998, S. 28 ff.

Dennison betont, dass ein Kind in der Periode des ATNR 80% seiner Zeit in der einseitigen Haltung verbringt.[11] Er sieht den Reflex ebenfalls in Verbindung mit der Entwicklung der Seitigkeit, betont aber besonders die Entwicklung der Linkshirndominanz für das Sprechen und die Sprache.

Kinderpsychologen haben herausgefunden, dass linkshändige Babys besonders in den ersten vier Wochen mit dem Gesicht zum ausgestreckten linken Arm liegen, während der rechte Arm angewinkelt ist. Bei Rechtshändern ist dies genau umgekehrt.[12] Bleiben Restreaktionen des ATNR über die Zeitspanne seiner normalen Funktion hinaus wirksam, kann das Kind eventuell Schwierigkeiten im Gleichgewicht und in der Koordination der Bewegungsabläufe sowie bei der Entwicklung der Seitigkeit zeigen. Mangelhafte Fähigkeit, einen sich bewegenden Gegenstand mit dem Blick zu verfolgen, vor allem über die Körpermittellinie hinaus, kann – wie das Überkreuzen der Körpermittellinie – generell möglich sein. Holt sagt, dass „dieser Reflex eine wichtige Rolle in der visuellen Bewegungsentwicklung zu spielen scheint. Er ist während der Zeit anwesend, zu der sich die visuelle Fixierung auf nahegelegene Objekte entwickelt, und es scheint, dass das Nervensystem sicher gehen will, dass sich der richtige Arm zu dem erblickten Objekt hin ausstreckt. Wenn die Hand dann das Objekt berührt, ist der Samen für die Entfernungswahrnehmung (in Armeslänge) und Auge-Hand-Koordination gelegt."[13]

Dr. Peter Blythe bestätigt, dass der ATNR die erste Koordination zwischen Augen und Hand darstellt. „Die Augen- und Armbewegung bildet dabei ein geschlossenes System."[14] Er weist darauf hin, dass der Reflex ab dem sechsten Lebensmonat nicht mehr auslösbar und auch im Alter von dreieinhalb Jahren nicht mehr im Schlaf vorhanden sein soll. Das sich entwickelnde Gehirn sollte zu diesem Zeitpunkt den Reflex unter Kontrolle haben.

Bein-Wierzbinski betont, dass bestehende Restreaktionen des ATNR die Entwicklung des Kindes nicht nur grobmotorisch, sondern auch in vielen kognitiven Prozessen beeinträchtigen kann.[15] Sie benennt vor allem die Entwicklung der Seitigkeit und hier besonders die unvollständige Ausbildung einer Ohrpräferenz. Diese kann zu einer verlangsamten Verarbeitung von Lauten führen.

---

[11] Dennison, 1996, S. 6

[12] Die Welt, 7.4.2002

[13] Goddard, 1992, S. 13

[14] Blythe, 2000 in Hacks 2000, S. 140

[15] Bein-Wierzbinski, 2000, S. 10

Probleme der Lautverarbeitung bei wechselnder Ohrpräferenz sind besonders zu bedenken. Sprachentwicklungsverzögerungen stehen damit in Zusammenhang. Der ATNR ermöglicht durch seine Integration das Erstarken der folgenden, lebenslang vorherrschenden Reaktionen, – des Amphibien- und des Segmentären Rollreflexes –, die für die Entwicklung notwendig und hilfreich sind.

3.1.4 Der Such- und Saugreflex

Der Reflex gehört zur Gruppe der Greifreflexe.

Entstehung:	24.–28. Woche im Mutterleib
Bei der Geburt:	Vollständig vorhanden
Hemmung:	ca. 3.–4. Lebensmonat
Auslöser:	Reizung der Wange oder des Mundwinkels
Entwicklung:	Kontrolle über die Muskeln an der Vorderseite des Mundes, manuelle Geschicklichkeit

Durch leichtes Berühren der Wange oder des Mundwinkels dreht sich der Kopf des Kindes in die stimulierte Richtung, der Mund öffnet sich und die Zunge wird zum Saugen herausgestreckt. Die Berührung wird somit als Signal zur Nahrungsaufnahme verstanden.

Der Such- und Saugreflex, der auch als Kardinalpunkt-Reflex benannt wird, da er in allen Bereichen des Mundes ausgelöst werden kann, verliert sich nach einigen Monaten und das Kind wird fähig, seine Nahrungsquelle selbstständig zu orten.

Odent verweist darauf, dass der Suchreflex besonders in den ersten Stunden nach der Geburt am stärksten sei.[16] Er unterstreicht ebenfalls, dass seine Intensität sich abschwächt, wenn das Baby in den ersten Stunden nach der Geburt keine Befriedigung durch ihn erfährt. Beobachtungen bei Frühgeborenen im Brutkasten bestätigen die spezifischen Suchbewegungen sowie die Zurückbildung des Suchreflexes bei ausbleibender Reaktion. Lietz weist darauf hin, dass die Intensität des Reflexablaufes vom Sättigungsgrad abhängt und der Reflex selbst bei Hunger verstärkt auslösbar ist.[17]

[16] Goddard, 1998, S. 33
[17] Lietz, 1996, S. 33

Werden Restreaktionen des Reflexes beibehalten, so kann das Überempfindlichkeit um Lippen und Mund, Schluck- und Kaubeschwerden, Sprach- und Artikulationsprobleme sowie manuelle Ungeschicklichkeit zur Folge haben.

3.1.5 Der Tonische Labyrinth Reflex (TLR)

Die Reflexe gehören in den Bereich des Gleichgewichts.

▸ **Der Tonische Labyrinth Reflex vorwärts:**

Entstehung:	12. Woche im Mutterleib
Bei der Geburt:	Vollständig vorhanden
Hemmung:	3.–4. Lebensmonat
Auslöser:	Bewegung des Kopfes nach vorn
Entwicklung:	Wird integriert von den Kopfstellreaktionen und den Labyrinthstellreaktionen

▸ **Der Tonische Labyrinth Reflex rückwärts:**

Entstehung:	Bei der Geburt
Bei der Geburt:	Entstehung
Hemmung:	6. Woche bis 3 Jahre (schrittweiser Abbau)
Auslöser:	Bewegung des Kopfes nach hinten
Entwicklung:	Wird integriert von den Kopfstellreaktionen und den Labyrinthstellreaktionen

Der TLR vorwärts und der TLR rückwärts werden durch Bewegungen des Kopfes ausgelöst. Fällt der Kopf in Rückenlage (Unterstützung des Babys am Rumpf) unter die Mittellinie nach unten (hinten), kommt es zu einer deutlichen Streckung der Arme und Beine (TLR rückwärts). Wird der Kopf über die Mittellinie nach oben (vorne) gebracht, geht der Körper in eine fötale Beugestellung (TLR vorwärts). In den ersten Lebensmonaten ist der TLR die einzige Methode des Kindes auf Schwerkraft zu reagieren. Der TLR beeinflusst durch seine Beugung oder Streckung den gesamten Muskeltonus unterhalb des Kopfes. Die Propriozeption wird ebenfalls trainiert. Bei allmählicher Unterdrückung und Integration des Reflexes werden die Bewegungen verfeinert. Gleichzeitig können sich Halte- und Stellreaktionen entwickeln. Diese streben den Aufbau eines kontrollierten Muskeltonus im Körper an.

Mit ungefähr sechs Monaten sollte sich die Kontrolle über den Kopf entwickelt haben. Wenn der TLR nicht rechtzeitig integriert wird, kann er die Funktion des vestibularen Sinnessystems und die Zusammenarbeit mit anderen sensorischen Systemen stören. Die Sicherheit im Umgang mit der Schwerkraft wird behindert, da die Bewegung des Kopfes den Muskeltonus ständig verändert und das Gleichgewicht dadurch gestört wird. Das Kind findet keinen festen räumlichen Bezugspunkt. Es kommt zu Schwierigkeiten in der Einschätzung von Raum, Entfernung, Tiefe und Geschwindigkeit.

Das Beibehalten von Restreaktionen des TLR und die daraus resultierenden mangelhaften Kopfstellreaktionen beeinträchtigen die Funktion der Augen, da die Augen von dem selben Regelkreis im Gehirn, dem vestibulo-okkularen Reflexbogen, gesteuert werden.[18]

Persistierende Restreaktionen des TLR können das Krabbeln verhindern, da bei der Bewegung des Kopfes in Nackenlage die Beine des Kindes automatisch in die Streckung gehen. Beim Kriechen und Krabbeln aber werden die Grundlagen des Sehens, Fühlens und der Bewegung erstmals synchronisiert und geben dem Kind die Möglichkeit, ein vollständiges Bild der Umwelt zu erlangen.

Das Vorherrschen der TLR-Restreaktionen kann sich auf die Körperhaltung des Kindes auswirken und Hypotonie entstehen lassen. Okkulomotorische Dysfunktionen können sich in visuellen und räumlichen Wahrnehmungsproblemen zeigen. „Erst wenn das Baby seine Kopfhaltung gegen die Schwerkraft beherrscht, kann das junge Baby Augen-/Handkontrolle, Sehschärfe und Gleichgewicht entwickeln. Erst dann kann es sich umdrehen, sich aufsetzen oder seine Hände zum Mund führen.“[19]

Die Aktivierung des TLR bezieht sowohl das vestibuläre Sinnessystem als auch die Aktivierung der Formatio reticularis mit ein.

---

[18] Goddard, 1998, S. 39ff.

[19] vgl. Shepherd, 1990 in Goddard, 1992, S. 11

3.1.6 Der Spinale Galantreflex

Entstehung:	Um die 20. Schwangerschaftswoche
Bei der Geburt:	Aktiv vorhanden
Hemmung:	3.–9. Lebensmonat
Auslöser:	Stimulation im Lendenwirbelbereich
Entwicklung:	

Der Spinale Galantreflex, der um die 20. Schwangerschaftswoche entsteht, ist bei der Geburt aktiv vorhanden und wird ca. vom dritten bis neunten Monat nach der Geburt gehemmt. Der Spinale Galantreflex spielt eine aktive Rolle beim Geburtsprozess. Durch das Zusammenziehen der Muskulatur in der Scheidenwand wird der Lendenwirbelbereich des Säuglings stimuliert. Diese Stimulation löst den Spinalen Galantreflex aus, der sich in einer Hüftbeugung und damit in einer Rotation in Richtung der Stimulation zeigt. So hilft der Reflex dem Kind, sich leichter aus dem Geburtskanal zu bewegen. Eine gleichzeitige Stimulation an beiden Seiten der Wirbelsäule löst Urinfluss aus. Persistierende Restreaktionen des Reflexes können, durch eventuell unbewusste Stimulation (Reizung durch Stuhllehne, Hosenbund ...) ausgelöst, zu verminderter Blasenkontrolle und Schwierigkeiten beim längeren Stillsitzen kommen. Liegt einseitiges Persistieren vor, können die Körperhaltung, der Gang und die Form der Fortbewegung beeinträchtigt sein.

3.1.7 Der Symmetrisch Tonische Nackenreflex (STNR)

Der Reflex wird als „Brückenreflexe“ bezeichnet und dient der Bewältigung der Schwerkraft.

Entstehung:	6.–9. Monat nach der Geburt
Hemmung:	9.–11. Monat nach der Geburt
Auslöser:	Heben und Beugen des Kopfes
Entwicklung:	Krabbeln auf Händen und Knien (Überkreuzung des Corpus Callosum)

Der Symmetrisch Tonische Nackenreflex (STNR) bewirkt eine automatische Bewegung, bei der die obere Körperhälfte dazu veranlasst wird, eine Gegenbewegung zur unteren Körperhälfte auszuführen. Ist also der obere Teil des Körpers gestreckt, beugt sich die untere Körperhälfte und umgekehrt.

Auslöser für diesen Reflex ist die Veränderung in der Nackenhaltung (Kopfbeugung nach vorn oder hinten). Bei der Reaktion arbeiten die rechte und linke Körperseite symmetrisch zusammen.

Der STNR ist als hilfreicher Übergang zum Krabbeln zu sehen. Capute (1981) weist darauf hin, dass der STNR eventuell kein echter Reflex, sondern eine entscheidende Phase des TLR ist.[20] Er erleichtert die Hemmung des TLR und bildet eine Brücke zu den lebenslang bestehenden Halte- und Stellreaktionen sowie zur willkürlich gesteuerten Bewegung.

Durch das Beugen des Kopfes und das damit einhergehende Einsetzen des STNR, das zur gleichzeitigen Beugung der Arme und zur Streckung der Beine führt, werden die Augen des Kindes angewiesen, Objekte in der Nähe zu fixieren. Beim Kopfanheben und gleichzeitigen Strecken der oberen Extremitäten wird in Entfernung und Weite gesehen. Der Reflex dient deshalb auch der Weiterentwicklung des Sehens, da sich die Augen daran gewöhnen, sich von Weitauf Nahsicht und umgekehrt einzustellen. Peter Blythe (1992) weist darauf hin, dass „der Symmetrisch Tonische Nackenreflex den lückenlosen Ablauf des Augentrainings unterstützt."[21]

Durch die motorische Entwicklungsphase des Vor- und Zurückschaukelns auf Händen und Knien wird der STNR allmählich gehemmt. Sobald er integriert ist, ist das Kind in der Lage, koordiniert und fließend im Kreuzmuster zu krabbeln. Laut O'Dell/Cook sollte ein Kleinkind mindestens sechs Monate in der richtigen Haltung krabbeln, damit ausreichend Zeit für die Hemmung des Reflexes vorhanden ist.[22] Effektives Krabbeln ergibt sich aus alternierenden Bewegungsmustern, die eine differenzierte und synchrone Kontrolle der Glieder und des Kopfes erfordert. Beim Krabbeln wird ein inneres Bewusstsein der beiden Körperseiten, der Lateralität und des Richtungssinns entwickelt. Pavlides (1987) fand heraus, dass bei vielen Kindern mit Leseschwierigkeiten die Entwicklungsphase des Kriechen und Krabbelns übersprungen wurde.[23] Bender (1971) er-

[20] Goddard, 1998, S. 43
[21] Goddard, 1998, S. 44
[22] O'Dell; Cook, 1998, S. 44
[23] Goddard, 1998, S. 45

kannte, dass „bei mindestens 75 % aller Lerngestörten ein unausgereifter STNR zu der Lernstörung beiträgt.“[24] Fortbestehende Restreaktionen des Symmetrisch Tonischen Nackenreflexes haben Einfluss auf Körperhaltung, Auge-Hand-Koordination wie Körperkoordination und können zu Schwierigkeiten beim Abschreiben, Fahrradfahren, Schwimmenlernen und zu motorischer Unruhe führen.

3.2 Lebenslange Halte- und Stellreaktionen

Frühkindliche Reflexe schaffen die Grundlagen für die Halte- und Stellreaktionen, diese lösen die frühkindlichen Reflexe ab und gelten als Voraussetzung für die Entwicklung der aufrechten Körperhaltung und der Fortbewegung.

In einem Prozess von Zusammenspiel und Integration operieren sie über einen bestimmten kurzen Zeitraum gemeinsam. Die Entwicklung der Halte- und Stellreaktionen ist ein Hinweis auf die aktive Kontrolle von höheren Gehirnstrukturen über die Aktivität des Hirnstammes.

Die Entwicklung der Halte- und Stellreaktionen weist auf eine Reifung des Zentralen Nervensystems hin. Die Reaktionen werden in zwei Gruppen eingeteilt:

1. Stellreaktionen (vierfüßig)
2. Gleichgewichtsreaktionen (zweifüßig)

Sie sollen lebenslang aktiv bleiben. Ihre Aufgaben sind die Unterstützung von Haltung, Stabilität und Bewegung.[25]

Zu der Gruppe der Stellreaktionen gehören:
- die Augen- und Labyrinthstellreaktionen,
- der Amphibien-Reflex,
- der Segmentäre Rollreflex.[26]

Die Augen- und Labyrinthstellreaktionen kontrollieren die Augenbewegungen, haben Einfluss auf visuelle Wahrnehmung, führen zur Erlangung der Kopfkontrolle und zu angepasstem Muskeltonus im Hals- und Schulterbereich. Sie ergeben sich aus der propriozeptiven Stimulation der Nackenmuskulatur.

---

[24] O'Dell; Cook, 1998, S. 48
[25] Goddard, 1998, S. 48
[26] Goddard, 1998, S. 49

Der Amphibien-Reflex bewirkt eine Hemmung des Asymmetrisch-Tonischen-Nackenreflexes und ermöglicht damit eine Voraussetzung für die Grobkoordination der Muskeln.

Der Segmentäre Rollreflex sorgt für harmonische und fließende Bewegungen bei motorischen Tätigkeiten.

Die Gleichgewichtsreaktionen bestehen aus Schutz- und Kippreaktionen, zu ihnen gehören:

- die Straußreaktion (reife Schreckreaktion)
- die Parachutereaktion (Abstützreaktion).[27]

3.3 Wichtige Schritte in der motorischen Entwicklung

„Die motorischen Meilensteine sind der augenfälligste Gradmesser für die neurologische Entwicklung der ersten Lebensjahre.“[28]

Bauchlage

Neugeborenes: liegt in fötaler Beugestellung

1. Monat	Hebt den Kopf wiederholt für kurze Zeit, bewegt Beine unwillkürlich
2. Monat	Hebt den Kopf in der Mitte ca. 30°–45°, Beugung der Beine lässt nach
3. Monat	Ellenbogen-Stütz, hebt und dreht Kopf dabei
5. Monat	Hebt einen Arm beim Ellenbogen-Stütz mit gleichzeitiger Gleichgewichtsverlagerung zur Seite. Dreht sich von einer Seite auf die andere
6. Monat	Stützt sich auf geöffneten Händen ab, Ellenbogen sind dabei gestreckt. Dreht sich von der Bauch- in die Rückenlage

[27] Goddard, 1998, S. 50
[28] Eliot, 2002, S. 373

7. Monat	Hand-Oberschenkel-Stütz, verlagert Körpergewicht auf Oberschenke. Dreht sich aus der Bauchlage um die eigene Achsel
8. Monat	Rocking-Bewegung im Vierfüßlerstand
9. Monat	Robbt, anfangs oft auch rückwärts
10. Monat	Vierfüßlerstand und erstes koordiniertes Krabbeln
11. Monat	Gut koordiniertes Krabbeln
12. Monat	Krabbelt über Hindernisse und über Stufen; Bärengang
15.–18. Monat	Sicherer Gang, geht rückwärts, klettert
2 Jahre	Rennt, beidbeiniges Hüpfen
2½ Jahre	Geht Treppen
3½ Jahre	Einbeinstand, fährt Dreirad
4 Jahre	Rollerfahren, Einbeinhüpfen
5–6 Jahre	Fahrradfahren
7 Jahre	Hampelmannsprung

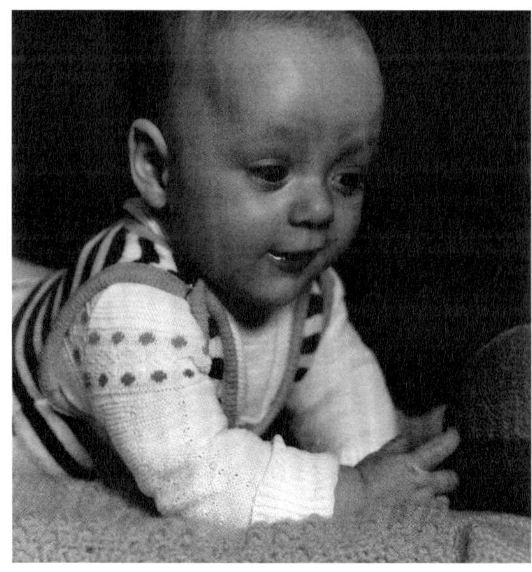

Sebastian, 3 Monate alt

Rückenlage

Neugeborenes: zeigt Moro-Reflex

1. Monat	Kopf in Mittellage, Massenbewegung des Körpers
2. Monat	Erste Greifversuche
3. Monat	Hände und Füße spielen vor dem Körper
4. Monat	Auge-Hand-Mund-Zusammenspiel, rollt zur Seite
5. Monat	Fängt an sich zu drehen
6. Monat	Spielt mit den Füßen, dreht sich vom Rücken auf den Bauch
7. Monat	Auge-Hand-Mund-Fuß-Zusammenspiel
8. Monat	Spielt auf der Seite
9. Monat	Richtet sich aus der Seitlage zum Sitzen auf
10. Monat	Stellt ein Bein hoch, kommt in den Kniestand
11. Monat	Langsitz; steht und geht seitwärts mit Halt
12. Monat	Sitzt frei, steht frei, erste Schritte

Greifen

Neugeborenes: zeigt Handgreifreflex

1. Monat	Hände noch vorwiegend geschlossen
2. Monat	Hand wird häufiger geöffnet
3. Monat	Spielt mit Händen und betrachtet sie
4. Monat	Gezieltes Greifen nur mit einer Hand, alles wird zum Mund geführt
5. Monat	Säugling greift über die Mittellinie, Wechselspiel beider Hände
6.–7. Monat	Radiales Greifen (Gegenstand wird mit Hand ergriffen und wandert dann allmählich zu Mittelfinger und Daumen)
8. Monat	Greift mit Daumen und gestreckten Fingern

9. Monat	Öffnet die Hand und lässt los
10. Monat	Pinzettengriff mit Zeigefinger und Daumen
11. Monat	Zangengriff (gebeugter Zeigefinger und Daumen arbeiten zusammen)
12. Monat	Hält zwei Klötzchen in einer Hand
15.–18. Monat	Spielt mit beiden Händen, malt im Pfötchengriff
2 ½ Jahre	Fängt einen Ball
3 Jahre	Klebt etwas auf
4 Jahre	Schneidet mit der Schere
6 Jahre	Bindet Schuhe

Malen

1 ½–2 Jahre	Kritzelt
3 Jahre	Gibt an, was die Kritzel bedeuten
4 Jahre	Malt Kopffüßler
5 Jahre	Malt Muster, malt Buchstaben in Spiegelschrift
6 Lebensjahr	Der Rumpf wird zur Kenntnis genommen und mitgemalt
6 ½ Jahre	Malt Erlebnisbilder

Geduld, Vertrauen und Mut des Erwachsenen unterstützen das Kind in seiner motorischen Entwicklung und helfen ihm eigene Erfahrungen zu machen. Fehler und Fehlverhalten sind Hilfen auf dem Weg nach oben. Angst vor Fehlern hemmt den Entwicklungsprozess des Kindes maßgeblich. Neue motorische Muster müssen in vielen Variationen erst benutzt werden, ehe sie lebenslang vertraut und sicher eingesetzt werden können. Pausen, auch scheinbare Pausen in der Entwicklung, haben den gleichen Stellenwert wie sichtbare Entwicklungsschritte. Das Gehirn benötigt Zeit zur Verarbeitung. Das Kind spielt in der Entwicklung oft mit seinen Stärken, um damit die Vorstufe für die nächsten Entwicklungsstufen zu schaffen.

„Kinder und Uhren dürfen nicht beständig aufgezogen werden, man muss sie auch gehen lassen.“

(Jean Paul)

Es ist wichtig, die natürliche Händigkeit des Kindes zu unterstützen

3.4 Vorschläge für Eltern, Kindergarten und Schule

Vorschläge zur Unterstützung der motorischen Entwicklung für die Eltern:

- Achten Sie auf eine gesunde Lebensführung in der Schwangerschaft
- Nehmen Sie die Vorsorgetermine regelmäßig wahr
- Verzichten Sie auf Alkohol und Rauchen
- Hören Sie Musik
- Gehen Sie regelmäßig mit Ihrem Kind zu allen Vorsorgeuntersuchungen. Diese Untersuchungen, die der Früherkennung von Auffälligkeiten in der körperlichen, geistigen und sozialen Entwicklung dienen, bieten eine gute Chance, rechtzeitig unterstützende Maßnahmen für das Kind zu finden
- Stillen Sie Ihr Baby, wenn es möglich ist. Muttermilch enthält besondere Abwehrstoffe, die Babys vor Infektionen schützen. Muttermilch passt sich den wachsenden Nahrungsbedürfnissen des Kindes an
- Achten Sie beim Füttern oder Zufüttern aus der Flasche darauf, dass das Trinkloch der Flasche nicht zu groß ist. Das Trinken aus der Flasche ist für Babys weniger anstrengend. Die Bedingungen sollten jedoch ähnlich wie beim Stillen sein, deshalb ist die Größe des Sauglochs wichtig. Ansonsten trinken Babys zu hastig und das Saugen und damit die Integration des Saugreflexes kann beeinträchtigt werden
- Die Wahrnehmungserfahrung und die emotionale Entwicklung des Babys wird unterstützt, wenn Ihr Kind auch beim Gefüttert-werden aus der Flasche Körperkontakt (im Arm, auf dem Schoß) zur Bezugsperson hat
- Stillen und Füttern sollte in entspannter Atmosphäre stattfinden
- Sprechen Sie viel mit Ihrem Kind
- Blickkontakt unterstützt das Kommunizieren mit dem Kind. Sprechen und Erzählen lässt das Kind spüren, dass die Bezugspersonen auf seine Bedürfnisse eingehen. Lallen und plappern mit dem Kind schafft einen Austausch zwischen Erwachsenem und Baby und ermuntert das Kind zu weiteren Lauten (Mundmotorik)
- Ermöglichen Sie Ihrem Kind Erfahrungen in der Bauch- und Rückenlage Kleidung, die dem Baby Beweglichkeit ermöglicht, unterstützt die Freude an der Bewegung. Zu dicke oder zu enge Kleidung behindert
- Das Babybett oder die Wiege sollte Schutz und Geborgenheit vermitteln, aber auch Platz zum Strampeln mit den Füßen, zum Spielen mit

den Händen, zum Sich-zur-Seite drehen bieten und dem Kind Aussicht bieten

- Bieten Sie Ihrem Kind grob- und feinmotorische Bewegungserfahrungen:
  Ermöglichen Sie freies Strampeln und Spielen mit den eigenen Händen, bieten Sie sicheren Platz zum Kriechen, Robben und Krabbeln, Patschen sowie geeignete Spielmaterialien an, damit das Kind spielerisch üben kann, Gegenstände anzufassen, zu greifen und fallen zu lassen
- Ermöglichen Sie vielseitige Wahrnehmungserfahrungen ...,
  streicheln, liebkosen Sie Ihr Kind oft – ohne Körperkontakt verkümmert der Mensch
- Bieten Sie Tasterlebnisse
- Tragen Sie Ihr Kind, schaukeln, wiegen Sie es, heben Sie es hoch, bieten Sie Objekte und Gelegenheiten zum Ansehen und Anfassen, zum Hören und Lauschen, zum Töne machen und Laute bilden, zum Schmecken und Riechen an. Spielen Sie Musik, die das Kind eventuell aus der Zeit der Schwangerschaft kennt
- Gestalten Sie die Umgebung des Kindes bewegungsfreundlich
- Achten Sie auf kindgerechte Wohnräume, schalten Sie Gefahrenquellen wie steile Treppen, niedrige Fensterbänke aus. Räumen Sie niedrig gestellte wertvolle Dinge und Gegenstände, an denen Kinder sich verletzen können, weg
- Machen Sie häufig gemeinsam mit Ihrem Kind Bewegungserfahrungen in der Natur. Spielen Sie auf der Wiese, buddeln Sie im Sand, laufen Sie barfuß, spielen Sie mit Ihrem Kind am und im Wasser
- Bieten Sie Spielmaterialien an, die Bewegungsfreude unterstützen: Ball, Spielzeug zum Ziehen und Schieben, Rutschauto, Schaukelpferd
- Nutzen Sie Anregungen aus „Bildung beginnt schon auf dem Wickeltisch“
- Holen Sie sich Anregung für die U-3-Kinder aus dem Programm „Von Anfang an im Gleichgewicht“ *(Literatur BORGMANN MEDIA)*

4. Der Zusammenhang von persistierenden Restreaktionen frühkindlicher Reflexe, Wahrnehmungsstörungen und Lern- und Verhaltensauffälligkeiten

Aufgrund praktischer Arbeit und wissenschaftlicher Forschung wurde erkannt, dass das Fortbestehen frühkindlicher primitiver Reflexe über ihren normalen vorgeschriebenen Zeitpunkt hinaus zu Auffälligkeiten im Verhalten und Lernen von Kindern führen kann.[1] Sally Goddard sieht das Reflexsystem als Zeichen und Grundlage für ein reifes Nervensystem. „Der Prozess einer normalen Entwicklung ist abhängig von der Herausbildung, Unterdrückung und in manchen Fällen von der Umformung dieser primitiven Reflexe in Haltungsreaktionen, die das Kind auf seine weitere Entwicklung vorbereiten."[2]

Das Reflexsystem verläuft in festgelegter Abfolge. Ist dieser Prozess auf irgendeine Weise gestört, können motorische und sensorische Funktionen davon betroffen sein. Dieses zeigt sich u. a. in Wahrnehmungsauffälligkeiten, Bewegungsschwierigkeiten und Lern- und Verhaltensproblemen.

Die Probleme der Kinder, bei denen Restreaktionen frühkindlicher Reflexe fortdauern, werden oft nicht richtig eingeordnet. Ihre Umgebung sieht in den Reaktionen eher unangepasstes Verhalten, welches mit Lustlosigkeit, Desinteresse, Ablehnung und Bösartigkeit beschrieben wird. Dadurch kommt es häufig zu einer zusätzlichen Verstärkung der Verhaltensweisen. Das Selbstwertgefühl der Kinder wird ständig gemindert, der Selbstzweifel steigt.

Gründe für das Verbleiben von Restreaktionen frühkindlicher Reflexe werden vermutet:

- In der Schwangerschaft (Erkrankungen, emotionale Ereignisse, Drogen, Medikamente u. a.)
- Bei der Geburt (Sauerstoffmangel, Geburtstrauma, Schlüsselbeinfraktur, Schädigung der Nerven, die Armmuskeln innervieren, Druck und Zerrung u. a.)

---

1 Blythe, 1990, S. 25 ff.
2 Goddard, 1990, S. 5

- In der neugeborenen Phase (geringes Geburtsgewicht, verformter Schädel, einschränkende Umgebung u. a.)
- In genetischen Faktoren

Das Fortbestehen von Restreaktionen frühkindlicher Reflexe kann sich zeigen:

- In der Phase des Kleinkindalters (Auslassen der Krabbelphase, spätes Laufenlernen, grob- und /oder feinmotorische Ungeschicklichkeit, Ablehnen von Malen und Kritzeln, spätes Sprechen u. a.)
- Im Schulkindalter (Schwierigkeiten beim Lesen und Schreiben, motorische Unruhe, wechselnde Händigkeit u. a.)

Auf den folgenden Seiten sollen Schwierigkeiten im Lernen und Verhalten beschrieben werden, die besonders persistierenden Restreaktionen einzelner frühkindlicher Reflexe zugeordnet werden können.

Ich möchte jedoch noch einmal deutlich darauf hinweisen, dass nie eine persistierende Restreaktion des Reflexes allein das Verhalten oder die Schwierigkeiten auslöst, sondern dass sie immer im Zusammenhang mit anderen verbindenden Faktoren zu sehen ist (weitere persistierende Restreaktionen von frühkindlichen Reflexen, die Gesamtentwicklung des Kindes, das soziale Umfeld, die Kompensationsmöglichkeiten ...). Je stärker die Restreaktionen sind, desto klarer zeigen sich die Schwierigkeiten, die sie für das einzelne Kind verursachen können.

4.1 Der Moro-Reflex als Ursache von Auffälligkeiten

Wie bereits beschrieben, beginnt sich in der neunten pränatalen Woche erstmals der Moro-Reflex zu zeigen. Treten in dieser oder in der späteren Zeit Fehlentwicklungen auf, können die bis dahin vorherrschenden primitiven Rückzugsreflexe weiter bestehen bleiben. Die Rückzugsreflexe sind als Vorläufer des Moro-Reflexes zu sehen. Sie verhindern durch ihr Fortbestehen eventuell schon dessen deutliche Ausprägung. Dieser kann sich dadurch in seiner späteren aktiven Zeit (bis zum dritten Lebensmonat des Säuglings) teilweise oder insgesamt schwach ausgeprägt zeigen. Er kann im ersten Bewegungsteil (Öffnen der Arme und Beine, einatmen, Luft anhalten) oder im zweiten (Klammerreaktion, Arme und Beine schließen sich, Luft oder Schrei wird ausgestoßen) unterentwickelt oder total abwesend sein. Das bedeutet, die Reaktion auf einen Reiz (der Moro-Reflex wird durch visuellen, auditiven, vestibulären, taktilen Stimulus ausgelöst) kann sich in einer Art der sofortigen Bewegungslähmung (Erstarren) zeigen. Dieses Erstarren wird von Luftanhalten, verringertem Muskeltonus und dem Verlust von Reaktion auf äußere Stimuli (nicht reagieren) begleitet. Der Körper aktiviert zusätzlich schmerzunterdrückende Mechanismen und die Herztätigkeit verlangsamt sich. Das Kind, das noch im frühkindlich-reflexhaften Verhalten steckt, atmet zwar tief ein, aber es atmet nicht richtig aus. Der Atem stockt, da die Luft in der Phase des Ausatmens angehalten wird (ein Schrei kann dadurch auch nicht ausgestoßen werden). Goddard vergleicht dies mit der Erfahrung, plötzlich in sehr kaltes Wasser geworfen zu werden.[3] Cotrell (1987) sieht sogar einen Zusammenhang zwischen verbleibendem Moro-Reflex und Asthma.[4] Es wird auch darauf hingewiesen, dass der Atemfunktion, der Kontrolle von Muskelspannung und dem Adrenalinausstoß eine wesentliche Rolle bei dem Zustandekommen und Beibehalten von Panikzuständen zukommt.

Nach Odent (1984) erzeugt Handlungshemmung die Absonderung von Noradrenalin und Kortisol.[5] Noradrenalin bewirkt das Zusammenziehen der Blutgefäße, es beschleunigt den Herzschlag und erhöht den Blutdruck. In Zusammenhang mit Kortisol sind Langzeitwirkungen wie Schwächung des Immunsystems zu beobachten. Odent verbindet fortgesetzte hormonelle Reaktionen mit krank machenden Situationen und sieht sie auch als Hauptfaktoren bei der Entstehung psychosomatischer Erkrankungen.

---

[3] Goddard, 1998, S. 167

[4] Cotrell, 1988 in Goddard, 1990, S. 9

[5] Odent, 1984 in Goddard, 1990, S. 11

Eine andere Reaktionen des Moro-Reflexes kann sich in der Überreaktion des Kindes zeigen. Durch beibehaltene Restreaktionen des frühkindlichen Moro-Reflexes kann ein Kind ständig in Angst und Spannung leben, bei empfundener Bedrohung überreagieren und sich in verschiedenen Sinneskanälen hypersensitiv zeigen. Der taktile, der vestibuläre, der auditive und der visuelle Bereich sind am häufigsten betroffen. Ständige Bedrohung führt zu ängstlicher Anspannung. Diese lässt ein unwillkürliches Körperfunktionsmuster ablaufen. Das Stresshormonsystem setzt ein und löst eine Kampf-Flucht-Reaktion aus. Das Herz schlägt schneller, die Pupillen weiten sich, Blut strömt in die Muskeln, Wachsamkeit und Erregung steigern sich und dies alles geht, weil es Vorrang hat, auf Kosten von Funktionen wie Verdauung, Wachstum und Zellerneuerung. Die Nebennieren schütten Adrenalin und Noradrenalin aus. Der Sympathikus wird aktiviert und es kommt auch durch ihn zu einer zusätzlichen Noradrenalinauschüttung. Die individuellen Reaktionsabläufe, welche die Angstreaktion auslösen, zeigen sich sehr unterschiedlich. Lärm, Gestank, Kälte, Licht, Berührung, Hitze, enge Räume, Zeitdruck, Versagensangst und Konkurrenzdruck wirken dann als Stressoren, wenn das Kind sie als individuelle Bedrohung wahrnimmt. Diese Bedrohung, die subjektiv empfunden wird, lässt Puls und Blutdruck steigen, lässt Muskeln verspannen. Die Anspannung der Bauchmuskulatur beeinträchtigt den wichtigsten Atemmuskel, das Zwerchfell, statt Bauchatmung erfolgt Brustatmung mit verminderter Sauerstoffaufnahme. Ausatmen bedeutet auch, emotional loslassen zu können. Durch Angst verkürzen sich die Waden und die Nackenmuskulatur, das Fließen der Gehirnflüssigkeit (Cerebrospinalflüssigkeit) wird eingeschränkt, kognitive Beeinträchtigungen können die Folge sein. In den Nebennieren werden erhöht Kortisol und Adrenalin ausgeschüttet. Dies zeigt sich in Folgeerscheinungen wie Pupillenerweiterung, Gefäßverengung, beschleunigtem Puls oder Herzschlag, erschlaffter Blase mit eventuellem unwillentlichen Urinieren, trockenem Mund durch verringerten Speichelfluss, flacher Brustatmung, blockierten Denk- und Lernvorgängen.

Ein hypersensitives Kind blendet mitunter Geräusche aus. Die Folge davon sind unvollständige und unrichtige Informationen. Laute mit höheren Tonfrequenzen wie S und F werden häufig als erste überhört. Phoneme (kleinste sprachliche Einheiten) auf derselben Tonskala wie B und P, T und D, K und G werden verwechselt.[6] Bei einer Hörüberprüfung fällt dies meist nicht einmal auf, weil die Untersuchung unter „geschützten" Umständen und nicht in schulischem Stress mit Lärm und Hektik stattfindet. Dies ist auch häufig der Grund, warum Diktate beim Üben zu Hause so viel besser geschrieben werden als später in der schu-

6 Field 1991, S. 16

lischen Situation. In der Rechtschreibung kann sich die Verwechslung der Buchstaben widerspiegeln und sich dann in einer schlechten Note ausdrücken, die das Kind zutiefst enttäuscht. Das ist besonders für Kinder mit Moro-Restreaktion belastend, da sie sich selbst unter einen hohen Erwartungsanspruch setzen. Ihr Wunsch ist es, perfekt zu sein und perfekte Leistungen zu erbringen. Kinder mit persistierender Restreaktion des Moro-Reflexes leben ständig in Alarmbereitschaft. Sie zeigen, da sie Situationen nicht angemessen deuten können, oft eine gesteigerte Ängstlichkeit. Licht, Lärm, Durcheinander, Menschenmengen, Kritik, Wettbewerb, Anforderung und Stress erzeugen Bedrohung. Um zu kompensieren, produziert der Körper des „Moro-Kindes" Adrenalin, Noradrenalin und Kortisol. Die Ausschüttung der Stresshormone bereitet den Körper durch Anstieg des Blutzuckerspiegels auf Kampf und Flucht vor. Das Kind fühlt sich kurzzeitig besser, die Blutzuckerreserven verbrauchen sich jedoch schnell, das Kind wird müde und gereizt, oft verspürt es Hunger. Die Muskelspannung in den Augen ist ebenfalls von dem Adrenalinausstoß betroffen. Die Pupillen verändern ihre Brennweite auf maximal gute Fernsicht. Daraus folgt:

- Lesen erfordert nun größere Anstrengungen, da die Reduzierung der Brennweite für scharfe Nahsicht vorrangig ist.
- Abschreiben benötigt jetzt viel Zeit.
- Konzentration und Auffassungsgabe lassen nach.[7]

Das Kind benötigt visuelle Entspannung. Oft beugt es sich weit über seine Arbeit, um helles Licht zu dämpfen, das auf die überbeanspruchten Augen ermüdend und manchmal sogar schmerzhaft wirkt. Das Kind reibt vielleicht häufig seine Augen und runzelt die Stirn. Das furchtsame Kind will sicher nicht, dass sein mühsames Abschreiben auffällt. So sitzt es oft mit unvollständigen und fehlerhaften Informationen da, von denen der Fortgang seiner Arbeit abhängt.

Langzeitstudien kamen zu dem Schluss, dass emotionaler Stress deutlich als Faktor bei Herz-Kreislaufproblemen nachzuweisen ist. Menschen, die nicht wirksam mit Stress umgehen konnten, hatten ein 40 % höheres Risiko an einer Herz-Kreislauf-Erkrankung zu leiden als nicht gestresste Personen[8], die ängstlich oder depressiv waren und entwickelten zwei- bis dreimal so häufig Bluthochdruck wie andere.[9] Wissenschaftler können heutzutage nachweisen, dass

[7] Goddard, 1992, S. 5 ff.

[8] Eysenck, H. J., „personality, stress and cancer: prediction and prophylaxis" in Br J med Psychol 1988/61 (Pt 1), S. 57–75).

wiederholte Frustrationen und Ärger zu einem Ungleichgewicht im Nervensystem führen. Dieses Ungleichgewicht wirkt sich sowohl auf das Herz als auch auf das Gehirn und das Hormon- und Immunsystem schädlich aus. Kortisol, auch „Stresshormon“ genannt, kann bei dauerhaft zu hoher Konzentration die Gehirnzellen schädigen. Forschungen am Heart-Math-Institut zeigten, dass das Ausmaß an Stress stärker von der Wahrnehmung einer Person abhängt als vom Geschehen selbst.[10] Kinder sind emotional oft noch flexibler als Erwachsene. Trotzdem geht die Forschung davon aus, dass die tägliche Anhäufung kleiner Stressoren der Gesundheit mehr zusetzt als die einzelnen großen im Leben.[11]

Wahrnehmung hängt von den Gedanken und den Gefühlen eines Menschen ab. Die Emotionen, die daraus resultieren, bewirken verschiedene physiologische Veränderungen im Körper. „Wenn Sie Ihre Wahrnehmungen ändern, ändern Sie das Erleben Ihres Körpers und ihrer Welt.“[12] Liebe, Fürsorge und Wertschätzung können ausgleichend wirken. Untersuchungen zeigen, dass Gefühle wie Freude und Glück die Anzahl von weißen Blutkörperchen erhöhen, die vor eindringenden Krankheitserregern schützen.[13]

Doc Childre hält das eigene endokrine System für das wirkungsvollste Medikament.[14]

Von Moro-Restreaktionen betroffene Kinder fühlen sich am sichersten, wenn ihr Leben in geordneten Bahnen nach Ritualen und bekannten Regeln abläuft. Sie vermeiden bewusst unvertraute Situationen. Eine Stundenplanänderung oder ein geplanter Schulausflug rufen Ängste hervor, die das Verhalten schon einige Zeit vorher prägen können. Lernen über alle Sinne ist für diese Kinder besonders hilfreich. Auch das Lippenlesen des Lehrers beim Diktat ist eine wichtige Informationsquelle. Zudem profitiert das von Moro-Restreaktionen betroffene Kind von einem niedrigen Lärmpegel.[15]

Eigenes lautes Vorlesen und Vorträge vor der Klasse können den Kindern große Schwierigkeiten bereiten und enormen Stress verursachen. Die Angst schwächt

---

9 Dr. Bruce Jonas u. a. in: Archives of Family Medicine 1997/6, S. 43–49

10 Doc Childre, 1999, S. 28

11 Doc Childre, 1999, S. 32

12 Dr. Deepak Chopra in: Doc Childre, 1999, S. 76

13 Zachariae, R./Bjerring, P./Zachariae, C.: Monocyte chemotactic activity in seraafter hypnotically induced emotional states“ in Scandinavian Journal of Immunology 1991/34, S. 1–9

14 Doc Childre, 1999

15 vgl. Field 1992, S.8

ihr bereits angegriffenes Selbstbewusstsein.[16] In meiner praktischen Arbeit sehe ich häufig Kinder mit persistierenden Restreaktionen des Moro-Reflexes. Die meisten von ihnen sind in der Schule zumindest in den ersten Jahren eher unauffällig und zurückhaltend gewesen. Einige ihrer Lehrer können es gar nicht glauben, dass die Kinder, die ihnen in der Schule so angepasst erschienen, laut Aussagen ihrer Eltern zuhause total ausrasten oder weinend zusammenbrechen. Manche Schüler entwickeln unbemerkt eine so große Schulangst, dass es ihnen morgens immer schwerer fällt, zur Schule zu gehen. Eltern berichten davon, dass der Sonntagabend zum Schrecken der Familie wird, weil das Kind nicht aufhört, Angst vor dem Montagmorgen zu entwickeln. Ähnlich schwierig zeigt sich das Verhalten nach den Ferien. Mehrere ältere Jungen – zwei davon als hochintelligent eingestuft, – die den Schulbesuch total verweigert hatten (Angst, Bauchschmerz, Kopfschmerz, Panik, Suizidgefährdung) konnten über die Integration der Moro-Restreaktionen die Schule wieder ohne Angst besuchen. Einige auch jüngere Kinder zeigten gewisse Zwänge in ihrem Tun. So ging ein Junge (Grundschule, zweite Klasse) jeden Morgen erst in die Garage des Nachbarn, um dort ein Schild zu lesen, worauf beschrieben war, wie bei Feuer zu verfahren ist. Erst nach dieser täglich wiederholten „Beruhigung" („Jeder aus der Nachbarschaft kann bei Feuer lesen, was er machen muss – meine Umgebung ist geschützt.") konnte er seinen Weg fortsetzen. So deutlich wie bei den beschriebenen Kindern ist ein Persistieren von Moro-Restreaktionen nicht immer zu sehen.

Da aber gerade in den letzten Jahren immer mehr Kinder mit ADS (Aufmerksamkeitsdefizit) bzw. Verdacht auf ADS zur Diagnostik vorgestellt wurden, war es für mich und meine Kolleginnen interessant zu sehen, dass etwa 85% der Kinder, die aus dieser Gruppe zu uns geschickt wurden, bei der Testung eine Moro-Restreaktion zeigten. Diese Aussage bezieht hier ADHS (Aufmerksamkeitsdefizitsyndrom mit hyperaktivem Verhalten) nicht mit ein.

ADS schon frühzeitig zu diagnostizieren, ist viel schwieriger, als es bei ADHS der Fall ist. Im Kindergarten sind die ADS-Kinder von anderen noch kaum zu unterscheiden, da ihre Verhaltensweisen weitgehend übereinstimmen. Ihr Verhalten wirkt in manchen Fällen vielleicht angespannter, ängstlicher oder zurückhaltender. In der Schule zeigen sich die Kinder oft in ihrer Arbeitsweise sehr langsam und haben Mühe, ihre Arbeitsmaterialien zusammenzuhalten. Sie träumen während des Unterrichts, haben morgens oft keine Lust in die Schule zu gehen und erscheinen zeitweise, besonders bei schulischen Aufga-

[16] vgl. Field, 1992, S. 6ff.

ben, unkonzentriert. Als typisches Zeichen des ADS-Kindes wird u. a. scheinbar schlechtes Zuhören benannt. Das Gesamtverhalten aber erscheint angepasst und unauffällig. Im Laufe ihrer Entwicklung treten immer mehr Probleme in den Vordergrund. Defizite im Lernen zeigen sich durch die verzögerte Arbeitsweise, für Hausaufgaben wird unendlich viel Zeit benötigt, obwohl das Kind die Lerninhalte verstanden hat. Panikattacken und /oder starke Ängstlichkeit machen sich bei sehr vielen Kindern bemerkbar. Versagensangst wiederholt sich ständig. Je älter das Kind wird, desto stärker ist diese Entwicklung zu beobachten. In einigen Fällen kommen Depressionen und Essstörungen dazu. Zu den Problemen der besonderen Wahrnehmungsverarbeitung treten also Sekundärprobleme auf, welche die Persönlichkeitsentwicklung belasten können.

Festzustellen ist auch, dass bisher alle Kinder, die uns mit autistischen Zügen oder Verdacht auf Autismus (Asperger-Syndrom) geschickt wurden, deutlich in Moro-Restreaktionen persistierten.

Beim Asperger-Syndrom liegt im Gegensatz zum Kanner-Syndrom in den ersten Jahren keine markante Auffälligkeit in der Entwicklungsverzögerung vor. Meist erfolgt eine frühe, rasche Sprachentwicklung und die Intelligenz ist gut bis überdurchschnittlich. Die auffällige Motorik, eine fein- und grobmotorische Ungeschicklichkeit und allgemeine Koordinationsschwierigkeiten sind im Kindergartenalter ebenso bemerkbar wie ein seltener, flüchtiger oder vermeidender Blickkontakt. Bei der autistischen Persönlichkeitsstörung (Asperger) überwiegt deutlich der männliche Anteil der betroffenen Personen. Die qualitative Beeinträchtigung der sozialen Interaktion und Kommunikation steht im Vordergrund des Syndroms. Spezielle Sonderinteressen sind für die Kinder charakteristisch. Ihre Verhaltensweisen sind geprägt durch Abwehrverhalten, Rückzug aus sozialen Bezügen, motorische und sprachliche Stereotypien.

In gehäufter Zahl finden sich auch Kinder mit taktiler Überempfindlichkeit und vestibularer Überempfindlichkeit unter den „Moro-Kindern". Eltern berichten in der Anamnese (Vorgeschichte des Kindes) häufig von Luftanhalten bis zum bläulichen Anlaufen oder Umfallen in der Kleinkindzeit. Alle Kinder haben Bedenken vor neuen Situationen und die meisten lehnen neue Angebote ab. Angst und Befürchtungen sind fast ständige Begleiter der Kinder. Ihr Selbstbewusstsein ist eher gering.

Die ersten Reaktionen auf das Förderprogramm zeigen sich bei nahezu allen Kindern mit persistierenden Restreaktionen des Moro-Reflexes im gesteigerten Selbstwertgefühl. So berichten Eltern davon, dass ihr Kind plötzlich mit den Nachbarn spricht. Ein anderes Kind macht beim Zahnarzt erstmals den Mund auf. Das nächste Kind geht plötzlich auf eigenen Wunsch zum Turnunterricht. Ein Mädchen überrascht ihre Umgebung, indem sie im Schwimmbad ins Wasser springt. Die Angst vor dem nächsten Schultag verschwindet. Bei den Besuchen der Kinder im Schulamt fällt mir vorwiegend auf, dass mich einige der Kinder erstmals ansehen. Sie strecken mir nach einiger Zeit von sich aus die Hand entgegen oder erzählen unaufgefordert etwas. Ihre Gesichter wirken bei den Besuchen entspannter und sie lachen mehr.

Mögliche Hinweise – es sind in der Regel mehrere – auf beibehaltene Restreaktionen des Moro-Reflexes können sein.[17]

- Gleichgewichts- und Koordinationsprobleme
- Ängstlichkeit bis zur Panik
- Stimmungsschwankungen
- Phasen von Hyperaktivität gefolgt von Übermüdung
- Taktile Überempfindlichkeit
- Vestibuläre Überempfindlichkeit
- Olfaktorische Überempfindlichkeit
- Visuelle Wahrnehmungsschwierigkeiten
- Auditive Überempfindlichkeit
- Allergien
- Mangelnde Ausdauer und Konzentration
- Schulangst

- Neigung zu sich ständig wiederholenden Verhaltensmustern
- Abneigung gegen Veränderungen
- Schlechte Anpassungsfähigkeit
- Schwierigkeit, Kritik zu akzeptieren
- Schwaches Selbstwertgefühl

4.1.1 Vorschläge für Eltern, Kindergarten und Schule

[17] Goddard, 1998, S. 22

Vorschläge für Eltern

- Geben Sie Ihrem Kind Liebe, Geborgenheit, Anerkennung

- Nutzen Sie Spiele zur Vertiefung von positivem Körperkontakt, s. dazu „Bildung beginnt schon auf dem Wickeltisch“
- Achten Sie auf ein tägliches Gespräch zwischen Eltern und Kind (20% der amerikanischen Kinder haben nicht einmal ein zehn minütiges Gespräch pro Monat mit ihren Eltern)[18]
- Ein geordneter Tagesablauf mit regelmäßigen Mahlzeiten unterstützt das Kind
- Frühstück vor der Schule ist ein wichtiger Bestandteil des Tages
- Geben Sie Ihrem Kind regelmäßig ein Schulbrot und ein Getränk mit zum Kindergarten und in die Schule (Blutzuckerspiegel!)
- Verlässliche täglich wiederkehrende Ereignisse, feste Gewohnheiten wie gemeinsames Essen, das Ins-Bett-bringen des Kindes schaffen eine wichtige Grundlage, unterstützen Rituale und Regeln, die das Kind zur eigenen Orientierung und Sicherheit benötigt
- Vereinbarungen müssen, besonders auch von den Erwachsenen, eingehalten werden. (Das Kind zum vereinbarten Zeitpunkt abholen, Zeit zum Gespräch, Zeit um Spiel nehmen)
- Veränderungen sollten ruhig besprochen und geplant werden
- Loben Sie Ihr Kind. Anerkennung, Ermunterung, gezeigte Freude über Ihr Kind stärken sein Selbstwertgefühl und regen zu positivem Verhalten an
- Nehmen Sie Ihr Kind so an wie es ist – es ist einmalig!!!
- Singen und lachen sie viel mit Ihrem Kind – dies fördert eine tiefe gesunde Atmung
- Respektieren Sie die Ängste Ihres Kindes, versuchen Sie diese zu verstehen und geben Sie dem Kind Hilfen und Möglichkeiten, Ängste zu überwinden (z. B. werden regelmäßige spielerische Schwimmbadbesuche die Angst vor dem Wasser langsam nehmen)
- Auf Wunsch des Kindes sollten Sie die Tür vom Kinderzimmer nachts auflassen oder ein „Nachtlicht“ anlassen
- Laden Sie befreundete Kinder zuerst nach Haus ein, solange Ihr Kind noch nicht zu anderen Kindern möchte
- Bauen Sie die Ablösung von den Eltern schrittweise und verlässlich auf. Sie können bei neuen Aktivitäten des Kindes zuerst zuverlässig in

[18] Children's Defense Fund 1994 in Doc Childre, 1999, S. 160

der Nähe bleiben/oder vor der Tür einer Institution spazieren gehen bis das Kind in der neuen Umgebung sicher wird
- Nehmen Sie bei Ängsten Kontakt zum Kindergarten oder zur Schule auf und besprechen Sie gemeinsame Unterstützung für das Kind
- Erleben Sie mit Ihrem Kind den Genuss von Entspannung. Genießen Sie z. B. in den Ferien die unbeschwerte Zeit, ohne das Kind ständig daran zu erinnern, dass es eigentlich lernen und üben müsste – eine „totale Auszeit" ist wichtig! Üben zum Ende der Ferienzeit in kleinen angemessenen Portionen ist hilfreich. Ferien sind für Kinder bewusst eingerichtet worden!!!

Vorschläge für den Kindergarten

- Feste Bezugsperson unterstützen den Wunsch nach Sicherheit und Verlässlichkeit eines Kindes (Gruppenleiterin)
- Eine angenehme Atmosphäre, auch durch die Stimme und die Ansprache der Bezugsperson, sind wichtige Grundlagen für einen Kindergartenbesuch
- Ein fester Gruppenraum, besonders in der ersten Kindergartenzeit, schafft Vertrauen und Sicherheit
- Die behagliche Gestaltung des Gruppenraums (Farbabstimmung, Material) unterstützt die innere Harmonie von Kindern und Erwachsenen
- Ein ritualisierter Tagesablauf (z. B. Morgenkreis, Abschlusskreis) hilft, den eigenen Rhythmus aufzubauen. Nutzen Sie hierzu das kindgerechte Gleichgewichtsprogramm „Von Anfang an im Gleichgewicht" *(Literatur BORGMANN MEDIA)*
- Verlässliche Regeln wie „Die Schuhe stehen im Regal, die Brottasche hängt am Haken, nach dem Spielen wird eingeräumt" sind wichtig. Sie geben Klarheit und Struktur für das Kind
- Frühzeitige, ruhige Absprache über Veränderungen des gewohnten Tagesablaufes
- Feste und Ausflüge helfen Freude und Spannung positiv zu unterstützen
- Lachen, Singen, auch Schreien unterstützen Entspannung, fördern Abbau von Ängsten, Wut, Anspannungen, verhelfen zu einer tiefen Atmung
- Atemspiele (z. B. mit Blasrohr oder mit Luftballons) helfen mit Freude tief zu atmen

- Ein gemeinsames Frühstück fördert den Gemeinschaftssinn und verhilft den eher unsicheren Kindern sowohl einen Rhythmus im Tag zu finden als auch in Ruhe und mit Genuss frühstücken zu können. Kinder, die beim Spielen oft das Essen vergessen, halten durch das gemeinsame Frühstück ihren Blutzuckerspiegel konstant
- Zum Trinken am Vormittag sollte immer Wasser bereit stehen
- Lob und Ermunterung ist die „Speise“, die jedes Kind wachsen lässt
- Freie Spielzeiten in geschützter Atmosphäre fördern intensiv das Lernen mit allen Sinnen und das Erleben der eigenen Individualität
- Gezielte Angebote mit klarer Struktur, die Erfolgserlebnisse vermitteln, sind wichtige Meilensteine in der Entwicklungsförderung des Kindes
- Arbeiten Sie mit Bewegungsgeschichten zur sensomotorischen Förderung aus „Ich wär' jetzt mal 'ne Fledermaus“ *(verlag modernes lernen)* – Schwerpunkt Entwicklungsbereich Moro-Reflex: „Babsi, die kleine Ball-Biene“
- Es ist wichtig, für die Ängste des einzelnen Kindes Verständnis zu haben und ihm Angebote zu machen, die Ängste und Ungewissheiten zu überwinden, z. B. in Form psychomotorischer Angebote

Vorschläge für den Schulalltag

- Ein Lehrer, dem das Kind oder der Jugendliche vertraut, bietet eine wichtige Grundlage. Er motiviert, erfolgreich und angstfrei in der Schule lernen und leben zu können
- Eine angenehme Atmosphäre in der Schule, die auch beeinflusst wird durch den Geräuschpegel in den Räumen, die Ansprache der Lehrer, die farbliche und räumliche Gestaltung der Schulräume, zeigen große Wirkung auf das Lernen und Verhalten von Kindern
- Feste Regeln und Rituale für Kinder und Lehrer im Schulalltag (vereinbarte Regeln besprechen und einhalten; regelmäßige Gesprächskreise, Zusammenkünfte, „aktuelle fünf Minuten“) verhelfen zu innerer Sicherheit und Gewissheit
- Setzen Sie das Gleichgewichtsprogramm „Bildung kommt ins Gleichgewicht“ *(Literatur BORGMANN MEDIA)* ein. Es dient der Strukturierung des Schulvormittags, schult das Gleichgewicht und greift frühmenschliche Bewegungsmuster, wie den Moro-Reflex in seiner Förderung auf
- Feste Sitzordnung für betroffene (und nicht betroffene) Schüler sollten über längere Zeiträume einhalten werden. Kein Arbeitnehmer möchte an ständig wechselnden Schreibtischen seine Arbeit verrichten müs-

sen

- Tische sollten beim Arbeiten in der Klasse frontal zur Tafel stehen. Jeder Mensch hat ein dominantes Auge. Bei diagonalem Sitzen kommt es zu vermehrter Anstrengung, wenn der Schüler mit dem nicht-dominanten Auge etwas erfassen muss. Die ständige „Schieflage" des Körpers beim Abschreiben oder Lesen von der Tafel verursacht zusätzliche körperliche Anstrengung und Verlust von Energien, was durch frontales Sitzen vermieden werden kann
- Klare Anweisungen bei Arbeitsaufträgen und genügend Möglichkeit zum Nachfragen verhelfen Lehrern und Schülern zu mehr Erfolg
- Arbeitsblätter müssen so deutlich und klar strukturiert sein, dass der Schüler nicht durch Orientierungslosigkeit auf dem Arbeitspapier Fehler macht
- Nur gute Kopien sollten als Arbeitsblätter Verwendung finden
- Frühzeitige Absprache über Veränderungen, Feste, Ausflüge unterstützen die gemeinsame Freude
- Ein gemeinsames Frühstück ist ein wichtiger Anker für die Festigung der sozialen Gemeinschaft und bietet die Möglichkeit zu einem entspannten Gespräch
- Für „Moro-Kinder" ist es wichtig, zwischendurch etwas essen zu dürfen. Ihr Blutzuckerspiegel sackt besonders bei Stress (mündliche und schriftliche Tests) ab. Es hilft ihnen, wenn sie nach den einzelnen Stunden eine Kleinigkeit zu sich nehmen können
- Der Aufbau von Selbstwertgefühl durch Lob und Anerkennung der Person ist ein wichtiger Teil der pädagogischen Erziehung. (dies beinhaltet nicht unbedingt die schulischen Leistungen, sondern das Lob gilt auch den Fähigkeiten, die in der Schule keine Benotung finden)
- Bewegungsanlässe und Entspannungssituationen sollten minutenweise und altersangemessen in den täglichen Unterricht einfließen, setzen Sie Lern- und Bewegungssequenzen aus „Beweg dich, Schule!" ein
- Bewegungsanlässe und Entspannungssituationen sollten minutenweise und altersangemessen in den täglichen Unterricht einfließen (z. B. Energieübungen aus dem Brain-Gym®)
- Leere Flächen an den Wänden (Pastelltöne) bieten den Augen Möglichkeiten zum Entspannen
- Lesen mit Farbfolien oder farbig getönten Lesezeichen verhelfen einzelnen Kindern dazu, entspannter zu lesen
- Individuelle Möglichkeiten, die Zeit zum Arbeiten zu überschreiten,

geben Gelegenheiten Können und Wissen wirklich zu zeigen

- Lehrstoff, der über die verschiedenen Sinneskanäle angeboten wird, verankert tiefer und länger (z. B. den Buchstaben „W“ lernen und dazu Waffeln backen, Gegenstände mit „W“ im Zimmer suchen, „W“ – Worte hören ...), nutzen Sie Spiele und Sequenzen aus „Beweg dich, Schule!“ *(BORGMANN MEDIA)*
- Kindern sollten schrittweise Aufgaben übertragen werden (s. Bewegungsmelder aus „Bildung kommt ins Gleichgewicht“) *(BORGMANN MEDIA)*
- Auf Ängste und/oder die Zaghaftigkeit des einzelnen Kindes sollte adäquat eingegangen werden, ohne zu spotten
- Es ist wichtig, auch im Schulvormittag Freiräume für Spiele und Entspannungssequenzen zu schaffen. Entspannungsübungen können dabei sinnvoll in Verbindung mit Atemübungen angeboten werden
- Singen, (Mitgliedschaft im Schulchor) unterstützt die Entspannung und das tiefe Atmen
- Puste- und Atemspiele (z. B. Pustebilder im Kunstunterricht) können gut und sinnvoll in den Unterricht integriert werden, s. dazu Spiele aus „Kita und Schule – ein starkes Team“ *(BORGMANN MEDIA)*
- Einsatz von Bewegungsgeschichten im Sport- und/oder Förderunterricht aus „Ich wär’ jetzt mal ’ne Fledermaus“, „Schwerpunkt Moro-Reflex“, Bewegungsfolge von „Babsi, der Ball-Biene“ (verlag modernes lernen)
- Klassen regelmäßig lüften
- Das Trinken von Wasser im Unterricht unterstützt das Lernen
- Hygienische Toiletten sind wichtig, viele Kinder trinken oft den ganzen Morgen nicht, weil sie Angst haben, die Toilette aufsuchen zu müssen. Sie unterdrücken den gesamten Vormittag den Harndrang, weil der starke Geruch der Schultoiletten sie ekelt
- Ferienzeit und Wochenendzeit sind wichtig zur Entspannung der Kinder und Jugendlichen!!!

4.2 Der Asymmetrisch-Tonische-Nackenreflex (ATNR) als Ursache von Auffälligkeiten

Ein weiterer primitiver frühkindlicher Reflex, der durch das Persistieren von Restreaktionen auch extreme Schwierigkeiten in der Schule verursachen kann, ist der Asymmetrisch-Tonische-Nackenreflex. Für das Kind können durch seine Präsenz viele Aspekte des schulischen Arbeitens unbequem, erschwerend und frustrierend sein. Koordinierte Bewegungsabläufe werden zum Problem. Oft treten Schwierigkeiten auf, die Körpermittellinie zu überkreuzen. Dies zeigt sich auch in Beeinträchtigungen der Schreibschrift.

Die Entwicklungsstufen des Kriechens und Krabbelns in Kreuzmusterbewegung können durch persistierende Restreaktionen des ATNR erschwert oder behindert werden. Dies kann sich auf die ganze weitere Entwicklung belastend auswirken, da Phasen des alternierenden Kriechens und Krabbelns u. a. für den Prozess der sensorischen Integration und für die Myelinisierung der Nervenfasern bedeutend sind.

Die Ausbildung der Lateralität (Seitigkeit) kann durch das Persistieren von Restreaktionen des ATNR gestört werden, so dass sich die Dominanz einer Hand, eines Beines, eines Ohres nicht herausbilden kann. Ingeborg Milz betont die Bedeutung ausgeprägter Lateralität für das Bewusstsein des eigenen Körpers.[19] Die Körpervorstellung, das Körperschema, die Raumwahrnehmung und die Raumbeziehung stehen damit in engem Zusammenhang. Diese genannten Leistungen sind Grundlagen von Rechnen, Schreiben und Lesen.

Nancy E. O'Dell und P. A. Cook betonen, dass sich das Bewusstsein der Lateralität besonders in der Krabbelphase zum Richtungssinn entwickelt. Durch das Nichtausbilden des Richtungssinns komme es oft zu falscher Leserichtung.[20]

Jean Ayres weist darauf hin, dass ein Kind, dessen Händigkeit nicht ausgebildet ist, oft Links und Rechts verwechselt, die Buchstaben spiegelbildlich schreibt oder anstelle „Maus" „Saum" liest.[21]

[19] Milz, 1996
[20] O'Dell, N. E.; Cook, P. A., 1998
[21] Jean Ayres, 1998

Es ist bekannt, wie wichtig das harmonische Zusammenarbeiten beider Augen für schulische Leistungen ist. Damit diese Zusammenarbeit gelingt, übernimmt ein Auge die Führung. Die unausgeprägte visuelle Lateralität kann zu einem wechselseitigen Führen der Augen und damit im schlechten Fall zum Verschwimmen einzelner Bilder beitragen. Beim Lesen und Schreiben betrifft das einzelne Buchstaben, wobei es zum Auslassen oder Vertauschen der Buchstaben kommen kann. Beim Rechnen betrifft es Ziffern, Zahlen und Rechenzeichen und kann zu falschen Ergebnissen führen, die nicht durch mangelnde Rechenfähigkeit, sondern beeinträchtigte Wahrnehmung entstehen.

Die Wichtigkeit eines effizient funktionierenden und führenden Ohres ist von den verschiedensten Forschern betont wurden. Bei Kindern mit Leseschwierigkeiten wurde eine Häufung dominanter Linksohrigkeit oder fehlender festgelegter Ohrigkeit festgestellt. Jane Field bemerkte, dass Kinder durch linksdominante oder wechselnde Ohrigkeit Probleme bei der Lautverarbeitung haben.[22] Auswirkungen durch die nicht festgelegten Ohrdominanz können auditive Reihenfolgeprobleme, Verwechseln und Auslassen von Buchstaben und Ziffern beim Schreiben und /oder Rechnen sein.

Die dominante Ohrigkeit sollte im günstigsten Fall auf der rechten Seite angelegt sein, damit die neuronale Verschaltung zur linken Hemisphäre (das Sprachzentrum des Menschen ist in den meisten Fällen in der linken Gehirnhälfte angelegt) ohne Verzögerung vonstatten geht. Tomatis hat bei einer Messung der Ohrigkeit festgestellt, dass die Verzögerung zwischen dem Hören mit dem linken und dem Hören mit dem rechten Ohr zwischen 0,05 bis 0,40 Sekunden liegt.[23] Das kann besonders in Hinsicht auf Sprachfluss (Antworten der Kinder) zu Schwierigkeiten führen. Die verzögerten Antworten werden dann als Konzentrationsstörung, verträumtes Verhalten, Lustlosigkeit, Langsamkeit, Begriffsstutzigkeit und ungenaues Arbeiten ausgelegt. Nach Tomatis kann das Kind zwar Hören und Zuhören, aber es erfasst den Inhalt nicht. Tomatis behauptet zudem, dass rechtsohriges Hören das Gehirn stimuliert und energetisiert, da das rechte Ohr hochfrequente Töne aufnehmen kann, die auch den Vestibular-Apparat stimulieren und die Feinabstimmung von Gleichgewicht und Koordination erleichtern.[24] Das linke Ohr nimmt Basstöne auf, die den Vestibular-Apparat weniger stimulieren. Körperbewegungen, die das Ergebnis von Basstönen sind, verbrauchen Energie. Linksohrigkeit oder wechselnde Ohrigkeit könnte

---

[22] Field, 1991
[23] Tomatis 1976, in Field,1991, S. 18
[24] Tomatis 1976, in Field, 1991, S. 19

nach Tomatis mit schlecht funktionierendem Gleichgewicht in Verbindung gesehen werden.[25] Die daraus ständig erforderliche Kompensation von höheren Gehirnzentren verbraucht Energien für Aufgaben des Interpretierens, des Reagierens und des Aufnehmens von Information. Somit reagiert das Kind langsamer, ermüdet schneller und konzentriert sich schwerer. Das linksohrige oder wechselohrige Kind überhört die Laute mit hoher Frequenz und kann sie sprachlich nicht reproduzieren. Es verwechselt Phoneme, die auf derselben Tonstufe liegen, spricht, liest und singt oft mit einer monotonen Stimme. Wegen des unterstimulierten Vestibular-Apparates hat es Schwierigkeiten einen Rhythmus zu klatschen, bewegt sich nur gehemmt zu Melodien und hat Schwierigkeiten eine Folge von Tönen zu wiederholen. Ein schlecht ausgebildetes Erfassen von Reihenfolgen führt zu Problemen im Sprachaufbau und in der Rechtschreibung. Zeitgefühl und Rhythmus sind betroffen. Wohltuend sind für diese Kinder fröhliche helle Lehrerstimmen mit einer guten Sprachmelodie.[26]

Durch die oben beschriebene veränderte Wahrnehmungsverarbeitung kommt es bei vielen der Kinder zu Problemen beim Lesen, Schreiben und Rechtschreiben. In England wurde eine Studie zu persistierenden frühkindlichen Reflexen in Auftrag gegeben, bei welcher der ATNR ein wichtiger Schwerpunkt war. Kinder im Alter von acht bis elf Jahren, die trotz guter Intelligenz (I. Q. 85 – 115) Leseschwierigkeiten hatten, wurden in diesen Versuch aufgenommen. Ursprünglich wollte man mit vier Behandlungsgruppen arbeiten. Die erste Gruppe, die Experimentalgruppe sollte mit einem speziellem Bewegungsprogramm arbeiten; die Placebogruppe arbeitete mit einem ähnlichen, aber unspezifischen Bewegungsprogramm; die Kontrollgruppe wurde ohne Bewegungsprogramm geführt. In einer vierten Gruppe sollten Kinder mit Leseschwierigkeiten sein, die nicht in Restreaktionen des ATNR persistierten. Diese vierte Gruppe konnte jedoch gar nicht erst zustande kommen, da alle im Programm befindlichen Kinder mit Leseschwierigkeiten stark persistierende Restreaktionen des ATNR zeigten.[27]

In der eigenen praktischen Arbeit habe ich bei den vielen Kindern, die mir bisher wegen LRS (Lese-Rechtschreibschwäche) vorgestellt wurden, noch kaum ein Kind gefunden, das nicht deutlich in Restreaktionen des ATNR persistierte. Gleichzeitig wurde in der Diagnostik die unentschlossene Seitigkeit in Bezug auf Hand, Bein, Auge und Ohr offensichtlich. Ich halte es daher für überaus

[25] Tomatis 1976, in Field. 1991, S. 19
[26] Tomatis 1976, in Field 1991, S. 18 ff.
[27] The Lancet Volume 335, Number 9203, 12 February 2000

wichtig, dass in der Lehreraus- und fortbildung auf die motorische Entwicklung und die Wahrnehmungsentwicklung des Menschen intensiv eingegangen wird.

Sensibilisiert durch das Reflexprogramm, ist es für mich heute ebenso unabdingbar, vor jeder Händigkeitsdiagnostik (Linkshänderberatung) abzuklären, ob das Kind noch in Restreaktionen des ATNR persistiert oder ob dieser Reflex gut integriert ist, so dass die Ausbildung der Händigkeit ungehindert verlaufen konnte. Vielen Kindern, die unentschlossen wechselhändig arbeiten, kann sonst die Händigkeitstestung allein nicht die adäquate Beratung bieten.

In schulischen Situationen ist die deutliche Auswirkung von nicht integrierten Restreaktionen des ATNR oft in der anstrengenden Haltung zu sehen, die ein Kind einnehmen muss, um schreiben zu können. Dreht das Kind den Kopf, um die schreibende Hand mit den Augen zu verfolgen, bewirkt die ATNR-Restreaktion die automatische Streckung der Muskeln in Armen, Hand und Finger. Je weiter der Kopf zur Seite gedreht wird, desto stärker ist die Muskelreaktion. Kompensatorisch entwickeln Kinder häufig Strategien zur Bewältigung dieser Schwierigkeiten. Oft sieht man verdrehte, sehr unbequem wirkende Schreibhaltungen, häufig ungewöhnliche Stifthaltungen und starken Stiftdruck. Die Strategien sind für die Kinder notwendig, um ihre schriftlichen Arbeiten überhaupt ausführen zu können. Der Versuch ihre Körper- und Armhaltung zu korrigieren oder ein Training der herkömmlichen Stifthaltung verursachen noch größere Verkrampfungen beim Kind. Erleichterung ist manchmal durch Stiftaufsätze zu erreichen.

Dem „ATNR-Kind“ scheint es erschwert, die Hand längere Zeit wiederholt vor die Mitte des Körpers zu bringen. Dies beeinträchtigt alle Aufgaben, die vor der Mittellinie des Körpers ausgeführt werden müssen. Davon sind die Raumaufteilung im Heft, die Ausrichtung der Schrift zu einer Seite und das Einhalten der Zeilen betroffen. Die Kinder bevorzugen häufig das Schreiben der Druckschrift wegen der kürzeren, schnelleren und nicht überkreuzenden Bewegungen für die Hand.

Die Anstrengung, die sich in schmerzhafter Verkrampfung von Finger, Hand, Arm, Schulter und Nackenbereich zeigt, kann zu Kopfschmerzen und Konzentrationsverlust führen. Sie stört unweigerlich geistige Prozesse, weil das gleichzeitige Schreiben, Zuhören und Verstehen kaum zu bewältigen ist.[28]

[28] Field, 1992, S. 17

Rechtschreibleistungen bei schriftlichen Arbeiten sind schlechter als kreative mündliche Beiträge.

Beim Abschreiben aus einem Buch haben Kinder mit einer noch vorhandenen ATNR-Restreaktion Schwierigkeiten, ihre Augen auf unterschiedliche Distanzen einzustellen oder sie auf eine Stelle gerichtet zu halten, während sie gleichzeitig lesen, behalten und schreiben müssen.[29]

Unterschiedliche Bevorzugung in der Seitigkeit von Hand, Fuß, Auge und Ohr führt oft zu einer verzögerten Reaktion und schlechterem Richtungswahrnehmen auf dem Papier bei körperlichen Aktivitäten und visueller Orientierung. „Eine Folge (unbewusster) Unentschiedenheit als Ergebnis unentschiedener Seitigkeit kann die Verlangsamung geistiger Prozesse und physischer Reaktionen sein."[30]

Kinder mit persistierenden Restreaktionen des ATNR müssen in Schul- und Lernsituationen stets über mehrere Stunden kompensatorisch arbeiten. Ihre Anstrengungen und ihr Bemühen kostet sie viel Zeit und Kraft. Oft sind ihre Ergebnisse in Qualität und Quantität bei vielfachem Einsatz weitaus geringer als die der Schulkameraden. Und das alles bei guter bis sehr guter Intelligenz. Lehrstoff, der über verschiedene Sinneskanäle angeboten wird, kann eine wirksame Lernunterstützung darstellen.

Bei nahezu allen Kindern, die uns bisher mit Lese-, Schreib- und Rechtschreibschwäche vorgestellt wurden, waren in der Diagnostik deutliche ATNR-Reaktionen zu ersehen.

Das Hauptmerkmal der Lese- und Rechtschreibstörung ist nach internationaler Klassifikation psychischer Störungen, ICD 10, WHO[31] „eine umschriebene und bedeutsame Beeinträchtigung in der Entwicklung der Lesefertigkeiten, die nicht allein durch das Entwicklungsalter, Visusprobleme oder unangemessene Beschulung erklärbar ist ... Bei umschriebener Lesestörung sind Rechtschreibstörungen häufig ... Während der Schulzeit sind begleitende Störungen im emotionalen und Verhaltensbereich häufig."

[29] Goddard, 1992, S. 13 ff.
[30] Field, 1992, S. 18
[31] Hans Huber, 1997

In der Vorgeschichte der Lese-Rechtschreibstörung sind bei den Kindern oft Entwicklungsstörungen des Sprechens, der Sprache oder der Motorik vorhanden. Bei gezielter Lese-Rechtschreib-Diagnostik zeigen die Kinder meist Auffälligkeiten in mehreren der folgenden Bereiche:

1. Optische Wahrnehmung
   - 1.1 Optische Differenzierung (kann Formen und Buchstaben nicht oder schlecht unterscheiden, a = o, p = q)
   - 1.2 Optisches Gedächtnis (kann sich Gesehenes nicht merken oder wiedererkennen)
   - 1.3 Optische Serialität (kann sich Reihenfolgen nicht merken, z. B. Buchstaben, die nacheinander im Wort kommen)
2. Akustische Wahrnehmung
   - 2.1 Akustische Differenzierung (kann Laute/gehörte Buchstaben nicht oder schlecht unterscheiden, d = t, k = g)
   - 2.2 Akustisches Gedächtnis (kann sich Gehörtes/Laute nicht merken oder nicht wiedererkennen)
   - 2.3 Akustische Serialität (kann sich die Reihenfolge von gehörten Lauten nicht merken, vertauscht oder bringt sie durcheinander)
3. Raumwahrnehmung

   Position im Raum kann nicht richtig eingeschätzt werden, Lageunterschiede von p/q, b/d können nicht erkannt werden, Schreiben in Linien fällt schwer
4. Körperschema

   Unsicherheit in rechts-links, vorn-hinten Beziehungen zeigt sich oft in Vertauschung von Buchstaben, dei/die
5. Intermodalität

   Sinnesmodalitäten zu wechseln, z. B. eine Beziehung zwischen Gehörtem/Laut und Gesehenem/Buchstaben herzustellen ist erschwert. Bei Schwierigkeiten in der Intermodalität gelingt die Verbindung zwischen den Sinnesgebieten nicht. Demzufolge kann das Kind beim Lesen Laut und Schriftbild nicht kombinieren.[32]

[32] Kopp-Duller, 2001, S. 73 ff.

Im Kindergarten und in der Schule fallen folgende Merkmale zusätzlich auf:

- Sehr langsames, malendes Schreiben
- Schwierigkeiten, Linien einzuhalten
- Drehen des Blattes beim Malen von waagerechten und /oder diagonalen Linien
- Zusätzliches Hinzufügen von Ecken beim Malen von Dreiecken, Vierecken
- Beim freien Schreiben oder Malen wird das Blatt nur etwa bis zur Hälfte bearbeitet (es wird entweder die linke oder die rechte Blattseite bevorzugt)
- Buchstaben und Zahlen werden verdreht b = d; q = p; 3 = E, 7 = 4
- Das Erlernen der Uhr fällt schwer
- Die rechts-links-Unterscheidung ist unsicher
- Homolaterale Bewegungsmuster beim Kriechen und /oder Krabbeln
- Mangelnde Augenfolgebewegungen – Sprünge in der Augenfolgebewegung sind zu sehen, wenn das Kind mit den Augen (ohne Kopfmitbewegung) einem in der Luft geführtem Stift von links nach rechts (oder umgekehrt) folgen soll
- Wechselnde Lateralität; das Kind arbeitet im Wechsel mit rechter und linker Hand (oft bearbeitet es die linke Seite mit der linken Hand, die rechte Seite mit der rechten Hand; es vermeidet das Überkreuzen)
- Schwierigkeiten bei der visuellen und auditiven Wahrnehmung durch noch nicht festgelegte Dominanz der Ohrigkeit und der Äugigkeit
- Unbequeme (auch verdrehte) Schreibhaltung; das Kind liegt bei längerem Schreiben fast auf dem Tisch,
- schmerzhafter Stiftdruck, unbequeme Handhaltung

Kinder mit Lese-, Schreib- und Rechtschreibschwäche haben oft erhebliche schulische Nachteile, da sich ihr Problem auf alle anderen Fächer auswirkt. Die Gefahr ist, dass sie chronisch überfordert werden oder irrtümlich als minderbegabt gelten. Begleitstörungen wie Konzentrationsstörungen, Schulangst, psychosomatische Symptome (Bauchschmerz, Übelkeit), hyperaktives Verhalten, Motivationsverlust, Verlust des Selbstwertgefühls, Aggressionsbereitschaft, emotionaler und sozialer Rückzug zeigen sich häufig.

4.2.1 Vorschläge für Eltern, Kindergarten und Schule

Vorschläge für Eltern

- Bieten Sie Ihrem Kind Platz, sich frei bewegen zu können
- Kullern, rollen, krabbeln, kriechen Sie viel mit Ihrem Kind auf dem Boden
- Spielen Sie mit Ihrem Kind (Klicker, Ball, Federball, Minigolf)
- Gehen Sie ins Mutter-Vater-Kind-Turnen
- Nutzen Sie die Anregungen aus „Bildung beginnt schon auf dem Wickeltisch" und aus dem Handbuch „Von Anfang an im Gleichgewicht", Angebote für die U3-Jährigen *(BORGMANN MEDIA)*
- Beziehen Sie Ihr Kind mit in die Haushalts- und Gartenarbeiten ein, lassen Sie es z. B. Geschirr ins Regal einräumen, Staub putzen, Post öffnen, Torten verzieren, Nagel einklopfen, pflanzen
- Nutzen Sie zur Unterstützung der Auge-Hand-Koordination den „Lesefinger" auch beim Betrachten von Bilderbüchern
- Wandern und klettern Sie mit Ihrem Kind
- Loben und anerkennen Sie Ihr Kind

Vorschläge für den Kindergarten

- Setzen Sie das Programm „Von Anfang an im Gleichgewicht" ein *(Literatur BORGMANN MEDIA)*, es schult gleichermaßen das Gleichgewicht und die frühkindliche Bewegungsentwicklung
- Vielfältige Spiele zur Auge-Hand-Koordination anbieten,
  s. dazu auch Spiele aus „Kita und Schule – ein starkes Team" *(BORGMANN MEDIA)* und „Bildung beginnt schon auf dem Wickeltisch" Alter 0 – 8 Jahre
- Feinmotorik schulen, z. B. Naturmaterialien sammeln und sortieren, Perlen auffädeln, Steckspiele, klickern, malen
- Grobmotorik unterstützen, z. B. werfen, fangen, zielen mit Bällen und Reifen
- Fang- und Abschlagspiele
- Vielfältige und variierte Kriech und Krabbelspiele einbringen s. dazu auch Spiele aus „Kita und Schule – ein starkes Team"
  (BORGMANN MEDIA)
- Fingerspiele, Klatschspiele, Fadenspiele einführen, s. dazu auch Spiele zur Körpererfahrung aus „Ich wär' jetzt mal 'ne Fledermaus"
  (verlag modernes lernen)

- Bewegungsgeschichten aus „Ich wär' jetzt mal 'ne Fledermaus", Schwerpunkt Asymmetrisch Tonische Nackenreflex: „Mia, die muntere Musikmücke und Freddy, die freche Fledermaus."
  (verlag modernes lernen)
- Psychomotorische Spiele zur Körperwahrnehmung und Körpererfahrung anbieten
- Rechts- und Linkshändermaterialien im Angebot haben (Scheren, Spitzer), damit das Kind nicht wegen ungünstiger Materialien seine Handdominanz nicht festlegt
- Kinder ermuntern und loben, damit sie Mut zum Malen bekommen
- Übermalte Ränder beim Ausmalen als Übung ansehen und nicht bemängeln
- Freies selbstbestimmtes Spiel bewusst einsetzen, es bedeutet individuelles Lernen mit allen Sinnen
- Dem Kind Zeit, Anerkennung, Lob und Verständnis entgegenbringen

Vorschläge für den Schulalltag

- Frontaler Sitz zur Tafel. Ein frontaler Sitzplatz kann Orientierung zum Bezugspunkt Tafel und Lehrer geben
- Es ist günstig, Kinder mit diagnostiziertem ATNR der visuellen und auditiven Informationsquelle direkt gegenüber zu setzen[33]
- Genügend Platz zur rechten oder linken Schreibseite des Kindes geben (entsprechend der jeweiligen Händigkeit des Kindes)
- Deutliche und großzügige Linierung auf Arbeitsblättern und Heften
- „Lesefinger" oder Leseschablone einsetzen
- Dickere dreieckige Stifte und Stifthilfen wie Dreieckaufsätze, Mulden und Bollys zum Schreiben und Malen anbieten
- Kinder dürfen statt Schreibschrift in Druckschrift schreiben
- Der alternative Einsatz der Schreibmaschine oder des Computers wird ermöglicht
- Beim Abschreiben vom Blatt liegen die Blätter übereinander
- Entspannungs- und Bewegungszeiten täglich und regelmäßig in den Unterricht einbringen (Fingerspiele, Streichel-, Klatsch- und Faden-

[33] Field, 1992, S. 14ff.

spiele), setzen Sie das Programm „Bildung kommt ins Gleichgewicht“ ein *(Literatur BORGMANN MEDIA)*. Es schult gleichermaßen das Gleichgewicht, die Koordination und die frühkindliche Bewegungsentwicklung

- Lehrstoff über verschiedene Sinneskanäle anbieten. Setzen Sie im Unterricht Lern- und Spielsequenzen aus „Beweg dich, Schule!“ ein *(BORGMANN MEDIA)*
- Schriftliche Arbeiten verkürzen oder abändern, z. B. stattdessen in Arbeiten etwas unterstreichen lassen, ankreuzen lassen. Berichte und Antworten mündlich vortragen lassen
- Inhalt und Schrift nicht in einer Note beurteilen
- Sozialverhalten, Verstehen und Anwenden des Erlernten nicht in einer Note beurteilen
- Für eine angenehme Atmosphäre sorgen
- Dem Kind genügend Zeit geben
- Schreibanlässe sind motivierend und werden nicht zur Bestrafung eingesetzt.
- Lob, Verständnis und Freundlichkeit motivieren und unterstützen
- Förderstunden im Bereich der Motopädagogik anbieten, Bewegungsgeschichten aus „Ich wär' jetzt mal 'ne Fledermaus“, Schwerpunkt Asymmetrisch Tonischer Nackenreflex: „Mia, die muntere Musikmücke und Freddy, die freche Fledermaus“ *(BORGMANN MEDIA)*
- Edukinestetische Übungen (Brain-Gym® Übungen, Vision-Gym® Übungen) nutzen
- Wasser trinken im Unterricht

4.3 Der Tonische Labyrinth Reflex (TLR) als Ursache von Auffälligkeiten

Der Tonische Labyrinth Reflex entwickelt sich etwa um die gleiche Zeit wie der Moro-Reflex. Während der Reflex aktiv ist, trainiert er die Muskeln im Körper, damit sie auf die feinen Veränderungen, die bei der Bewegung des Kopfes im Innenohr stattfinden, reagieren.

Wird der Tonische Labyrinth Reflex nicht ca. im dritten Lebensmonat integriert, können die Augen- und Labyrinthstellreaktionen sich eventuell nicht exakt ausbilden. Die Augen- und Labyrinthstellreaktionen werden das ganze Leben als automatische Kontrolle benötigt, um die Balance in aufrechter Haltung zu bewahren und um bei Bewegung ein stabiles visuelles Feld zu erhalten. Aus mangelhafter Einstellung der Augen- und Labyrinthstellreaktionen ergibt sich, dass das Kind im Sitzen oder Stehen ständig übermäßig bewusste Aufmerksamkeit aufbringen muss, um kompensatorisch Stabilität zu erhalten. Diese bewusste Aufmerksamkeit stellt Anforderungen an Gehirnregionen mit höherer Informationsverarbeitung. Dadurch steht weniger Kapazität für die Bewältigung intellektueller Aufgaben zur Verfügung. (Stellen Sie sich vor, Sie müssen über eine schmale Brücke balancieren. Sie richten Ihre ganze Aufmerksamkeit auf das Halten Ihres Gleichgewichts. Sollen Sie jetzt aber dabei einen Text schreiben, eine Rechenaufgabe erledigen oder gestellte Fragen beantworten, erscheinen Sie abwesend und unkonzentriert. Die Aufgabenbewältigung gelingt Ihnen nicht so gut, wie es normalerweise der Fall sein könnte).

Nach Field kann es durch eine schlecht ausgebildete Kopfkontrolle zu Verzerrungen auditiver Botschaften kommen.[34] Schnelles und effizientes Drehen des Kopfes zur Klangquelle wird verhindert, Tiefen- und Entfernungswahrnehmung sind dadurch verlangsamt und die Wahrscheinlichkeit, dass sich das Kind verhört, falsch beurteilt, missversteht oder langsam reagiert, steigt. Die Wahrnehmung von Lauten verliert an Schärfe und Genauigkeit. Teile von Botschaften können überhört werden oder verzögert ankommen. Konzentration, Verständnis und auch das Selbstwertgefühl werden beeinträchtigt. Der Stress, der dadurch entsteht, kann dazu führen, dass das Kind ängstlich und verwirrt reagiert.

Ist das Gleichgewichtsgefühl von Anfang an beeinträchtigt, können die Augenbewegungen nicht zur notwendigen Feineinstellung kommen. Mit den Augen einen Gegenstand zu verfolgen und zu fixieren wird genauso schwierig sein wie

[34] Field, 1992

die Regression, das Zurückwandern der Augen auf eine vorherige Textstelle und das Durchführen von saccadischen Bewegungen (winzige Sprünge der Augen zwischen Fixierungspunkten innerhalb einer Textzeile). Für die Kinder kann sich die zu lesende Schrift dann als verschwommen oder bewegt zeigen. Hilfreich ist hier das Lesen mit dem Zeigefinger, einer Leseschablone oder das Verdeutlichen der Textstellen mit einem Textmarker.

Jede Veränderung, die durch schnelle Reaktion in der vertikalen Kopfposition ausgeübt werden soll (z. B. auch das Abschreiben von der Tafel), ist von Anstrengung begleitet.[35]

Der nicht integrierte TLR kann durch seine Restreaktionen das Krabbeln auf Händen und Knien verhindern. Solange Restreaktionen deutlich aktiv werden, wird der Symmetrisch Tonische Nackenreflex vergeblich versuchen, den TLR teilweise zu hemmen. Dies ist jedoch ein wichtiger Schritt zum Erlernen des Krabbelns. Kriechen und Krabbeln sind wesentliche Prozesse, die die sensorische Integration anbahnen. Beim Krabbeln beginnen das vestibulare, das visuelle und das propriozeptive Sinnessystem zusammenzuarbeiten und ihre Informationen miteinander zu verbinden. „Im Prozess des Kriechens und Krabbelns wird das Rohmaterial des Sehens, Fühlens und Bewegens synchronisiert, um so ein vollständigeres Bild von der Umwelt bereit zu stellen."[36] Schlechte räumliche Wahrnehmung, eine schwach entwickelte Orientierungsfähigkeit (die sich später z. B. auch in spiegelverkehrter Schreibweise des Kindes ausdrücken kann) und eine undeutliche Zeitwahrnehmung sind damit ebenfalls in Verbindung zu sehen.

Ein weiteres Merkmal, das sich bei Kindern mit Restreaktionen des TLR häufig zeigt, ist ihre dürftige Reihenfolge- und Ordnungsfähigkeit. Es fällt ihnen schwer:

- logische Reihenfolgen einzuhalten, wie z. B. ein Muster zu malen, Perlen in bestimmter Farbreihenfolge aufzufädeln, Zahlenreihen zu ergänzen
- im Sprachaufbau grammatisch richtige Sätze zu bilden
- Buchstaben in der richtigen Reihenfolge hintereinander zu setzen, damit das Wort richtig geschrieben wird (Rechtschreibprobleme)
- Reihenfolgen beim Aufsatzschreiben (Einleitung-Hauptteil-Schluss) einzu-

[35] Field, 1992, S. 13 ff.
[36] Goddard, 1992, S. 12

halten

- mit Material und Zeit adäquat umzugehen (vergesslich, oft unordentlich bis chaotisch, Fortschritte sind langsamer als die anderer Kinder).

Im täglichen Leben erweisen sich kurze, ruhig gesprochene, präzise Informationen bei „TLR-Kindern" als hilfreich. Eine klar strukturierte Aufgabenform unterstützt ihr Lernen. Durch Bewegungsprogramme wie zum Beispiel motopädagogischer und /oder edukinestetischer Förderunterricht kann das Gefühl einer sicheren Körperwahrnehmung in Raum und Richtung aufgebaut werden. Musik hilft das Gefühl für Rhythmus zu entwickeln. Feste Tagesrhythmen zu erleben (Frühstück, Mittag, Abendessen) ist eine wichtige Grundlage für das Wohlbefinden der Kinder.

In der praktischen Arbeit fällt besonders bei den ADHS-Kindern (Aufmerksamkeitsdefizit mit Hyperaktivität) in vermehrter Zahl ein Persistieren von Restreaktionen des TLR auf (häufig in Kombination mit einem Persistieren von STNR-Restreaktionen, aber auch mit gleichzeitig auszulösenden Moro-Reaktionen und / oder einem Persistieren von ATNR-Restreaktionen. Einige „TLR-Kinder" zeigen auffallend viele unreife Muster in Bezug auf die frühkindlichen Reflexe und auf die Halte- und Stellreaktionen).

ADS/ADHS lässt sich durch mehrere Symptome beschreiben. Besonders im schulischen Alltag sind oft Aufmerksamkeitsstörungen zu erkennen. Typische Auffälligkeiten sind beispielsweise scheinbar schlechtes Zuhören oder das Vermeiden von längeren geistigen Anstrengungen. Besonders bei geistigen Arbeiten machen sich betroffene Kinder durch die geringe Ausdauerfähigkeit bemerkbar. Kinder, die an diesen Aufmerksamkeitsstörungen leiden, haben häufig auch größte Probleme in organisatorischen Bereichen. Es kommt immer wieder vor, dass betroffene Kinder Arbeitsmaterialen verlieren oder verlegen. Auch häufiges Vergessen von mitzubringenden Materialien ist ein typisches Anzeichen für diese Aufmerksamkeitsstörung. Oft fällt bei Kindern auf, dass sie Schwierigkeiten haben, angefangene Tätigkeiten zu Ende zu bringen und leicht ablenkbar sind. Aufmerksamkeitsstörungen fallen bei Diktaten oder beim Abschreiben von Texten auf. Besonders häufig treten Flüchtigkeitsfehler in Diktaten auf.

Auch für die Hyperaktivität lassen sich eine Reihe von Symptomen ableiten. Typisches Verhalten für hyperaktive Kinder lässt sich allgemein als sehr unruhiges Verhalten beschreiben. Betroffene Kinder haben große Schwierigkeiten damit, still auf dem Stuhl zu sitzen. Häufig zappeln sie auf dem Stuhl hin und her oder stehen zwischenzeitlich einfach auf, selbst wenn es unpassend ist oder die Situation es gar nicht erfordert. Ständiges Herumlaufen und das kurze Verbleiben an Ort und Stelle ist ebenfalls zu beobachten. Im spielerischen Unterricht haben die Kinder große Schwierigkeiten mit ruhigen Spielen, leiden an Getriebenheit und Redseligkeit.

Neben den Aufmerksamkeitsstörungen und der Hyperaktivität stellt die Impulsivität den dritten Bereich der Symptome dar. Typische Anzeichen für die Impulsivität sind das vorzeitige Antworten und das Unterbrechen und Stören anderer Kinder. Sehr häufig ist auch zu beobachten, dass betroffene Kinder große Schwierigkeiten damit haben, darauf zu warten, bis sie an der Reihe sind.

Um ADS oder ADHS zu diagnostizieren reicht es aber nicht aus, dass nur einzelne Symptome erkennbar sind. Vielmehr müssen mehrere Symptome vorhanden sein, um ernsthaft von ADS/ADHS ausgehen zu können. Kommen bei einer Diagnose mindestens sechs Symptome nur aus dem Bereich der Aufmerksamkeitsstörungen zum Vorschein, handelt sich bei dem betroffenen Kind um eine von ADS betroffene Person[37].

Um ADHS zu diagnostizieren, sollten aus mindestens zwei der oben erläuterten Teilbereiche (Aufmerksamkeitsstörung, Hyperaktivität, Impulsivität) insgesamt mindestens sechs Symptome vorhanden sein.[38] Ein typisches Beispiel des Verhaltens eines Kindes mit ADHS gibt Ingeborg Bördlein in der Tageszeitung „Die Welt“ wieder: „...(er) fiel häufig vom Stuhl, rannte im Klassenzimmer herum, unterbrach ständig die Lehrerin, vergaß die Hausaufgaben, zerbrach die Stifte und warf mit dem Lineal. Er konnte sich einfach nicht konzentrieren.“[39]. Im direkten Vergleich mit anderen Kindern dieses jungen Alters gelten ADHS-Kinder als sehr lebhaft und umtriebig. Sie werden meist schon im Säuglingsalter als besonders anstrengend erlebt, die ADS-Kinder ohne Hyperaktivität fallen zu dieser frühen Zeit noch wenig auf. Auffällig ist, dass betroffene ADHS-Kinder sehr oft keinen Gefahreninstinkt entwickelt haben und Gefahren in diesem Alter demnach auch nicht scheuen. Kleinere Unfälle kommen häufiger vor. In der Altersstufe der drei- bis fünfjährigen Kinder kann man Anzeichen von ADHS auch daran erkennen, dass betroffene Kinder dazu neigen, sich in den meisten Fällen keinen Anweisungen zu fügen. Sie wollen stets ihren eigenen Kopf durchsetzen und haben große Probleme mit diszipliniertem Verhalten. Sie zeigen Schwierigkeiten im Umgang mit Gleichaltrigen, kommen in Kindergartengruppen oft nicht

---

[37] Krowatschek, 2001

[38] Krowatschek, 2001

[39] Die Welt, Ingeborg Bördlein, „Wie der Zappelphilipp ruhig wird“, 27.04.2002

gut zurecht. Disziplinarische Probleme treten auf, Regeln werden nicht eingehalten. In engem Verhältnis dazu steht, dass es im Vergleich zu anderen Kindern häufiger zu Beschwerden von Betreuern aus Kindertagesstätten und Kindergärten kommt, wie Untersuchungen dies ergeben haben.[40] Neben dem disziplinlosem Verhalten ist auch in vielen Fällen die unterentwickelte soziale Reife ein häufig beobachtetes Merkmal. ADHS-Kinder haben in vielen Fällen Probleme im direkten Umgang mit anderen Kindern, da die Möglichkeit von Kompromissen für sie meist nicht in Frage kommt.

Bildgebende Verfahren zeigen laut Hüther, dass die Ausformung komplexer neuronaler Verschaltungen im Frontalhirn bei ADHS-Kindern behindert wird.[41] Daraus resultieren eine unzureichende Aufmerksamkeitsfocusssierung und mangelnde Impulskontrolle. Diese eher ungünstigen Muster stabilisieren sich durch Bindungsstörungen in der frühen Kindheit, Überforderung, Angst, psychosoziale Konflikte, Stress. Weitere sekundäre Veränderungen der Hirnreife setzen ein.

Bei einem hohen Prozentsatz der festgestellten ADHS-Kinder (die Kinder kamen mit dieser Diagnose vom Arzt, Psychologen oder Beratungsstellen) waren der TLR vorwärts und/oder der TLR rückwärts in verschiedener Qualität auslösbar. Zudem zeigte das Vestibularsystem der Kinder sich bei Stand- und Gangtests in der Diagnostik auffällig. Die Kinder hatten z. B. während der Testphase Schwierigkeiten, über einen Zeitraum von ca. 10 Sekunden mit geschlossenen Füßen auf einer Stelle stehen zu bleiben.

Kompensationsmechanismen wie Verspannung und Versteifung einzelner Körperteile (z. B. Knie, Hals, Arme, Fingerspitzen), Ausbalancieren mit Armen, Gesichts- und Zungenbewegungen, Unruhe im Körper (Schritt zur Seite, Verschränken der Arme, ständige Fingerbewegungen, Greifbewegungen der Fußzehen) wurden eingesetzt. Wurde die Testung danach mit geschlossenen Augen durchgeführt, verstärkten sich die Muster. Einigen Kindern war das Schließen der Augen gar nicht möglich, andere zeigten starkes Lidflattern. Der Tonus konnte oft nicht aufrechterhalten werden. Die verschiedenen Gangmuster (Füße direkt beim Gehen voreinander setzen, auf Zehenspitzen gehen ...) ließen sich in langsamer Ausführung nicht durchhalten. Die Kinder zeigten wiederum Ausweichbewegungen des Körpers, sie balancierten und ruderten teilweise stark mit den Armen, setzten intensiv Augenkontrolle ein, hatten Tonusverlust (Muskulatur

[40] Dieter Krowatschek, 2001, S. 54
[41] Der Spiegel, Gerald Hüther „Funkstille im Frontalhirn“ 11/2002

des Körpers sackt zusammen, Muskulatur überspannt und versteift). Langsame gezielte Bewegungen strengten sie zunehmend an.

Eine andere Gruppe von Kindern, bei denen häufig Restreaktionen des TLR deutlich wurden, war die Gruppe der Kinder, deren Vorstellungsgrund alleinig oder in Verbund mit anderen Lern- und/oder Verhaltensschwierigkeiten die Dyskalkulie war.

Die Dyskalkulie oder Rechenschwäche ist eine Teilschwäche oder auch Teilleistungsschwäche, die als solche benannt wird, wenn ein Kind durchschnittlich intelligent ist und seine Rechenleistungen von den übrigen intellektuellen oder anderen Schulleistungen auffallend abweichen. Sie kann isoliert oder im Zusammenhang mit einer Lese-Rechtschreibschwäche auftreten. Zusätzliche Verhaltensschwierigkeiten, Sozial- und Emotionalstörungen oder ein ADHS können die Dyskalkulie begleiten.

Kinder mit Dyskalkulie haben Probleme mit Rechenoperationen und beim Erkennen der Bedeutung von Zahlen, Ziffern und Mengen. Flüchtigkeitsfehler sind gehäuft zu finden. Typisch für viele Kinder mit Dyskalkulie sind die oft extreme Unordnung in ihren Arbeitsmaterialien. Auf Arbeitsblättern verlieren sie schnell den Überblick, schreiben z.B. Nebenrechnungen auf die verschiedensten Stellen ihres Blattes. Das Zählen oder Rüchwärtszählen gelingt ihnen nicht, sie lesen oder schreiben die Zahlen falsch (z.B. 475=457),verwechseln ähnlich klingende Zahlen (19=90), lassen Ziffern aus, Grundrechenarten werden verwechselt (minus=plus). Mengenvergleiche gelingen ihnen nicht, sie wissen nicht ob 23 größer ist als 26, größere Endprodukte bei einer Minusaufgabe fallen ihnen nicht auf. Textaufgaben fallen ihnen schwer. Das Kind rechnet oft ziellos oder gibt von vornherein auf. Die Konstanz einer Menge oder einer Größe ist ihnen nicht klar (Ein Liter bleibt ein Liter, auch wenn ich ihn in einen größeren Topf umgieße und er darin sehr wenig aussieht; 1 Euro=100 Cent). Das Einschätzen von Mengen und räumlichen Positionen, die räumliche Orientierung, das Lesen von Straßenkarten und der Uhr können Schwierigkeiten bereiten. Die Kinder benötigen ungewöhnlich viel Zeit für Rechenoperationen, beim Kopfrechnen können Zwischenergebnisse nicht gespeichert werden, oft gibt es Schwierigkeiten beim Erlernen des Einmaleins.

Hinweise auf Restreaktionen des TLR können sein:

- Gleichgewichtsprobleme
- Schlechte Haltung (versteifter oder krummer Rücken)
- Hypotonie (schwacher Muskeltonus)

- Hypertonie (angespannter Muskeltonus)
- Schwierigkeiten beim Einhalten von Abfolgen
- Schwach ausgebildetes Zeitgefühl
- Schwach ausgebildete Organisationsfähigkeit
- Visuelle Wahrnehmungsprobleme
- Räumliche Wahrnehmungsprobleme[42]

4.3.1 Vorschläge für Eltern, Kindergarten und Schule

Vorschläge für Eltern

- Schaffen Sie eine liebevolle, verlässliche Atmosphäre
- Halten sie ein, was Sie versprechen, z. B. wenn das Kind abgeholt werden soll, sind Sie als Eltern pünktlich da
- Achten Sie auf einen geregelten Tagesablauf und Rituale, z. B.: Frühstück, Mittagessen, Abendessen, das Kind ins Bett bringen, etwas vorlesen; beim Geburtstag dem Familienmitglied gemeinsam ein Geburtstagslied singen
- Setzen Sie klare Grenzen, sie geben damit dem Kind Orientierung und Halt
- Erarbeiten Sie Ziele mit Ihrem Kind in kleinen überschaubaren Schritten. Beginnen Sie z. B. beim Zimmeraufräumen damit, zuerst ein Regal oder nur eine Schublade aufzuräumen. Wenn dieses nach einigen Wiederholungen/Tagen/Wochen klappt, fangen Sie an, das nächste Regal, die nächste Schublade noch zusätzlich aufräumen. Das Kind muss schrittweise erleben, wie man ein Ganzes, das zuerst unüberschaubar scheint, bewältigt
- Packen Sie jeden Tag mit Ihrem Kind gemeinsam den Ranzen, bis das Kind es allein bewältigt. Achten Sie darauf, Arbeitsblätter einzuheften, Bleistifte zu spitzen ... Es hilft Ihrem Kind am nächsten Tag in der Schule, sich leichter auf die Lerninhalte zu konzentrieren. Es gibt Kinder, die einen großen Teil der Unterrichtsstunde mit dem Suchen, Sortieren oder Spitzen abgelenkt sind

[42] Goddard, 1998, S. 41

- Achten Sie gemeinsam mit ihrem Kind auf die Heftführung. Ein Heft wird immer von vorn nach hinten, eine Seite nach der anderen beschrieben
- Beziehen Sie Ihr Kind in die Hausarbeit mit ein. Hierdurch erlebt es Reihenfolgen wie: Tisch decken, essen, Tisch abräumen, abwaschen, oder: Zutaten zusammenholen, Zutaten nach Rezept zusammengeben, vermengen und formen, in die Kuchenform geben, Kuchen in den Herd stellen, backen. Das Erleben und Erkennen von Serialität ist wichtig für schulisches Lernen
- Geben Sie Ihrem Kind die Möglichkeit, den Umgang mit Taschengeld zu lernen
- Lassen Sie es den Umgang mit Zeit und Maßen im täglichen Alltag erfahren (gemeinsam etwas ausmessen, Zeiten einhalten, dabei Eieruhr oder Wecker als Hilfsmittel nutzen)
- Naturerfahrungen sind wichtig, gehen Sie spazieren, wandern Sie mit dem Kind
- Lassen Sie Ihr Kind genügend Körpererfahrungen machen
- Kniereiterspiele und Huckepackspiele, Fingerspiele und Reime mit dem Kind sind wichtig. Nutzen Sie die Anregungen aus „Bildung beginnt schon auf dem Wickeltisch“ und die Anregungen aus dem Handbuch „Von Anfang an im Gleichgewicht“, Angebote für U3-Jährige
- Lesen Sie Ihrem Kind regelmäßig etwas vor
- Singen Sie mit ihrem Kind

Vorschläge für den Kindergarten

- Feste Gruppe für das Kind schaffen
- Fester Gruppenraum, in den das Kind morgens zuerst geht
- Fester Platz zum Aufhängen und Ablegen der Kleidung/Brottasche ...
- Feste Bezugsperson (anfangs nur eine) als Ansprechpartner
- Rituale (Morgenkreis, gemeinsames Frühstück, Abschlusskreis), setzen Sie das Programm „Von Anfang an im Gleichgewicht“ ein. Es schult und fördert gleichermaßen das Gleichgewicht und die Bewegungsentwicklung des Kindes
- Regeln, Verlässlichkeiten, Grenzen
- Aufgeräumter Arbeitstisch
- Sortieren und Ordnen von Spielmaterial in kleinen Schritten
- Klare, kurze, liebevolle Anweisungen

- Das Kindergartenleben in kleinen Schritten kennenlernen
- Wiederholungen, siehe dazu auch das kindgerechte Gleichgewichtsprogramm „Von Anfang an im Gleichgewicht“ (Literatur *BORGMANN MEDIA*)
- Überschaubare Spielflächen (Außengelände zuerst in einzelnen Abschnitten kennen lernen, ehe das Kind sich im schwerer überschaubaren Spielgebiet aufhält)
- Spielen mit allen Sinnen
- Viele Bewegungsangebote, siehe dazu auch Spiele aus „Kita und Schule – ein starkes Team“ *(BORGMANN MEDIA)* wie Spiele zur Fein- und Grobmotorik, Kriech- und Krabbelspiele und Spiele für 0 – 8 Jahre „Bildung beginnt schon auf dem Wickeltisch“
- Bewegungsgeschichten zur sensomotorischen Förderung aus „Ich wär' jetzt mal 'ne Fledermaus“, Schwerpunkt Tonischer Labyrinthreflex: Ritchie, der kleine Ringel-Regenwurm (verlag modernes lernen)
- Motopädagogische/psychomotorische Erlebnisse
- Naturerlebnisse

Vorschläge für die Schule

- Frontaler Sitzplatz zur Tafel
- Der Sitzplatz sollte Stabilität haben
- Kurze, eindeutige Arbeitsanweisung durch den Lehrer
- Eindeutige Anweisungen
- Klares systematisches Vorgehen beim Arbeiten
- Strukturierung der Lern- und Übungssituation, nutzen Sie dazu auch das Programm „Bildung kommt ins Gleichgewicht“ (Literatur *BORGMANN MEDIA*)
- Ruhige Ansprache durch den Lehrer
- Anordnungen in kleinen Schritten
- Aufteilung des Stoffes in kleine Arbeitsschritte
- Überschaubares, klares Arbeitsblatt
- Überschaubares Material zum Arbeiten
- Abdeckblatt beim Arbeiten
- Wiederholungen anbieten
- Zeit geben
- Hefte eignen sich besser als zu viele Hefter mit Arbeitsblättern (unterstützt das Ordnunghalten der Kinder eher)

- Arbeiten am aufgeräumten Arbeitstisch, auf dem sich nur die notwendigsten Materialien befinden (Stift/Heft)
- Erleichterung durch farbliche Kennzeichnung von Arbeitsmaterialien (rotes Heft für Rechnen, blaues Heft für Schreiben ...)
- Erleichterung des Arbeitens durch Unterstreichen oder Kennzeichnen (Textmarker) des Wichtigen
- Benutzung des „Lesefingers“ oder des Lesepfeils o. ä.
- Großkariertes und breitliniertes Heft nutzen lassen
- Regeln, Rituale und klare Absprachen
- Lernen mit Hilfe von Bewegung und Wahrnehmungssequenzen, siehe dazu das Programm „Bildung kommt ins Gleichgewicht“ (Literatur *BORGMANN MEDIA*)
- Lernen mit allen Sinnen. Nutzen Sie die Anregungen für alle Unterrichtsfächer aus: „Beweg dich, Schule! Eine Prise Bewegung im täglichen Unterricht der Klassen 1–13“ *(BORGMANN MEDIA)*
- Schriftliche Arbeiten verkürzen oder abändern, z. B. stattdessen in Arbeiten etwas unterstreichen lassen, ankreuzen lassen
- Berichte und Antworten mündlich vortragen lassen
- Inhalt und Schrift nicht in einer Note beurteilen
- Soziales Verhalten, Verstehen und Anwenden des Erlernten nicht in einer Note beurteilen
- Computer und Schreibmaschine benutzen lassen
- Arbeitsblätter eindeutig und deutlich in der Struktur anfertigen
- Arbeitsblätter in Abschnitte einteilen
- Schreibhilfen anbieten
- Lese- und Schreibaufgaben sollen keine Strafarbeiten sein
- Motopädagogischer Förderunterricht
- Einsatz von Bewegungsgeschichten zur sensomotorischen Förderung aus „Ich wär' jetzt mal 'ne Fledermaus“, Schwerpunkt Tonischer Labyrinthreflex: „Richie, der kleine Ringel-Regenwurm“ (verlag modernes lernen)
- Kleingruppenarbeit
- Wasser trinken im Unterricht

4.4 Der Symmetrisch Tonische Nackenreflex (STNR) als Ursache von Auffälligkeiten

Der Symmetrisch Tonische Nackenreflex ist eng mit dem Tonischen Labyrinthreflex (TLR) verbunden. Der STNR wird als Brückenreflex bezeichnet, da er erst nachgeburtlich erscheint, aber in der Regel um das erste Lebensjahr integriert wird.

Hyperaktivität und das Aufmerksamkeitsdefizitssyndrom (ADS) werden von Nancy E. O'Dell und Patricia A. Cook mit Restreaktionen eines persistierenden STNR in Verbindung gebracht.[43] Sie beschreiben Studien von Miriam L. Bender, die darauf hinweisen, dass Verhaltensprobleme und Konzentrationsstörungen vieler Kinder auf einen unausgereiften STNR zurückzuführen sind. Der unausgereifte Reflex erschwert nicht nur rhythmisch koordinierte Bewegungen, sondern wirkt sich auch besonders störend auf die herkömmliche Lese- und Schreibhaltung aus.[44] Die Sitzhaltung am Schreibtisch, die gleichzeitige Beugung von Ellenbogen und Hüftgelenk erfordert, kann von den Kindern nicht durchgehalten werden. Solange Restreaktionen des Reflexes aktiv sind, wollen sich Oberkörper (Nacken und Ellenbogen) im Gegenteil zum Unterkörper (Beine) strecken oder beugen. Folglich lümmeln oder knien diese Kinder auf dem Stuhl. Sie zurren ihre Füße fest, indem sie diese unter das Gesäß schieben oder um die Stuhlbeine schlingen.

Studien von Miriam L. Bender weisen darauf hin, dass ca. 75% der Kinder mit Lernstörungen persistierende Restreaktionen des STNR zeigen.[45] Diese Kinder schneiden bei mündlichen Tests viel besser ab als bei schriftlichen Arbeiten. Viele verweigern auch schriftliche Arbeiten, geben Aufgaben zu schnell ab, erscheinen faul oder uninteressiert. Bei vielen Kindern mit Restreaktionen des STNR werden ein Aufmerksamkeitsdefizit mit oder ohne Hyperaktivität, kurze Aufmerksamkeitsspanne, Konzentrationsstörung oder Rechtsschreibschwierigkeit diagnostiziert. Ihre Schulleistungen werden darüber hinaus noch durch schlechte, verkrampfte Handschrift vermindert. Das Abschreiben von der Tafel stellt eine besonders starke Anforderung dar, da durch die ständige Veränderung der Haltung des Nackens und der Arme reflexbedingte Auswirkungen der Haltungsveränderung zu Verkrampfungen führen. Miriam Bender schätzt, dass

---

[43] O'Dell; Cook, 1998, S. 23 ff.
[44] O'Dell; Cook, 1998, S. 30 ff.
[45] O'Dell; Cook, 1998, S. 76

Kinder mit unausgereiftem STNR mindestens zehnmal mehr Energie verbrauchen als andere Kinder.[46]

Peter Blythe vertritt die These, dass der STNR dabei hilft, Augentrainingsprogramme zu vervollständigen.[47] Der STNR trainiert in der Nahsicht die Wiederanpassung des binokularen Sehens.

Sobald der STNR durch Schaukelbewegungen auf Händen und Knien im Kleinkindalter immer mehr unterdrückt wird, kann das Kind beginnen, gut koordiniert im Kreuzmuster zu krabbeln. Das Kind mit integriertem STNR kontrolliert seinen Nacken, seine Arme und Beine unabhängig voneinander. Dieser Prozess verfeinert zunehmend die Auge-Hand-Koordination. Die Entfernung von Auge und Hand beim Krabbeln entspricht dem Abstand von den Augen zum Papier beim späteren Lesen oder Schreiben. Bei primitiven Völkern, deren Kinder aus Gefahrengründen nicht zum Krabbeln kommen, hat man festgestellt, dass sie über eine erstaunliche Fernsicht verfügen. Xinguana- Indianer können über weite Strecken mit ihren Blasrohren Ziele treffen, aber weder schreiben noch lesen.[48]

Veras vertritt die Meinung, dass es eine wesentliche Verbindung zwischen Schriftsprache und Kriechen und Krabbeln gibt.[49] Pavlides fand heraus, dass viele Kinder mit Leseschwierigkeiten die Phase des Kriechen und Krabbelns übersprungen haben.[50]

Abgeschrägte Schreibpulte, Stehpulte oder freie Sitzentscheidungen können sich für Kinder mit persistierenden Restreaktionen des STNR als hilfreich beim Schreiben erweisen. Förderung durch multisensorische Lernmethoden, bewegtes Lernen, Bewegungspausen, motopädagogische und edukinestetische Angebote unterstützen die Kinder zusätzlich in ihrem Lernen und Verhalten. Dies verbessert das Selbstwertgefühl der Kinder und hilft, Beziehungen zu Gleichaltrigen besser aufzubauen. Aggression, Vermeidungsverhalten und Lernprobleme werden vermindert. Freundlich, ruhiges Eingehen auf das Kind, das Anbieten von Schreibhilfen und das Gewähren von ausreichender Zeit zum Arbeiten bietet weitere Unterstützung.

---

[46] O'Dell; Cook, 1998, S. 100
[47] Goddard, 1992, S. 44
[48] Goddard, 1992, S. 26
[49] Veras, 1975 in Goddard, 1992, S. 26
[50] Pavlides, 1987 in Goddard, 1998, S. 44 ff.

Hinweise auf eine beibehaltene Restreaktion des STNR können sein:

- Schlechte Haltung
- Zehenspitzengang
- Ungeschicklichkeit
- W-Beinhaltung beim Sitzen auf dem Boden
- Motorische Unruhe
- Hyperaktives Verhalten
- Langsames Abschreiben
- Schwierigkeiten beim Erlernen des Brustschwimmens
- Probleme beim Fokussieren von Fern- zu Nahsicht (Tafel-Heft) [51]

4.4.1 Vorschläge für Eltern, Kindergarten und Schule

Vorschläge für Eltern

- Bieten Sie Ihrem Kind eine liebevolle, verlässliche Atmosphäre
- Verzichten Sie unbedingt auf Lauflerngeräte („Gehfrei“)
- Bieten Sie Ihrem Kind vielfältige Möglichkeiten zum natürlichen Kriechen und Krabbeln an
- Halten sie Absprachen ein
- Achten Sie auf einen geregelter Tagesablauf und familiäre Rituale wie Frühstück, Mittag- und Abendessen, das Kind ins Bett bringen, Vorlesen; beim Geburtstag dem Familienmitglied gemeinsam ein Geburtstagslied singen ...
- Setzen Sie klare Grenzen, sie geben dem Kind Orientierung und Halt
- Erarbeiten Sie Ziele in kleinen überschaubaren Schritten mit Ihrem Kind
- Geben Sie Ihrem Kind viel Möglichkeit zur freien Bewegung wie Hängematte im Zimmer, Schaukel im Garten
- Machen Sie gemeinsame Naturerfahrungen und vielfältige Erlebnisse mit Spiel, Sport und Spaß
- Gehen Sie zum Eltern-Kind-Turnen
- Nutzen Sie Anregungen aus „Bildung beginnt schon auf dem Wickeltisch“ und dem Handbuch zu „Von Anfang an im Gleichgewicht“, Bereich U3-Jährige

[51] Goddard, 1998, S. 46

Vorschläge für den Kindergarten

- Viel Bewegungsfreiheit ermöglichen
- Das Programm „Von Anfang an im Gleichgewicht" nutzen. Es schult gleichermaßen das Gleichgewicht und die menschliche Bewegungsentwicklung (Literatur *BORGMANN MEDIA*)
- Variierte und vielfältige Krabbel- und Kriechspiele anbieten, s. dazu Kriech- und Krabbelspiele aus „Kita und Schule – ein starkes Team" und aus dem Handbuch „Von Anfang an im Gleichgewicht" *(BORGMANN MEDIA)*
- Motopädagogisches/Psychomotorisches Angebot
- Bewegungsgeschichten zur sensomotorischen Förderung aus „Ich wär' jetzt mal 'ne Fledermaus", Schwerpunkt Symmetrisch Tonischer Nackenreflex: „Kati, das Kullerkätzchen" (verlag modernes lernen)
- Malen und Basteln auch im Stehen und Liegen ermöglichen
- Klare Grenzen setzen
- Sinnesschulung durch Bewegungsangebote vermitteln (Schaukel, Wippe, Trampolin)
- Regeln, Rituale einhalten

Vorschläge für die Schule

- Haltungsfreiheit gewähren, d.h. davon zu wissen und zu akzeptieren, dass das Kind eine scheinbar ungünstige Haltung beim Arbeiten einnimmt und dadurch trotzdem besser arbeiten kann
- Für genug Platz sorgen, damit das Kind neben einem anderen Kind großräumig arbeiten kann
- Möglichkeiten der Veränderung in der Sitzposition anbieten, z.B.: Arbeiten am Stehpult bzw. Fensterbank, Arbeiten im Liegen auf der Erde, kniend auf dem Stuhl arbeiten
- Abgeschrägte Schreibpulte anbieten
- Möglichkeiten bieten, auch während Arbeitsphasen aufzustehen (ohne andere zu stören)
- Zeit geben zum Arbeiten, evtl. Pausen vereinbaren
- Als Lehrkraft nicht nur das Endprodukt, sondern die Entstehung einer Arbeit beurteilen, d.h. davon wissen, dass „STNR-Kinder" sehr viel mehr Energie aufbringen müssen, um bestimmte Arbeiten auszuführen
- Schriftliche Arbeiten verkürzen oder abändern, z.B. stattdessen in Arbeiten etwas unterstreichen lassen, ankreuzen lassen

- Berichte und Antworten mündlich vortragen lassen
- Inhalt und Schrift nicht in einer Note beurteilen
- Sozialverhalten und Verstehen und Anwenden des Erlernten nicht in einer Note beurteilen
- Computer und Schreibmaschine benutzen lassen
- Arbeitsblätter klar, deutlich und strukturiert anfertigen
- Arbeitsblätter in Abschnitte einteilen
- Schreibhilfen anbieten
- Lese- und Schreibaufgaben sollen keine Strafarbeiten sein
- Freundlich, ruhig und verstehend mit dem Kind umgehen
- Programm „Bildung kommt ins Gleichgewicht“ einsetzen. Es fördert gleichermaßen das Gleichgewicht und Bewegungsmuster *(Literatur BORGMANN MEDIA)*
- Bewegungsgeschichten zur sensomotorischen Förderung aus „Ich wär' jetzt mal 'ne Fledermaus“ einsetzen, Schwerpunkt STNR „Kati, das Kullerkätzchen“ *(verlag modernes lernen)*
- Bewegte Lernsequenzen aus „Beweg dich, Schule!“ nutzen *(BORGMANN MEDIA)*
- Wasser trinken im Unterricht

4.5 Der Saug- und Suchreflex als Ursache von Auffälligkeiten

Persistierende Restreaktionen eines Saug- und Suchreflexes, die sich in fortgesetzter Sensibilität auf Berührungen im Mundbereich zeigen können, beeinträchtigen in vielfacher Weise oft auch Schluck- und Kaubewegungen sowie Sprache und Artikulation. Schwierigkeiten deutlich zu sprechen (nuscheln, lispeln ...) sind ebenso häufig zu erkennen wie eine Abneigung gegen feste Nahrung. Durch persistierende Restreaktionen des Saugreflexes wird die Entwicklung der Zungenbewegung beeinträchtigt. Die Zunge bleibt zu weit vorn im Mund und verhindert wirkungsvolle Kaubewegungen. Die Kinder lieben es daher, Brei und Mus zu essen, sie verweigern gern die Kruste am Brot. Artikulationsprobleme können durch die zu weit vorn im Mund positionierte Zunge auftreten. Es kann zu Fehlbildungen des S-Lautes und anderer Zischlaute kommen. Das Erlernen des Pfeifens dauert oft lange, denn die Kinder haben sowohl mit der gezielten Formung der Lippen und der Zunge als auch mit dem gleichzeitigen Ausstoßen der Luft Schwierigkeiten. Manche Kinder zeigen eine so hypotone Mundmuskulatur, dass ein ständiger Speichelfluss vorhanden ist. Die Küsse der Kinder sind oft „pitschnass".

Im Kindergarten und in der Schule fallen die Kinder vielfach dadurch auf, dass sie gern an Spielsachen und Schulmaterialien lutschen, nuckeln oder knabbern. Zu Hause nehmen einige Kinder noch bis weit ins Schulkindalter ein Nuckeltuch oder einen Schnuller (ich erlebte mehrere Kinder, die bis zu zehn/elf Jahren ihren Schnuller noch brauchten). Nimmt man ihnen diese „Hilfen" weg, so beginnen sie sich neue Kompensationsmöglichkeiten zu suchen. Bändel von Pullovern, Ärmel an verschiedensten Kleidungsstücke werden eingesetzt. Viele Kinder mit persistierenden Restreaktionen des Saug- und Suchreflexes finden wir in Logopädischen Praxen wieder. Auffällig ist die häufige Kombination der genannten Schwierigkeiten mit manueller Ungeschicklichkeit. Durch die Babkin-Reaktion mag sich dieses erklären. Häufig ist diese Reaktion auch noch bei älteren Kindern zu sehen, wenn sie bei komplizierten feinmotorischen Tätigkeiten automatisch die Lippen spitzen und die Zunge leicht aus dem Mund strecken. Zudem ist aus der Praxis zu erwähnen, dass viele Kinder mit Restreaktionen des Saug- und Suchreflexes gleichzeitig in Moro-Restreaktionen und/oder in Palmar-/Plantar-Restreaktionen persistieren. Dies mag damit im Zusammenhang stehen, dass die Reflexe zur Gruppe der Klammerreflexe gehören.

Sprachentwicklungsverzögerungen sind häufig nur ein Bereich neben anderen bei den Entwicklungsverzögerungen eines Kindes. Eine isolierte Sprachförderung dauert oft lange und bringt dennoch nicht den gewünschten Erfolg. Die umfassende Diagnostik ist auch bei Sprachschwierigkeiten zu empfehlen. Erst der Gesamtblick auf die Kindesentwicklung ergibt umfassende gezielte Fördermöglichkeiten. Artikulationsstörungen, fehlendes oder beeinträchtigtes Richtungshören, Sigmatismus, Dyslalie oder myofunktionelle Störungen können einen neurophysiologischen Hintergrund haben.

Hinweise auf persistierende Restreaktionen des Saug- und Suchreflexes können sein:

- Überempfindlichkeiten im Mundbereich
- Häufiger Speichelfluss und Sabbern
- Undeutliche Artikulation
- Feste Nahrung wird lange Zeit abgelehnt
- Kind nuckelt ständig an Materialien oder benötigt sein Nuckeltuch und seinen Schnuller noch bis ins Schulkindalter
- Schwierigkeiten beim Essen (der Mund ist beschmiert, das Essen kommt aus dem Mund immer wieder heraus, das Kind isst mit offenem Mund, es schmatzt beim Essen auffällig laut)
- Pustespiele fallen oft schwer, Pfeifen gelingt lange nicht
- Mangelhafte feinmotorische Geschicklichkeit[52]

4.5.1 Vorschläge für Eltern, Kindergarten und Schule

Vorschläge für Eltern

- Wenn möglich, sollte das Kind gestillt werden (durch die Saug- und Schluckbewegungen werden bestimmte Muskelbewegungen geübt, die später für die Bildung erster Laute und für die Entwicklung des Sprechens wichtig sind)
- Vergrößern Sie die Löcher des Saugers nicht, da das Kind dadurch nicht in vollem Maße zu den erwähnten Muskelbewegungen beim Trinken kommt
- Entziehen Sie Ihrem Kind nicht abrupt das Nuckeltuch oder den Schnuller, bestrafen Sie es nicht beim Gebrauch

[52] Goddard, 1998, S. 34

- Sprechen, singen Sie viel mit Ihrem Kind
- Regelmäßiges Vorlesen von Bilderbüchern und Geschichten unterstützt die Sprachentwicklung Ihres Kindes
- Pustespiele mit dem Kind unterstützen eine gute Atemtechnik beim Sprechen (Wattepusten am Tisch, Tischtennisballpusten im Schwimmbad)
- Sprechen, reimen, singen, pfeifen, klatschen, Fingerspiele, Spaß- und Unsinnverse sind Sprachförderungserlebnisse für Ihr Kind
- Nutzen Sie die Anregungen aus „Bildung beginnt schon auf dem Wickeltisch"
- Eltern helfen dem Kind, wenn sie selbst ein deutliches Sprachvorbild sind
- Bieten Sie Ihrem Kind vielfältige feste Nahrung an

Vorschläge für den Kindergarten

- Die Erzieher sollen Kindern ein Sprachvorbild sein, d. h. sie sprechen langsam und deutlich mit ihnen
- Tägliche aktuelle Sprechanlässe im Morgenkreis/Abschlusskreis anbieten, nutzen Sie dazu das Programm „Von Anfang an im Gleichgewicht". Es bietet eine kindgerechte Förderung von Wahrnehmung, Bewegung und Sprache
- Bilderbuchbetrachtung mit Sprechanlass für die Kinder
- Geschichten und Märchen vorlesen
- Gelegenheit zu Rollenspielen bieten
- Über ein Kind, dass noch nuckelt oder sabbert, wird nicht gelacht
- Pustespiele machen (nachmachen wie der Wind weht, wie man pustet, dass etwas wieder heilt ...)
- Zungenspiele machen
- Grimassen ziehen
- Nutzen Sie die Pustespiele, Spiele zur Mund- und Fingermotorik aus „Kita und Schule – ein starkes Team" *(BORGMANN MEDIA)*
- Lieder, Verse, Reime miteinander lernen und sprechen, siehe dazu auch Spiele zur Körperwahrnehmung aus „Ich wär' jetzt mal 'ne Fledermaus" (verlag modernes lernen) und Spiele aus dem Handbuch „Von Anfang an im Gleichgewicht" U3-Bereich *(BORGMANN MEDIA)*
- Bewegungsgeschichten zur sensomotorischen Förderung aus „Ich wär' jetzt mal 'ne Fledermaus", Schwerpunkt Palmar- und Plantar-

reflex: „Hansi Hand und Heidi Hand, die Spinnen aus dem Zwillingsland" sowie „Die Tausendfüßler Fritzchen und Marleen, die so gerne barfuß geh'n" (verlag modernes lernen)

- Viele verschiedene Fingerspiele einbringen, s. „Bildung beginnt schon auf dem Wickeltisch, Angebote 0–8 Jahre
- Fadenspiele anbieten
- Feinmotorische Tätigkeiten wie kneten, matschen, knüllen, reißen, kleben, die Kinder ermutigen, loben, annehmen

Vorschläge für die Schule

- Die Lehrer sollen klar, deutlich und gut artikuliert als Sprachvorbild fungieren
- Tägliches Vorlesen auch in höheren Klassen unterstützt die Spracherziehung
- Die Kinder sollen die einzelnen Buchstaben möglichst deutlich aussprechen können
- Das Erlernen der Buchstaben geschieht mit Unterstützung von Handzeichen
- Sprachspiele, Zungenbrecher, Reime, Unsinnsverse, Gedichte anbieten
- Das Programm „Bildung kommt ins Gleichgewicht" einsetzen. Es verbindet Gleichgewichts- Bewegungs- und Sprachförderung (Literatur *BORGMANN MEDIA*)
- Nutzen Sie die Pustespiele, Spiele zur Mund- und Fingermotorik aus „Kita und Schule – ein starkes Team" *(BORGMANN MEDIA)*
- Bewegungsgeschichten zur sensomotorischen Förderung aus „Ich wär' jetzt mal 'ne Fledermaus", Schwerpunkt Palmar- und Plantarreflex: „Hansi Hand und Heidi Hand, die Spinnen aus dem Zwillingsland" sowie „Die Tausendfüßler Fritzchen und Marleen, die so gerne barfuß geh'n" (verlag modernes lernen)
- Lern- und Bewegungssequenzen, die zum Sprechen und Kommunizieren anregen aus „Beweg dich, Schule!" *(BORGMANN MEDIA)*
- Häufiges Singen mit den Kindern in allen Fächern
- Rhythmisches Klatschen als Unterstützung von Sprache einsetzen
- Das Knabbern und Nuckeln an Gegenständen nicht zum Anlass nehmen, das Kind zu tadeln oder zu beschämen
- Die Kinder loben, ermutigen und unterstützen
- Das Kind annehmen

4.6 Der Palmar-Reflex als Ursache von Auffälligkeiten

Der Palmar-Reflex kann durch Stimulus in der Handinnenfläche oder auch durch das Saugen des Babys ausgelöst werden (Babkin-Reaktion). Hände und Mund sind für das Neugeborene ein wesentliches Hilfsmittel die Welt zu be-greifen, zu er-fassen. Um den sechsten Monat tritt das Erkunden von Gegenständen durch die Hände immer mehr in den Vordergrund und das Erkunden durch den Mund und die Zunge tritt zurück. Beim Greifakt ist der Mund jedoch immer noch mit in Bewegung. Er ist zugespitzt, vorgeschoben oder angespannt. Das Kind durchläuft auf dem Weg zum willkürlichen Greifen verschiedene Stadien des Loslassens und der Fingerbeweglichkeit. Die verfeinerte Form des Greifens mit den Fingerspitzen sowie die Einbeziehung des Daumens beim Greifen ist in adäquater Form nur durch Integration des Palmar-Reflexes möglich. Persistieren Restreaktionen des Palmar-Reflexes über ihren Zeitpunkt hinaus, so können sie sich in späterer Einschränkung der manuellen Geschicklichkeit, in Sprach- und Artikulationsschwierigkeiten zeigen.

Die natürliche Greifentwicklung des Kindes, von vielen Forschern als motorischer Ausdruck für einen biologischen Reifungsprozess gesehen, wird beeinträchtigt. Etwa um den dritten Lebensmonat entkoppelt sich die Armbewegung von der Handbewegung (bis zu diesem Zeitpunkt sieht man beim Säugling, der meist in gebeugter Haltung liegt, die Hände gefaustet). Zwischen dem vierten und fünften Lebensmonat lernt das Kind, sich beim Greifen auf ein Objekt zu konzentrieren. Bereits um den sechsten Lebensmonat wechselt es den Gegenstand von einer Hand in die andere oder ergreift einen zweiten Gegenstand (s. Integration des ATNR). Ab ca. neunten Monat wird ein zweiter Gegenstand zugunsten eines dritten fallengelassen. Mit der neuen Fertigkeit des Fallenlassens spielen Kinder gern und ausgiebig. Es ist ein wichtiger Entwicklungsschritt.

Mit etwa zehn Monaten beginnt das Kind mit Zeigefinger und Daumen zu greifen, der Pinzettengriff hat sich entwickelt. Jeder Krümel wird mit Freude aufgelesen. Der Zeigefinger wird zum Erforschen von Gegenständen einbezogen. Das einjährige Kind hat bereits große Geschicklichkeit beim Greifen erlangt. Im Zangengriff umgreifen der gebeugte Zeigefinger und der Daumen den Gegenstand und nehmen ihn auf. Das Kind beginnt zu erproben, wo es Gegenstände noch bei sich tragen kann, um die Hände für weitere Gegenstände frei zu bekommen. Die feineren Bewegungen der Hände gehören zu den kompliziertesten Bewegungen, die der Mensch ausführt. Die Entwicklung der Handgeschicklichkeit verläuft parallel zur Gesamtentwicklung des Menschen.

Hinweise auf persistierende Restreaktionen des Palmar-Reflexes können sein:

- Allgemein eingeschränkte manuelle Geschicklichkeit
- Stifthaltung und Handschrift sind auffällig
- Überempfindliche Handinnenfläche auf taktile Reize
- Fehlen des Pinzettengriffs
- Malen und Schreiben mit ständig begleitenden Mundbewegungen
- Sprachschwierigkeiten
- Das Kind vermeidet zu malen.[53]

4.6.1 Vorschläge für Eltern, Kindergarten und Schule

Vorschläge für Eltern

- Verschaffen Sie Ihrem Kind von Anfang an feinmotorische Reize
- Machen Sie viele Fingerspiele und Klatschspiele mit Ihrem Kind, nutzen Sie dazu Anregungen aus „Bildung beginnt schon auf dem Wickeltisch“ sowie aus dem Handbuch „Von Anfang an im Gleichgewicht!“ und den Anregungen zur Körperwahrnehmung aus „Ich wär’ jetzt mal ’ne Fledermaus“ *(BORGMANN MEDIA + verlag modernes lernen)*
- Kaufen Sie Spielsachen, die die Handgeschicklichkeit fördern (Klicker, Stecker, Perlen, Nagelbrett)
- Lassen Sie Ihr Kind an der Haus- und Gartenarbeit teilhaben (z. B. ist das Wäscheanklammern eine feinmotorische Übung, das Nähen und der Umgang mit Nadel und Faden stellt eine feinmotorische Übung zur Unterstützung der Auge-Hand-Koordination dar)
- Sammeln Sie jahreszeitengemäß Naturmaterialien (Kastanien, Federn, Steine ...)
- Lassen Sie Ihr Kind ein Instrument erlernen (Flöte, Klavier, Gitarre).

Vorschläge für den Kindergarten

- Fingerspiele, Klatsch- und Fadenspiele einführen, nutzen Sie dazu Anregungen aus dem Handbuch „Von Anfang an im Gleichgewicht!“ so-

[53] Goddard, 1998, S. 25

wie die Anregungen zur Körperwahrnehmung aus „Ich wär' jetzt mal 'ne Fledermaus" und Spiele zur Finger- und Feinmotorik aus „Kita und Schule – ein starkes Team" *(BORGMANN MEDIA + verlag modernes lernen)* und aus „Bildung beginnt schon auf dem Wickeltisch"
- Führen Sie täglich das kindgerechte Programm „Von Anfang an im Gleichgewicht" durch *(BORGMANN MEDIA)*
- Malen, kneten, reißen, knüllen, matschen, buddeln, mit Fingerfarben malen, Kleisterarbeiten machen, fädeln, mit Wäscheklammern spielen
- Sandbilder machen
- Stifthilfen anbieten
- Bieten Sie Bewegungsgeschichten an „Ich wär' jetzt mal 'ne Fledermaus", Schwerpunkt Palmar-Reflex: „Heidi Hand und Hansi Hand, die Spinnen aus dem Zwillingsland" (verlag modernes lernen)

Vorschläge für die Schule

- Stifthilfen anbieten
- Malen, kneten, reißen, knüllen, Tonarbeiten anfertigen, sägen, Kleisterarbeiten machen, mit Wäscheklammern gestalten
- Instrumentaler Unterricht
- Handarbeiten anfertigen, nähen
- Fingerspiele, Spiellieder mit den Händen, Fadenspiele, Klatschspiele, s. dazu „Beweg dich, Schule!" Klatsch-, Hand- und Fingerspiele bis zur Oberstufe *(BORGMANN MEDIA)*
- Das Programm „Bildung kommt ins Gleichgewicht" einsetzen. Es beinhaltet Gleichgewichtsförderung und Sprachanlass mit gleichzeitiger Unterstützung der Koordination, der Grob- und Feinmotorik *(Literatur BORGMANN MEDIA)*
- Bewegungsgeschichten aus „Ich wär' jetzt mal 'ne Fledermaus", Schwerpunkt Palmar-Reflex: „Heidi Hand und Hansi Hand, die Spinnen aus dem Zwillingsland" sowie die „Tausendfüßler Fritzchen und Marleen" (verlag modernes lernen)

4.7 Der Spinale Galant Reflex als Ursache von Auffälligkeiten

Der Spinale Galant Reflex wird in der Bauchlage durch Stimulation mittels eines Gegenstandes (Pinsel, Reflexhammerstiel) neben der Wirbelsäule ausgelöst. Dabei wird von der Schulter (unterhalb der Schulterblätter) bis in Beckenhöhe (Lendenwirbelbereich) gestrichen. Als Reaktion auf einen bestehenden Galant Reflex erfolgt eine konkave (nach innen gewölbte), zur Seite des Reizes gerichtete Krümmung des Rumpfes, gleichzeitig wird das Becken nach oben gezogen. Eine Aufwärtsbewegung der Hüfte ist zu erkennen.

Bei Kindern, die nach dem Alter von fünf Jahren noch tags und/oder nachts einnässen, ist es wichtig abzuklären, ob der Spinale Galant Reflex in Restreaktionen noch persistiert und eventuell als Ursache der unreifen Blasenkontrolle zu sehen ist. Mehrere Kinder im Alter bis zwölf Jahren, die bereits viele Möglichkeiten der Unterstützung zur Sauberkeitserziehung hinter sich hatten (Klingelhose, alle drei Stunden auch nachts zur Toilette gehen, unangenehme Blasen- und Harnwegsuntersuchungen) sprachen schnell und gut auf eine Integrationsübung zum Spinalen Galant Reflex an, indem bei einigen in kürzester Zeit das Nässen ausblieb. Ein wichtiger Hinweis zur Lebensweise des Kindes war es jedoch noch, darauf zu achten, dass das Kind auch nachts keinen reibenden oder reizenden Hosenbund erlebte. Das Tragen von Nachthemden oder Schlaforveralls war hilfreich.

Bei unruhigen Kindergarten- und Schulkindern ist auch oft zu bemerken, dass Kleidung (Gürtel, Hosenbund) oder Sitzgelegenheit (Stuhllehne) die Unruhe verstärken können. Die ausgelösten Spinalen Galant Restreaktionen fördern eine Unruhe, die sich in Herumrutschen auf dem Stuhl und in Störungen der Konzentration zeigen kann.

Goddard weist darauf hin, dass persistierende Restreaktion des Spinalen Galant Reflexes auch mit einer Skoliose (seitliche Verkrümmung der Wirbelsäule) in Zusammenhang gesehen werden können.[54]

Hinweise auf persistierende Restreaktionen des Spinalen Galant Reflexes können sein:

- Einnässen nach dem Alter von fünf Jahren
- Motorische Unruhe
- Abneigung von Kleidungsstücken, die in der Taille reizen

---

[54] Goddard, 1998, S. 36

- Konzentrationsschwierigkeiten
- Vermindertes Kurzzeitgedächtnis
- Einseitige Krümmung der Wirbelsäule
- Fehlen von flüssigen Bewegungsabläufen[55]

4.7.1 Vorschläge für Eltern, Kindergarten und Schule

Vorschläge für Eltern

- Bei einem noch auszulösenden Spinalen Galant Reflex sollten Sie die Kleidung Ihres Kindes bewusst auswählen. Achten Sie darauf, dass Reizungen im Taillenbereich vermindert oder vermieden werden
- Lassen Sie Ihr Kind häufig die Rückenlage zur Entspannung einnehmen (vorlesen, erzählen ...)
- Bieten Sie einen Hocker oder Kniestuhl alternativ zum Stuhl an (z. B. bei den Hausaufgaben)

Vorschläge für den Kindergarten

- Spiele in Bauch und Rückenlage, Spiele zum Kriechen und Rollen, s. „Von Anfang an im Gleichgewicht", s. „Kita und Schule – ein starkes Team" *(Literatur BORGMANN MEDIA)*
- Übungen in Rückenlage, s. Bewegungsgeschichten zur sensomotorischen Förderung „Ich wär' jetzt mal 'ne Fledermaus" (verlag modernes lernen)
- Alternative Angebote zur Arbeit auf dem Stuhl anbieten (Hocker, Sitzball, Kniestuhl)

Vorschläge für die Schule

- Klassenvereinbarung über des zu jeder Zeit möglichen Toilettenbesuchs (auch während der Unterrichts)
- Lern- und Bewegungszeiten in jeder Unterrichtsstunde, s. Angebote „Beweg dich, Schule!" *(BORGMANN MEDIA)*

---

[55] Goddard, 1998, S. 27

- Übungen in Rückenlage für Sport und Förderstunden, s. Bewegungsgeschichten zur sensomotorischen Förderung „Ich wär' jetzt mal 'ne Fledermaus" (verlag modernes lernen)
- Alternative Sitz- und Stehangebote
- Wasser trinken (gerade diese Kinder trinken aus Angst vor evtl. Nässen viel zu wenig Wasser)

Zusammenfassend ist zu sagen:

Je natürlicher ein Kind durch Bewegung und Wahrnehmung aufwächst,

je mehr Liebe, Geborgenheit, Lob und Anerkennung es erfährt,

je strukturierter, verlässlicher und deutlicher sein Leben unterstützt wird,

je mehr Verständnis und alternative Hilfen für seine andere Arbeitsweise aufgezeigt werden,

je mehr Sinnesinformationen für das Lernen angeboten werden,

umso leichter wird das Kind mit persistierenden Restreaktionen frühkindlicher Reflexe aufwachsen und diese kompensieren können.

Wechselwirkungen und zusätzliche Belastungen

Die meisten der Erwachsenen, die bei mir Fortbildungsveranstaltungen besuchen (Pädagogen, Therapeuten, Mediziner – alle haben die Schule abgeschlossen und arbeiten in einem Beruf mit anerkannten Abschlüssen!) fanden bei sich selbst leichte Restreaktionen von einzelnen frühkindlichen Reflexen. Dies erstaunte die Teilnehmer doch erheblich. Ich halte diese Ergebnisse für wichtig in der Arbeit mit dem Reflexprogramm. Es zeigt deutlich, dass der Mensch die frühkindlichen Reflexe nicht verliert, sondern integriert. Zudem weist es auf die Möglichkeit guter Kompensation hin. Wir sollten daher bei leichten, einzelnen Restreaktionen von Reflexen auf eine kindgerechte, ganzheitliche Entwicklungsunterstützung bauen. Wander- und Waldangebote in Kindergärten, vorschulische und schulische Institutionen, in denen mit allen Sinnen gespielt werden kann, singen, tanzen, turnen, vorlesen, malen, basteln, freies Konstruktions- und Rollenspiel – all dies ist wertvollstes Lernmaterial.
Regeln, Rituale, Regelmäßigkeiten, Verlässlichkeiten und Absprachen geben unseren Kindern die Möglichkeit ihr inneres Gleichgewicht zu finden. Dies gilt in vorschulischen und schulischen Institutionen genauso wie im familiären Umfeld. Ein sicheres Zuhause, wissen, zu wem man gehört, wissen, wo man uneingeschränkt geliebt und gestützt wird, ist das wohl Wertvollste, was ein Kind erleben kann.
Das Elternhaus, die Institutionen Kindergarten und Schule haben die Möglichkeit, einem Kind Hilfe und Unterstützung zu bieten, damit es mühelos und gut kompensieren kann.
Bei einigen Kindern jedoch bemerken wir, dass ihnen trotz dieser Unterstützung keine wirkliche Kompensation möglich ist. Den Kindern geht es schlecht, sie sind traurig, verzweifelt, ihr Selbstwertgefühl schwindet, ihre Familie leidet mit ihnen, Kindergarten und Schule wissen keinen Rat mehr.
Diese Kinder können in einer Fördermaßnahme mit Schwerpunkt Integration von Restreaktionen frühkindlicher Reflexe Hilfe finden. In den meisten Fällen zeigt sich in der Diagnostik ein Set von mehreren persistierenden frühkindlichen Reflex-Restreaktionen. Manchmal sind auch einzelne deutliche, stark ausgeprägte Restreaktionen zu erkennen. Im Alltag zeigen sich die Auffälligkeiten der betroffenen Kinder im Wahrnehmungs- und/oder Bewegungsbereich, in Lernschwächen und Verhaltensabweichungen. Die Intelligenz der Kinder wird in der Regel von durchschnittlich bis sehr hoch beschrieben. Ihre Erstdiag-nosen, die sie meist schon von außerschulischen Stellen mitbringen sind häufig ADS, ADHS (Aufmerksamkeitsdefizit, Aufmerksamkeitsdefizit mit Hyperaktivität), LRS (Lese-Rechtschreibschwäche), Dyskalkulie (Rechenschwäche), Hochbegabung, autistische Züge. Bei allen Kindern und Jugendlichen ist die Konzentrationsfähigkeit betroffen.
Ihr Verhalten weicht durch unangepasste Aktivitäten (sich zurückziehen, aggressiv sein, albern sein ...) ab. Ihre Zahl nimmt scheinbar stetig zu. Diese Kin-

der sind nach einer gezielten, kindgerechten Diagnostik gut durch das Reflexprogramm zu unterstützen. Voraussetzung dafür ist jedoch, dass sämtliche Hilfsmaßnahmen untereinander abgestimmt werden. Alle schon mit dem Kind befassten Stellen erfahren von dem Ergebnis der Diagnostik, dem daraus resultierenden Förderplan und stimmen ihn gemeinsam mit den Eltern ab.

In der Praxis bedeutet das, dass in allen Fällen die Schule (Klassenlehrer, Fachlehrer) mit ihren schulischen Möglichkeiten mit in den Förderprozess einbezogen werden muss. Mit den Eltern werden Möglichkeiten und Unterstützungen für Hausaufgaben, Tagesablauf und Verständigungsmöglichkeiten besprochen. In vielen Fällen findet nach Zustimmung der Eltern auch die Zusammenarbeit mit dem Kinder- und Jugendarzt statt. Er kennt in der Regel das Kind und kann wichtige Informationen ergänzen. In einigen Fällen sind auch der Kindergarten/Hort, die nachschulische Betreuung, Eltern- und Kind-Beratungsstellen, das Jugendamt und therapeutische Einrichtungen (Ergotherapie, Logopädie, Krankengymnastik) involviert. Eine gute Absprache untereinander ist enorm wichtig.

Bei den Eltern liegt die Hauptaufgabe des Förderprogramms, denn sie werden über die Zeit von etwa einem Jahr täglich mit ihrem Kind drei bis fünf Minuten lang Bewegungen durchführen.

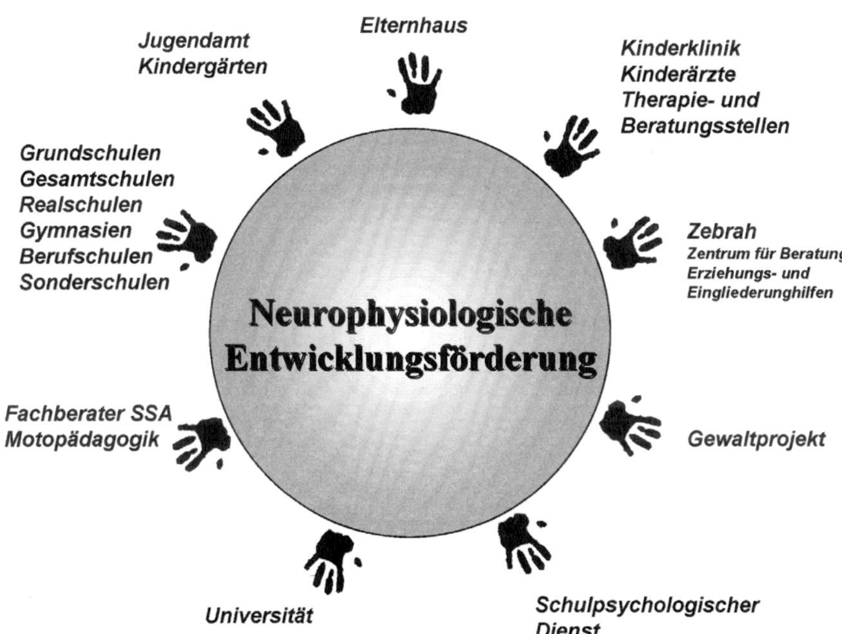

Zusammenarbeit ist die beste Grundlage zur Unterstützung eines Kindes

Aus eigener Erfahrung kann ich von guter und sehr guter Zusammenarbeit mit allen genannten Stellen sprechen. Es ist höchst erfreulich zu erfahren, wie die verschiedenen Stellen mit unterschiedlichen Schwerpunkten im Sinne eines Kindes und mit dem gemeinsamen Ziel der Unterstützung und Förderung zusammenarbeiten können. Erst im gemeinsamen Bemühen ist der Erfolg für das Kind gesichert!

Es ist „ein" Kind, für das „ein" sicheres Netz gewoben werden soll.

5. Fördermöglichkeiten zur Integration persistierender Restreaktionen von frühkindlichen Reflexen

Die Förderung von Kindern und Jugendlichen, die aufgrund senso-motorischer Unreifen Lern- und/oder Verhaltensschwierigkeiten zeigen, ist auf verschiedene Weise möglich.

1. Einzelprogramme zur Integration von Restreaktionen frühkindlicher Reflexe werden von weitergebildeten Pädagogen, Psychologen, Therapeuten und Medizinern angeboten. Auf der Grundlage einer neurophysiologischen Entwicklungsdiagnostik wird der individuelle Förderplan erstellt und durchgeführt (Dauer ca. 12–18 Monate).

2. Kleingruppenprogramme zur Integration von Restreaktionen frühkindlicher Reflexe werden in Schulen, Kindertagesstätten und privaten Praxen von zusatzqualifizierten Pädagogen und Therapeuten angeboten[1].

3. Eltern-Kind-Gruppen (Altersbereich 5–7 Jahre und 8–12 Jahre) werden von ausgebildeten Kursleitern mit pädagogischer, therapeutischer, sportwissenschaftlicher, psychologischer oder medizinischer Grundqualifikation geleitet (20 Stunden à 75 Minuten)[2].

4. Motopädagogische/psychomotorische Gruppenstunden für Kinder (Dauer ca. 12 Monate) werden im schulischen Bereich vorwiegend in den Nachmittagsstunden von weitergebildeten Pädagogen durchgeführt.

5. Vorschul-Programme für die gesamte Kindergartengruppe zur sensomotorischen und sprachlichen Förderung (Alter 0–8 und Alter 3–6 Jahre) finden in Kindertagesstätten und in der Schuleingangsphase statt. Viele Kitas lassen sich in ihrer Arbeit über einen längeren Zeitraum (bis zu drei Jahren) durch zusatzqualifizierte Dozenten begleiten[3].

---

[1] Literatur zu einem Kleingruppen-Programm: Beigel, Dorothea; Beigel, D.; Grönemeyer, D. (2023): Ich wär' jetzt mal 'ne Fledermaus. Spiel- und Bewegungsgeschichten zur sensomotorischen Förderung. verlag modernes lernen. Dortmund, 3. Auflage.

[2] Literatur zu Eltern-Kind-Gruppen-Programmen: Beigel, Dorothea (2019): Kinder im Gleichgewicht (KIG+) Gezielte Bewegungs- und Wahrnehmungsförderung zur Unterstützung von Gesundheit, Lernen und Verhalten – Ein Eltern-Kind-Programm nach Dorothea Beigel (R) – Kursmanual: Grund- und Aufbaukurs für Kinder von 5 bis 7 und 8 bis 12 Jahren. verlag modernes lernen. Dortmund

[3] Infos zu Einführungsveranstaltungen in Kitas, zur Begleitung finden Sie unter www.bildung-kommt-ins-gleichgewicht.de

6. Schul-Programme für alle Schüler (Klasse 1 – 13) werden in Unterrichtsstunden integriert. Eine Begleitung der Lehrer/des Kollegiums durch zusatzqualifizierte Dozenten[4] unterstützt die regelmäßige Durchführung und die Nachhaltigkeit der Maßnahme[5].

7. Vorbereitende kindgemäße Beobachtung und ein darauf aufbauendes Förderangebot bieten im Vorschulalter die präventive Möglichkeit, sensomotorischen, sprachlichen, emotional-sozialen Unreifen frühzeitig zu begegnen. Sie bewahrt viele Kinder davor, in der Schule „aufzufallen“ und dadurch immer mehr in eine Spirale des „Ausfallens“ zu geraten[6].

8. In immer mehr Bundesländern wird Wert auf bewegten Unterricht gelegt. Eins der Spitzenreiter ist das Bundesland Hessen, in dem bereits seit 2003 das Programm „Beweg dich, Schule! Eine Prise Bewegung für die Klassen 1 – 13“[7] durchgeführt wird.

Die Zusammenarbeit mit den Eltern, den Klassen- und Fachlehrern, den Schulpsychologen, den Ärzten, den Therapeuten, den außerschulischen Beratungs- und Förderstellen sowie den Jugendämtern ist wichtiger Bestandteil der Förderarbeit.

Literatur zur Förderung im Vorschulbereich:
Angebot 0 bis 8 Jahre:
Beigel, Dorothea; Schäfer, Ute (2018): Bildung beginnt schon auf dem Wickeltisch – 177 sofort umsetzbare Möglichkeiten, um Kinder in ihrer Entwicklung zu unterstützen. Altersbereich 0 – 8 Jahre. verlag modernes lernen. Dortmund
Literatur:
Angebot 3 – 6 Jahre: Beigel, D.; Grönemeyer, D. (2018): „Von Anfang an im Gleichgewicht.“ Ein Bewegungsprogramm für den Kindergarten mit dem Zwerg Willibald, seinen Freunden und dem kleinen Medicus“. *BORGMANN MEDIA*, Dortmund. 3. Auflage

[4] Dozentenlisten der einzelnen Bundesländer finden Sie www.bildung-kommt-ins-gleichgewicht.de

[5] Infos zu Einführungsveranstaltungen in Schulen, zur Begleitung finden Sie unter www.bildung-kommt-ins-gleichgewicht.de
Literatur zur Förderung im Schulbereich / alle Altersklassen, alle Schulformen:
Beigel, Dorothea (2021): Bildung kommt ins Gleichgewicht. Guten Morgen, liebes Knie. Ein Gleichgewichtsprogramm zur Lernunterstützung. verlag modernes lernen. Dortmund, 4. Auflage

[6] Siehe dazu Beigel, D. (2022): Kita und Schule – ein starkes Team. Pädagogische Förderbeobachtung. *BORGMANN MEDIA*

[7] Siehe dazu Beigel, Dorothea (2019): Beweg dich, Schule! Eine Prise Bewegung im täglichen Unterricht der Klassen 1 – 13. Verlag modernes lernen. Dortmund, 5. Erweiterte Auflage

5.1 Einzelförderung

5.1.1 Förderprogramm nach Sally Goddard

Vor 25 Jahren begann ich in der Einzelförderung auf Grundlage des Reflexintegrationsprogramms nach Blythe/Goddard zu arbeiten. Gemäß den Forschungsergebnissen von Peter Blythe und Sally Goddard können die motorische Entwicklung und die damit verbundene Wahrnehmungsentwicklung nur dann ungehindert als Grundlage für Lernen und Verhalten wirken, wenn sowohl der Aufbau frühkindlichen Reflexe als auch ihre Hemmung und Integration vollständig erfolgt sind.

Mit gemischten Gefühlen hinsichtlich der vorhersehbar langen Förderzeit, aber von der Theorie inspiriert, begann ich 1998 mit den ersten Kindern nach dem Programm zu arbeiten. Die Schüler waren alle schon in verschiedenen Fördermaßnahmen gewesen – Ergotherapie, Logopädie, motopädagogische Maßnahmen, lerntherapeutische Unterstützung, Verhaltenstraining. Die meisten hatten dort auch teilweise oder ansatzweise individuelle Fortschritte gemacht.

Die Fortschritte waren jedoch oft kurzzeitig oder zu wenig wirksam, um sie im schulischen und persönlichen Bereich von ihren Schwierigkeiten zu entlasten. Die bestehenden Verhaltensauffälligkeiten und Lernschwierigkeiten, die die Kinder trotz guter Intelligenz hatten, wurden als mangelnde Motivation und/oder mangelhaftes Lernen angesehen. Oft vermutete man auch einen ungenügenden Erziehungsstil der Eltern. Manche Eltern waren mit ihrem Kind schon vertröstet worden, dass sich das Verhalten und die Schwierigkeiten später einmal geben würden. Andere Eltern hatten gehört, dass mit „zwölf Jahren die biologische Uhr zur Hilfe Ihres Kindes sowieso schon abgelaufen“ wäre und man sich damit abfinden müsse, dass das Kind „eben so sei“. Anderen Eltern hatte man vorgeworfen, dass sie „zuviel in Ihrem Kind sehen“.

Ich möchte an dieser Stelle darauf hinweisen, dass es manchmal schon erschütternd ist, wie unsensibel und unwissend auf Kinder und Eltern – auch von pädagogischer oder therapeutischer Seite – eingegangen wird. Niemand sollte sich scheuen, zum Wohle des einzelnen Kindes Hilfe von anderen Fachrichtungen oder Experten aus der eigenen Berufsgruppe einzubeziehen. Zu einer – heute im Allgemeinen für Kassen oder den Selbstzahler kostenaufwendigen – Diagnostik gehört ein individuell ausgearbeitetes Förderprogramm oder eine Überweisung und Weitervermittlung an eine adäquate Adresse. Die einfache und schnelle Verordnung von Medikamenten lehne ich ab. Viele Eltern erzählten davon, dass sie ein Medikament einfach nur noch abholen, andere berichteten, dass sie „zu Hause ausprobieren sollten, wie viele Tabletten das Kind am Tag braucht“.

Mit diesen Kindern und Jugendlichen, die man eigentlich als „nicht mehr weiter zu fördern“ ansah, begann ich zu arbeiten. Allen Kindern ging es „schlecht“. Sie waren traurig, deprimiert, hatten sich aufgegeben, zeigten Schulunlust, hatten teilweise kaum Freunde, waren aggressiv oder abgekapselt – und alle hatten sie undefinierbare Schulschwierigkeiten. Etiketten wie Verdacht auf ADS/ADHS, LRS, Dyskalkulie, autistische Züge waren bereits an sie vergeben worden. Die Aufforderung „Jetzt streng dich mal an!“ und „Du könntest, wenn du nur wolltest!“ hörten sie täglich. Den Eltern dagegen wurde vorgeworfen, sich entweder zu viel oder zu wenig mit ihren Kindern und deren Problemen zu beschäftigen.

In der Diagnostik waren bei den Kindern Auffälligkeiten im Wahrnehmungs- und Bewegungsbereich zu ersehen, obwohl auch sehr sportliche Kinder darunter waren. Alle Kinder zeigten deutliche bis sehr deutliche Restreaktionen frühkindlicher Reflexe. Die meisten mussten sich bei visuellen Tätigkeiten übermäßig anstrengen. Alle Kinder waren bereits vom Augenarzt untersucht worden, es handelte sich aber offensichtlich nicht um ein medizinisches Problem. Ihre Augenmuskelmotorik ermüdete schnell, bei schriftlichen schulischen Aufgaben wurde deutlich, wie schnell sich ihre Kompensationsmöglichkeiten erschöpften.

Mit gemischten Gefühlen sah ich – wie die Eltern auch – auf die lange Zeit, die mit dem täglichen häuslichen Förderprogramm vor uns lag. Manche Kinder waren bereits in der siebten Klasse. Würden diese „einfachen“ Bewegungsübungen jetzt noch irgendetwas bewirken können?

Gestärkt aus jahrelangen Erfahrungen mit dem motopädagogischen und dem sensorisch-integrativen Arbeiten und den daraus resultierenden positiven Veränderungen beim Kind, vertraute ich dem Ansatz von Goddard.

Schon bei den Einstiegsübungen, den sogenannten „Embryonalen Bewegungen“ begann mein Staunen. Viele der Kinder (sie besuchten die Grundschule, Gesamtschule oder das Gymnasium) hatten erhebliche, nicht vorhersehbare Schwierigkeiten, sich bei diesen scheinbar so einfachen Übungen sanft nach vorn oder zur Seite führen zu lassen. Sie verspannten sich stark und waren teilweise nicht in der Lage, ihren Kopf bei der Übung leicht gesenkt zu halten. Besonders schwer schien das für sie zu sein, wenn sie sanft und äußerst langsam im Sitzen nach hinten bewegt wurden – nur ca. 10 Zentimeter!

Einigen Kindern war es in der ersten Zeit gar nicht möglich, ihre Augen bei der Übung geschlossen zu lassen. Immer wieder rissen sie bei der sanftesten Bewegung sofort die Augen auf und erzählten davon, dass diese Kombination von geschlossenen Augen und sanftem Bewegt-werden für sie nicht möglich sei. Eltern und Kinder wurden dazu angeregt nicht miteinander zu hadern, wenn die Übung nicht klappte, sondern beständig und vertrauensvoll täglich regelmäßig miteinander ihre Übung durchzuführen.

Es wurde darauf hingewiesen, dass das Ausmaß der Bewegung anfangs auch sehr klein sein durfte. Einigen Kindern half es, die Bewegung zuerst dicht am Körper des führenden Elternteils ausführen zu können.

Und die Eltern und Kinder waren großartig! Sie machten wie vereinbart täglich ihre Übung. Die Dauer liegt bei etwa drei Minuten am Tag. Es war für mich von Anfang an sehr wichtig, dass dieser enge Eltern-Kind-Kontakt, den wir hier während der Übungen vertieften, von Anfang an positiv, vertrauensvoll und liebevoll war. Deshalb gehörte bei uns dazu – in Erweiterung zu dem von mir ursprünglich erlernten Programm von Sally Goddard –, dass Kind und Eltern sich nach der Übung liebevoll in den Arm nahmen. Dabei achteten sie darauf, dass sie sich von vorn umarmten, also ein Blickkontakt und das Berühren von Mutter/Vater und Kinderbrust erfolgte.

Die amerikanischen Pädiatrieprofessoren M. H. Klaus und J. H. Kennell entwickelten die Hypothese, dass die Wachheitsperiode nach der Geburt der emotionalen Bindung zwischen Eltern und Kind dienen soll **(Bonding)**.[8] Sie halten die ersten Minuten und Stunden nach der Geburt für eine umfassend sensible Phase, in der es sehr wichtig ist, dass zwischen Mutter/Vater und Kind ein enger körperlicher Kontakt besteht. Sie sehen im Bonding eine „einzigartige Beziehung zwischen zwei Menschen, die spezifisch und von langer Dauer ist."[9]

Strobel (1988) rät der Mutter, das Kind nach der Geburt auf den Bauch zu legen, damit ein Haut- und ein Blickkontakt zwischen Mutter und Kind in dieser sensiblen Phase stattfinden kann. Die Hebamme legt das Neugeborene meist auf die linke Seite, damit es den vertrauten Herzschlag der Mutter wahrnimmt. Der gefühlsmäßige Bindungsprozess der Eltern zu ihrem Kind beginnt schon

---

8 Klaus und Kennell, 1987 in: Oerter/ Montada, 1998

9 „Bonding Building the Foundations of Secure Attachment and Independence, 1995 in: Anders, Weddemar 2002, 2. Auflage

in der Schwangerschaft und hat große Bedeutung für die Entwicklung eines jeden Menschen. Die Entwicklung der Mutter-Kind-Beziehung vollzieht sich über verschiedene sensorische Reize. Das Kind berührt die Mutter, wenn es auf ihr liegt, es riecht ihre Brustwarze, es hört ihre Herztöne, es spürt das „Geatmetwerden".

Neben den sensorischen Vorgängen finden gleichzeitig auch emotionale, physiologische und symbiotische Vorgänge statt.

Wichtig ist jedoch zu betonen, dass die Beziehung zwischen Eltern und Kind sich aufgrund unzähliger Erfahrungen stetig weiter entwickelt und eine innige, vertrauensvolle Verbundenheit auch zwischen Kind und Adoptiveltern aufgebaut werden kann.

In der Anamnese höre ich von relativ vielen Müttern, dass der erste Kontakt mit ihrem Kind nach der Geburt zu schnell oder überhaupt nicht zustande gekommen war.

Das Umarmen nach der Übung soll diese wichtige Phase des Bondings wiederholen und die sich entwickelte Vertrautheit zwischen Eltern und Kind vertiefen. Die Eltern sollen nicht die Rolle eines „Ersatztherapeuten" übernehmen. Vielmehr soll die natürliche Bewegungsentwicklung, die Eltern und Kind durch die Übungen gemeinsam nacherleben und vertiefen, eine emotional positive Erfahrung sein. Das tägliche Wiederholen dieser spezifischen Bewegungen, die stark mit Sinneserfahrungen gekoppelt sind, soll dem Gehirn erneut Möglichkeiten bieten, die vorhandenen Bahnen zu nutzen oder auszubauen. „Die Plastizität und die ausgezeichnete Organisation unseres Nervensystems eröffnen uns die Möglichkeit zu lebenslangem Lernen und zu Heilung."[10]

„Liebe ist das einzige, was nicht weniger wird, wenn wir es verschwenden."

(Ricarda Huch)

[10] Hannaford, 1996, S. 32

SICHERHEITSHINWEIS: Alle folgenden Beschreibungen der verschiedenen Übungen dienen lediglich dem besseren Verständnis des Lesers für das Förderprogramm. Die Übungen sind hier nicht exakt in der Anordnung wiedergegeben, wie sie im Programm durchgeführt werden. Sie können und sollen daher nicht nach dem Buch erarbeitet werden. Alle Übungen bedürfen exakter Einweisung. Wenden Sie sich als Eltern an eine dafür ausgebildete Fachkraft. Therapeuten und Pädagogen haben die Möglichkeit, Fortbildungen zu diesem Programm zu machen.

- **Die „Embryonale Bewegung“:** Die Kinder sitzen bei dieser Übung auf dem Boden. Ihre Beine sind an den Knöcheln überkreuzt, die Knie leicht angezogen. Der Rücken wird so gerade wie möglich gehalten. Die Arme sind ebenfalls überkreuzt, der Kopf wird leicht in Richtung Brust geneigt, ihre Augen sind geschlossen. Die Mutter sitzt mit gegrätschten Beinen hinter ihrem Kind und führt den Oberkörper des Kindes sehr langsam nach vorn, nach hinten, bzw. zur rechten und zur linken Seite.

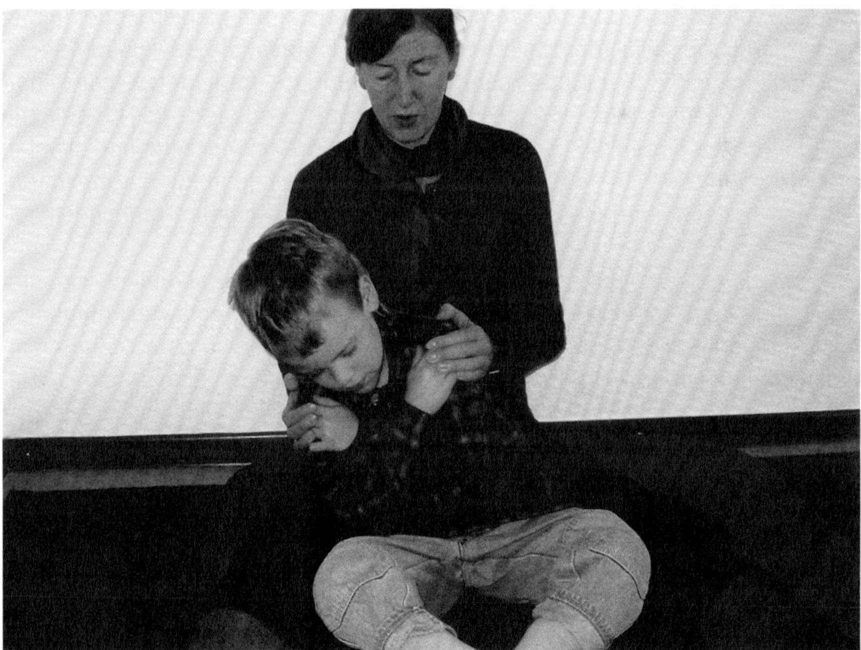

„Embryonale Bewegung 2“

Nachdem die „Embryonale Bewegung“ von einzelnen Kindern über ca. drei bis sechs Wochen täglich gemacht worden war, fiel uns auf, wie leicht die meisten von ihnen jetzt mit diesem speziellen Bewegt-werden zurecht kamen. Sie konnten die Augen bei der Übung geschlossen halten, sie empfanden die Bewegung eher als angenehm. Kopf und Körper hielten die Position. Eltern berichteten auch von tagesabhängigen Erscheinungen („An diesem Tag fiel ihr die Übung wieder etwas schwerer.“). Oft schien die Tagesabhängigkeit mit Infekten, häuslicher Unruhe oder schulischem Stress zusammenzuhängen. Die meisten Eltern und Kinder machten die Übung auch deshalb gern, weil sie einige Minuten der gemeinsamen Ruhe und des Miteinanders am Tag bot. Die Übung wurde stets in einem ruhigen Raum und ohne Geschwisterkinder durchgeführt. Viele Eltern wählten von Anfang an eine ihnen passende bestimmte Tageszeit.

Bei den meisten der Kinder waren nach dieser Übung keine Veränderungen im Verhalten und Lernen zu bemerken. Einige Kinder wirkten laut Aussagen der Eltern ruhiger und ausgeglichener. Bei einem kleinen Jungen zeigte die Übung jedoch enorme Wirkung. Toni war ein Kind, das schon kurz vor der Einschulung auf Wunsch der Eltern, der Kindertagesstätte und der Schulärztin zur Förderung gekommen war. Er galt als ADHS-Kind mit autistischen Zügen. Er schaffte es, in wenigen Minuten ein Zimmer oder eine Gruppe völlig durcheinander zu bringen. Teilweise verwüstete oder zerstörte er Gegenstände, danach war er immer sehr traurig über sein Tun. Nachdem Toni die „Embryonale Bewegung“ sechs Wochen lang mit seiner Mutter täglich gemacht hatte, berichteten Mutter und Erzieherin von erstaunlicher Ausgeglichenheit und Beruhigung des Kindes. Die Veränderungen hatten sich schon nach der dritten Woche gezeigt und sich immer mehr verfestigt. Die Eltern konnten zuhause mit Toni in Ruhe etwas unternehmen, in der Kindertagesstätte fiel er im Gruppengeschehen kaum noch auf.

Die Veränderung des Jungen war für uns vor allem deshalb erstaunlich, weil Toni schon einige Zeit vor dem Förderprogramm intensive therapeutische Stimulation im vestibularen und taktil-propriozeptiven Bereich ohne sichtbare Veränderung des Verhaltens erfahren hatte. Die Therapie war – wie auch eine bereits erfolgte Festhaltetherapie und eine Verhaltenstherapie – wegen völliger Verweigerung und Zunahme von Aggressivitäten abgebrochen worden. Bei der „Embryonalen Bewegung“ wurden genau die selben Sinnessysteme wieder stimuliert, wenn auch in einem äußerst sanften Rahmen. Tonis Veränderung konnte offensichtlich nur durch die tägliche, regelmäßige, sanfte und nicht überfordernde Stimulation der elementaren Sinnessysteme in der Geborgenheit mit seiner Mutter eintreten.

Jonas, ein sehr intelligenter und aufgeweckte Erstklässler, der in der Schule höchst unkonzentriert und unruhig war, hatte anfangs größte Schwierigkeiten, bei der „Embryonalen Bewegung“ überhaupt sitzen zu bleiben. Während der Übung begann er zu keuchen, an seinen Ärmeln zu lutschen und Töne zu produzieren. Dank seiner verständnisvollen Eltern wurde die Übung jeden Tag geduldig, liebevoll und konsequent mit ihm gemacht. Jonas hat das gesamte Förderprogramm vor längerer Zeit erfolgreich beendet. Er ist ein guter und auch konzentrierter Schüler geworden, niemand kann sich heute vorstellen, dass diese einfachen ersten Bewegungen ihm einmal solche Schwierigkeiten und Anstrengungen bereitet haben.

Positive Erfahrungen anderer Art machte auch die Familie von Jochen. Seitdem Jochen seine Übungen täglich mit seinem Vater durchführte, hatte sich das Verhältnis von Sohn und Vater sehr verändert. Jochen, eigentlich das „Mutterkind“ der vier Geschwister, lief bis zum Beginn des Förderprogramms bei allen Belangen zur Mutter, ließ sich auch nur von ihr ins Bett bringen. Durch die tägliche gemeinsame „Bewegungszeit“ mit seinem Vater begann er einen besonders vertrauensvollen und liebevollen Kontakt zu ihm aufzubauen. Die Mutter berichtete davon, wie wohltuend und emotional entspannend diese Veränderung für alle Familienmitglieder war. Der Vater war glücklich darüber, dass Jochen begann, Probleme mit ihm zu besprechen und nachts bei Angst auch zu ihm ins Bett kam. Jochen beendete das Programm vor kurzer Zeit mit gutem Erfolg. Seine Arbeitsweise, seine Konzentration und seine Gruppenfähigkeit haben sich gut stabilisiert.

Ein anderer Vater erstaunte und erfreute mich dadurch, dass er, während er die „Embryonale Bewegung“ mit seinem Sohn ausführte, zusätzlich stimmlich rhythmische Klopfgeräusche machte. Er erklärte mir, dass er die Herzgeräusche, die das Kind in der pränatalen Zeit gehört hatte, mit in die Übung hatte einfließen lassen. Als ein Arzt, der Herzgeräusche regelmäßig abhört, war ihm dies hervorragend gelungen.

Vielen Eltern wurde durch die „Embryonalen Bewegungen“ bewusst, wie wenig regelmäßige, ruhige Zeit sie mit ihren Kindern wirklich haben. Eine Mutter nannte diese Zeit „unsere Genusszeit“. Für mich waren die Berichte ein sicherer Hinweis darauf, dass die Eltern-KindBeziehung durch die Übungen keine Belastung, sondern eine Bereicherung erfuhr.

Es gab aber auch Eltern, die bereits im frühen Stadium der ersten Übungen das Programm abbrachen. Eine Mutter, selbst im erzieherischen Beruf tätig, sagte mir, dass sie sich durch die Regelmäßigkeit überfordert fühle und sich auch für ihr Kind keiner Regelmäßigkeit unterwerfe.

Eine andere Mutter weigerte sich, mit ihrem Pflegekind solche „körperintensiven“ Übungen zu machen, da sie dies selbst psychisch nicht verkraften konnte.

Einzelne Kinder aus einem Kinderdorf wurden durch ihr Betreuer-Team durch das Programm begleitet. Diese berichteten, dass es ihnen nicht jeden Tag gleich leicht falle, mit dem ihnen anvertrauten Kind die Übungen zu machen, besonders, wenn das Kind sie vorher stark provoziert hatte. Trotzdem versuchten sie die geforderte Regelmäßigkeit einzuhalten.

In Hinsicht auf die Gesamtgruppe der Kinder, die das Programm bis heute durchlaufen haben, empfand ein eher geringer Anteil von Eltern die Übungen als Hürde. Die meisten Eltern sahen in den Übungen eine Möglichkeit, ihre Kinder aktiv zu unterstützen. (Hierbei ist jedoch zu betonen, dass Eltern, die uns ihre Kinder zur Diagnostik vorstellten, zwar oft auf Anraten, aber letztlich in eigener Entscheidung kamen.)

Aufzeichnungen von Annika (15 Jahre, Gymnasiastin):

„Embryonale Bewegung 1“:

Annika spürt die ersten Tage bei der Übung Schwindel und ca. fünf Minuten nach Beendigung der Übung Übelkeit. Originalton von Annika auf den Hinweis ihrer Mutter, dass sie Annika führe und Annika sich gar nicht selbst bewegen müsse: „Wenn ich nicht genau spüre, wohin Du mich führst, lebe ich in der Illusion, dass Du mich führst, und dann bewege ich mich vermutlich selbst“.

„Embryonale Bewegung 2“:

Am ersten Tag der Übung verspürt Annika wieder leichten Schwindel, aber keine spätere Übelkeit.
Die Mutter berichtet (von ihrer eigenen Bauchentscheidung bei der Übung):“ Bei zuviel Eigenbewegung von Annika gebe ich bei der Seitbewegung mit der „Außenhand“ mehr „Haltegefühl“, d. h. ich öffne die Hand an der Schulter etwas, so dass die Fläche größer wird.“

„Embryonale Bewegung 3“:

Kommentar von Annika zur „Embryonalen Bewegung 3“: „Mir war nur am ersten Tag schwindelig.“

Bei allen „Embryonalen Übungen" hatte Annika als Linkshänderin folgendes Gefühl:

„Wenn der rechte Fuß und der rechte Arm oben liegen, ist das

- *ein ekliges Gefühl*
- *komisch*
- *und stelle ich die Füße nicht direkt übereinander."*

(Annika machte jede einzelne der „Embryonalen Bewegungen" etwa drei Wochen lang)

Meine Kolleginnen und ich lernten während dieser Zeit, die langsamen Bewegungen zu achten. Wir bekamen Respekt vor dem enormen Einfluss der Gleichgewichtsstimulation, der sich auch bei kleinräumig ausgeführten Bewegungen zeigte. Wir bemerkten ebenso wie die Eltern, dass es vielen Kindern – die anfangs die gewünschte Sitzhaltung nicht einhalten konnten – nach regelmäßiger Durchführung der Bewegung gelang, aufrecht zu sitzen, obwohl die Bewegungsfolge anfangs zuerst ohne die gewünschte Muskelspannung durchgeführt wurde. Die aus der Theorie bekannte Auswirkung des Gleichgewichts auf den Muskeltonus wurde deutlich.
Unser Interesse an sanfter und doch so wirkungsvoller Gleichgewichtsstimulation war geweckt und wurde später von uns immer wieder auch in Gruppenangeboten eingebracht.

Die weiteren aufbauenden Übungen des Förderprogramms sind für die Kinder meist schwieriger und anspruchsvoller in der Bewegungsausführung als die „Embryonalen Bewegungen". Es ist daher wichtig, dass die Regelmäßigkeit der täglichen Durchführung schon vor dem Einsetzen der folgenden Bewegungen aufgebaut wird.

Die Zusammenstellung der einzelnen Übungen und der Aufbau der Übungsreihe ergeben sich aus der Diagnostik und den das Kind besonders belastenden Schwierigkeiten. Ein Weg für Kinder mit vermehrter Angst, Schulverweigerung und perfektionistischen Ansprüchen an sich selbst, ist der Weg über die sogenannte „Seeanemone" – auch „Fötale Bewegung" genannt.

▸ **„Seeanemone":** In der Rückenlage sind Arme und Beine überkreuzt, der Kopf ist auf der Brust hochgelagert, so dass er den Boden nicht berührt, die Augen sind geschlossen. Das Kind entfaltet jetzt sehr langsam Arme und Beine gleich-

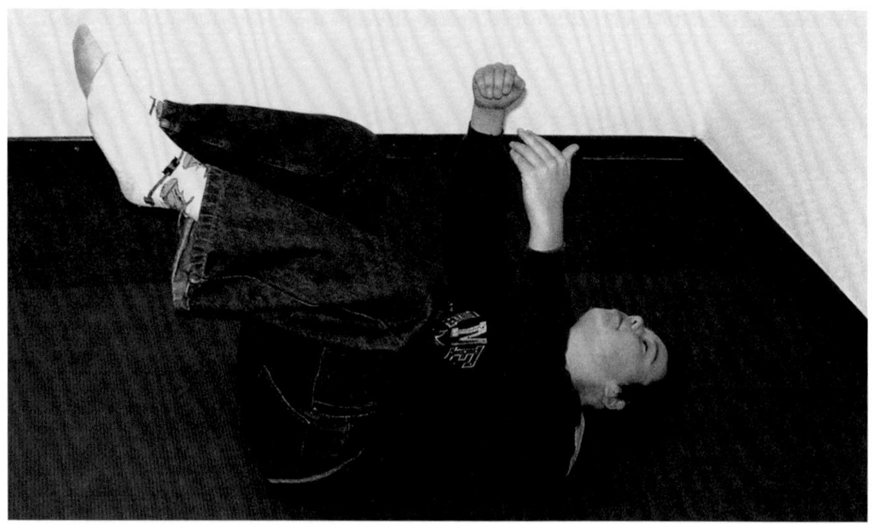

Die „Seeanemone" auf dem Boden

zeitig und bewegt dabei den Kopf nach hinten. Die Bewegungen sollen langsam und fließend sein und die Augen bleiben geschlossen. Diese Bewegung wird zweimal ausgeführt, wobei der Kopf immer in der Mittellinie gehalten wird. In der geöffneten sowie in der geschlossenen Haltung wird jeweils ein „Touch Count" (Berührungszählen) eingesetzt.

Mit der Bewegung wird der Ablauf des frühen Moro-Reflexes nachgearbeitet. Die Übung bereitet vielen Kindern erstaunlich große Schwierigkeiten. Sie zeigen erhebliche Mühe im gleichzeitigen Bewegen von Armen, Beinen und Kopf. In einzelnen Fällen ist Kindern die Gesamtbewegung gar nicht möglich. Selbst wenn ihre Eltern am Anfang die Beinführung übernehmen, haben sie Schwierigkeiten, die Bewegung von Armen und Kopf gleichzeitig auszuführen.

Um die Kinder mit Freude im Bewegungsprogramm zu halten, begann ich – die menschliche vor- und nachgeburtliche Wahrnehmungs- und Bewegungsentwicklung stets im Blick haltend – die Übung so kleinschrittig aufzubauen, dass die Kinder mit der Bewegungs-Hausaufgabe nicht überfordert wurden. Ich wollte vermeiden, dass die Kinder das Gefühl bekamen „wieder etwas nicht zu können", „wieder etwas falsch zu machen". Mir war es wichtig, eine positive Eltern-Kind-Interaktion aufzubauen bzw. zu unterstützen.

Für uns galt das Motto „Mit Liebe und Zeit“

Bei Toni z. B. arbeiteten wir Schritt für Schritt die Bewegung auf. Toni legte seinen Kopf auf den Schoß seiner Mutter, Arme und Beine verschränkte er. Drei Wochen lang wurde einmal täglich Tonis Kopf von seiner Mutter langsam, sacht und sehr kleinräumig leicht nach hinten bewegt. Tonis Aufgabe war es, dabei die Augen geschlossen zu halten. Er arbeitet sehr gut mit, obwohl es ihn sichtlich anstrengte, die Augen nicht zu öffnen. Danach unterstützte die Mutter weitere zwei Wochen Tonis Armbewegungen nach außen. Toni selbst konnte dazu bereits gleichzeitig bei geschlossenen Augen die sanfte Kopfbewegung nach hinten durchführen. In einem dritten Schritt übernahm die Mutter dann parallel zu Tonis Arm- und Kopfbewegungen die Beinführung. Danach war der Junge in der Lage, die Übung allein durchzuführen und seine Mutter konnte sich auf den „Touch Count“ konzentrieren. Toni war sehr stolz, seine Mutter glücklich.

▸ **Der „Touch Count“:** „Der Touch Count“ gilt als wichtiger Bestandteil aller weiteren Übungen nach den „Embryonalen Bewegungen“. Er ist ein Berührungszählen, bei dem die Mutter berührt und das Kind laut dazu zählt. In einem kurzen Zeitraum berührt die Mutter das Kind fünfmal. Sie tut dies während eine Position gehalten wird (z. B. die Grundposition oder die geöffnete Position bei der „Seeanemone“). Der „Touch Count“ stellt Pausen sicher, in denen das Gleichgewichtsorgan die Position stabilisieren kann. Die Körperwahrnehmung und das Sprachzentrum werden aktiviert. Da die Mutter die Körperhälften des Kindes im Wechsel berührt, werden beide Hirnhälften zur Mitarbeit angeregt.

Toni war nicht das einzige Kind, das große Schwierigkeiten bei der Erarbeitung der „Seeanemone“ zeigte.

Lutz, 15 Jahre, Gymnasiast mit einem Intelligenzquotienten von 135 (ein Wert, mit dem der Jugendliche als hochintelligent einzustufen ist) tat sich sehr schwer, diese Übung zu erarbeiten. Zusätzlich bereitete ihm sein hohes Gewicht Schwierigkeiten. Die gleichzeitige Bewegung von Kopf, Armen und Beinen erschien für ihn anfangs fast unausführbar. Nach sechs Wochen klappte es zu unser aller Freude merklich besser und er selbst meinte: „Es strengt nicht mehr an und ich fühle mich gut dabei.“ Es gab auch Kinder, die kaum Schwierigkeiten bei der Übung zeigten. Ihnen machte der Bewegungsablauf nach anfänglicher leichter Anstrengung zunehmend mehr Spaß.

Nachdem Kinder die „Seeanemone“ mehrere Wochen täglich durchgeführt hatten, erhielten wir von einigen Eltern erstaunliche Rückmeldungen, von denen hier nur einige wiedergegeben werden sollen:

Nora machte mit acht Jahren beim Zahnarzt zum ersten Mal den Mund auf und ließ sich von ihrer Schulfreundin jetzt an die Hand nehmen.

Michelle war erstmals vom Dreimeterbrett gesprungen und zeigte sich Kindern und Erwachsenen gegenüber viel offener.

Michael begann mit seiner Mutter zu schmusen.

Julian hatte in der Schule laut „nein" zu seinem Lehrer gesagt.

Der Nachbar und gleichzeitig Hausarzt von Ricky hatte bemerkt, dass dieser plötzlich mit den anderen Kindern sprach und spielte.

Elisabeth war ihrer Lehrerin aufgefallen, weil sie in der Schule fröhlicher und offener erschien. Die Liste der Rückmeldungen könnten noch lange weitergeführt werden.

Anfangs waren die beschriebenen Veränderungen für mich nur erfreuliche und vereinzelte Rückmeldungen. Nach längerer Zeit der Arbeit mit dem Förderprogramm aber nahm die ständige Wiederholung dieser oder ähnlicher Rückmeldungen parallel zur Übung der Integration von Moro-Restreaktionen zu. Viele Kinder gewannen in dieser Übungsphase Selbstsicherheit und wirkten ausgeglichener. Sie schienen gefestigter im taktilen und vestibularen Bereich und ihr Verhalten trug sichtlich zur Entspannung der familiären Situation bei.

Andere Eltern berichteten, dass sie in den ersten Wochen der Ausführung der „Seeanemone" wieder aufkommende Verhaltensweisen aus der Kleinkindzeit ihres Kindes bemerkten. Auf den Schoß kommen, nuckeln und lutschen an Gegenständen und auch babyhafte Sprache wurden erwähnt. Die beschriebenen Verhaltensweisen dauerten etwa zwei Wochen an, dann wurden sie nicht mehr beobachtet. Es gab auch Kinder, bei denen keine Veränderungen zu bemerken waren.

Schulische Verbesserungen im Lesen und Schreiben waren zu diesem Zeitpunkt noch eher selten. Eine Ausnahme zeigte Fabian, der am Ende dieser Übungszeit plötzlich sein Lesen so intensiv verbesserte, dass der Klassenlehrer gleich mehrere seiner Schüler zu den Übungen schicken wollte.

Die „Seeanemone" kann in ihrem Bewegungsablauf auch auf dem Stuhl durchgeführt werden. Die meisten Kinder beginnen mit der Bodenübung, da diese in der Regel leichter fällt und sie schließen die Übung auf dem Stuhl an. Bei äl-

Teilbewegung Kopf und Arme der „Seeanemone“ auf dem Stuhl

teren Kindern/Jugendlichen betonen wir augenzwinkernd die außerordentlich gute Möglichkeit, durch die tägliche Durchführung gleichzeitig die Bauch- und Beinmuskulatur zu stärken. Besonders bei an Sport und Fitness Interessierten erhöht es die Motivation, die Übung exakt auszuführen.

Ist ein Kind in der Diagnostik und in der Beschreibung seiner Schwierigkeiten vorwiegend auffällig in vestibularer Unterempfindlichkeit (häufig ADHS), beginnt das Programm mit der sogenannten „Astronauten-Übung“

▸ Bei der **„Astronauten-Übung“** sitzt das Kind auf einem Drehstuhl. Die Arme und Beine des Kindes werden überkreuzt, der Kopf liegt auf der Brust, die Augen sind geschlossen. Der Erwachsene dreht jetzt den Stuhl sehr langsam einmal im Kreis herum. Dabei benötigt er für eine Drehung etwa eine Minute. Anfangs werden die Füße des Kindes meistens unterstützt, weil das Kind noch nicht in der Lage ist, die Füße während der ganzen Zeit in der Luft zu halten (Bein/Bauchmuskulatur). Es soll darauf geachtet werden, dass der Kopf in der Mittellinie ge-

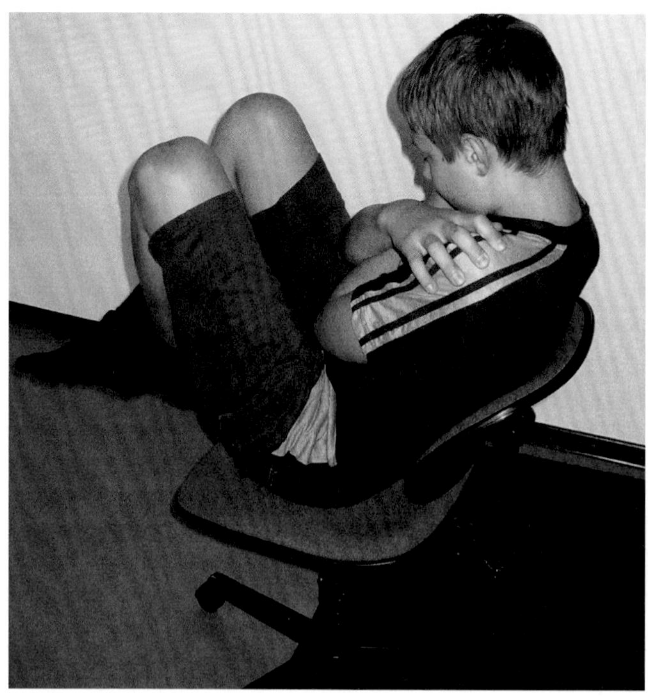

„Astronauten-Übung“

halten wird, was vielen Kindern sehr schwer fällt. Diese Übung soll zum Ende der Übungsphase einmal rechts herum, einmal links herum geschehen.

Ich halte es für wichtig, dass alle Eltern oder Betreuer, die Übungen mit ihren Kindern machen, diese Übungen auch selbst ausprobieren, um deren Intensität und Anstrengung zu erfahren. Erst dann ist ihnen klar, welche großartige Leistung das Kind vollbringt. Ihre Art der Ansprache während der Übung wird anders: Nicht Kritik, sondern Lob und Hinweise bestimmen die Unterstützung. Oft rege ich auch Lehrer, die Eltern und Kind zeitweise begleiten, dazu an, die Übung selbst auszuprobieren. Großes Erstaunen über die Leistung und Anstrengung des Kindes sowie über die intensive Wirkung der Übungen ist das Ergebnis. Das Verständnis für das Kind wächst und Beziehungen bekommen eine andere Qualität.

Bei der „Astronauten-Übung“ wird das Vestibularsystem durch die besonders langsame Drehung intensivst stimuliert. Nach mehrwöchiger täglicher Durchführung der Übung höre ich vielfach von Veränderungen im Verhalten der Kinder.

Drehübungen sind äußerst wirkungsvoll, der Drehstuhl wurde schon im 19. Jahrhundert zur Beruhigung von Patienten eingesetzt. In der Pädagogik nutzte man Mitte des 20. Jahrhunderts Drehbewegungen zur Verbesserung von Konzentration und Lesen. Die Neurobiologin Lise Eliot beschreibt in ihrem Buch 2002 ebenfalls die enorme Wirkung der Drehbewegung auf die Entwicklung von Säuglingen. Das Ergebnis ihrer Studie mit Babys zeigt u. a. eine bessere Integration von frühkindlichen Reflexen[11].

Die Mutter von Markus erzählte: „Da haben mich die Nachbarn gefragt, was wir ihm denn morgens geben, dass er plötzlich am Bus still steht und nicht mehr wie verrückt rumrennt." Andere Mütter berichteten von gesteigerter Konzentration, von mehr Wachheit und Aufmerksamkeit in der Schule und bei den Hausaufgaben.

Timos Mutter, die wegen des wilden Verhaltens ihres Sohnes schon oft zur Schule bestellt worden war, kam sehr stolz vom Elternsprechtag zurück: „Und da haben die mich gefragt, was ich denn eigentlich in der Schule will ...".

Ältere Schüler gaben an, dass sie sich nach der täglichen „Astronauten-Übung" ausgeglichener und besser fühlten. Vielen erschien die Übung auch plötzlich „von heute auf morgen" völlig einfach, „obwohl es doch erst so anstrengend war". Manche von ihnen wollten diese Übung später gern zusätzlich machen.

Einer der älteren Berufsschüler kommentierte die Übung mit den Worten: „Ich habe seitdem ich die Übung mache, das Gefühl, dass ich danach besser sehen und leichter lesen kann."

Eine 20-jährige Abiturientin gab an, „einfach innerlich ruhiger geworden zu sein". Ihr Gefühl, bei jeder Kleinigkeit ausrasten zu müssen, sei fast völlig verschwunden.

Die „Astronauten-Übung" wird solange mit dem Kind durchgeführt, bis Kind, Eltern und Anleiter sicher sind, dass die Übung ruhig und ohne Mühe bewältigt wird. Erscheinungen wie starke Rollbewegungen der Augen unter den geschlossenen Lidern, unruhige Bewegungen mit den Händen, das wiederholte Einkrallen der Fußzehen während der Übung, Stöhnen, Lutschen und Saugbe-

[11] Lise Eliot (2002): Was geht da drinnen vor. Berlin Verlag. Seite 220ff.

wegungen am Pullover oder der Hand sollten verschwunden oder stark gemildert sein. Der Kopf soll am Ende der Übung immer noch entspannt in der Mittellinie liegen.

Erweiternd zum erlernten Programm von Sally Goddard setze ich die Übungen der „Seeanemone“ und des „Astronauten“ nicht nur wie vorgeschlagen evtl. hintereinander ein, sondern verbinde bei entsprechender Diagnostik den Ablauf der „Seeanemone“ auf dem Stuhl mit dem Ablauf des „Astronauten“. Dies trainiert das vestibulare Sinnessystem intensiv und mehrdimensional bei verschiedener Kopf- und Körperlage.

Durch die kombinierte Übung habe ich eine gute Verbesserung im allgemeinen und im schulischen Befinden der Kinder feststellen können. Da ich die Übungsverbindung als sehr effektiv und wesentlich für den ganzen Übungsverlauf ansehe, wird sie ebenfalls über einige Wochen täglich durchgeführt.

Bei dieser Übung zeigen sich vermehrt die ersten positiven schulischen Veränderungen. Viele Kinder arbeiten zügiger, Fehler verringern sich, Hausaufgaben fallen leichter und werden selbstständiger gemacht. „Mangelhafte“ Ergebnisse unter den Arbeiten sind zwar noch häufig, jedoch hat sich das Verhältnis von richtig und falsch geschriebenen Wörtern verändert. (Beispiel: Bei 40 Fehlern und 20 richtig geschriebenen Wörtern erhielt das Kind eine mangelhafte Bewertung; bei 20 Fehlern und 40 richtig geschriebenen Wörtern erhält es diese Note leider immer noch.) Es lohnt sich besonders in dieser Zeit der Verbesserung zwischen schulischer Bewertung und dem tatsächlichen Erfolg des Kindes zu differenzieren. Ich empfinde gemeinsam mit den Kindern große Freude über ihre Verbesserung und bin dankbar für die Lehrer, die durch Fehleranalyse Fortschritte im Schriftsprachenerwerb erkennen und beim Diktat auch richtige Worte zählen und positiv anmerken. Lob ist die Grundlage für neue Motivation. Gut,

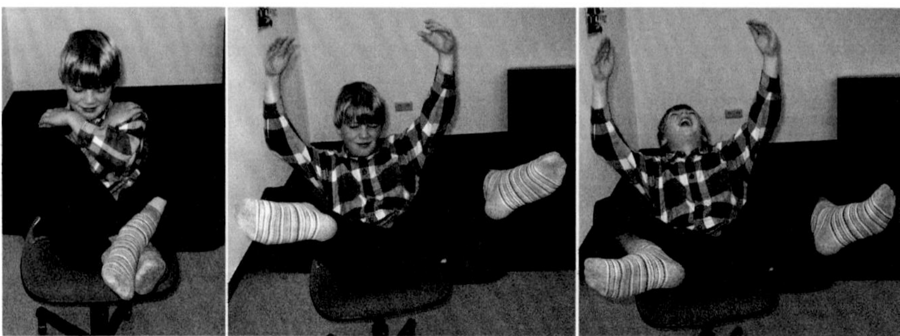

An die „Astronautendrehung“ schließt sich die „Seeanemone“ auf dem Stuhl an

dass es viele Pädagogen gibt, die Kindern in der Schule auch ihre Stärken zeigen! Ohne sie wäre die Schule traurig!

Nach Beendigung der beschriebenen Bewegungsverbindung werden alle folgenden Übungen mit geöffneten Augen durchgeführt. Sämtliche Bewegungen entsprechen von diesem Zeitpunkt an den Meilensteinen der nachgeburtlichen Bewegungsentwicklung. Übungen in der Bauch- und Rückenlage wechseln ab oder werden in Kombination durchgeführt. Das Zurückgreifen auf die Diagnostik und die Hauptprobleme des Kindes bestimmen wiederum die Abfolge der Bewegungsübungen für das einzelne Kind. Ein genaues sensibles Zuhören der Erzählungen und Berichte von Kind, Eltern und eventuell Lehrern unterstützt die richtige Wahl der nächsten Übung.

Über die „Neugeborenenbewegung" und Bewegungen zur „Stimulation des ATNR" wird nun in der Rückenlage weiter gearbeitet.

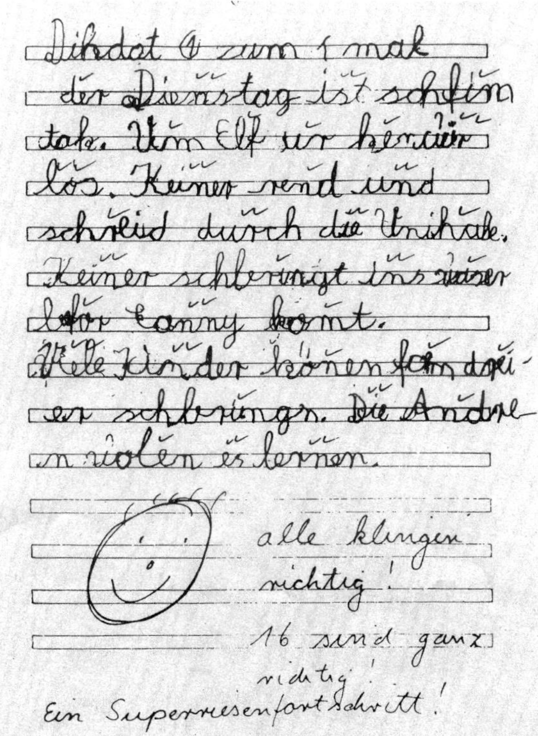

Nachricht einer Lehrerin an ihren Schüler

Die „Bauchlageübungen“ beginnen mit dem Heben des Kopfes aus dem Unterarmstütz. Die „Bewegung des Landau Reflexes“ sowie die Kopfdrehung im Halbarmstütz ergänzt die ersten Bauchlageübungen.

Wichtig ist zu wissen, dass jede einzelne Übung mit dem Gleichgewichtssystem verbunden ist und zur Stimulation oder Integration mehrerer frühkindlicher Restreaktionen von Reflexen dienen kann. Mit den Übungen soll gleichzeitig der Aufbau und die Verfeinerung der lebenslang notwendigen Halte- und Stellreaktionen unterstützt und gefördert werden. Dient beispielsweise die „Neugeborenenbewegung“ der Integration von Restreaktionen des TLR und ATNR, so sorgt sie parallel für einen optimalen Aufbau der in der Entwicklung notwendigen Kopfstellreflexe, des Amphibienreflexes sowie des Segmentären Rollreflexes – alle verbunden mit dem Gleichgewichtssystem.

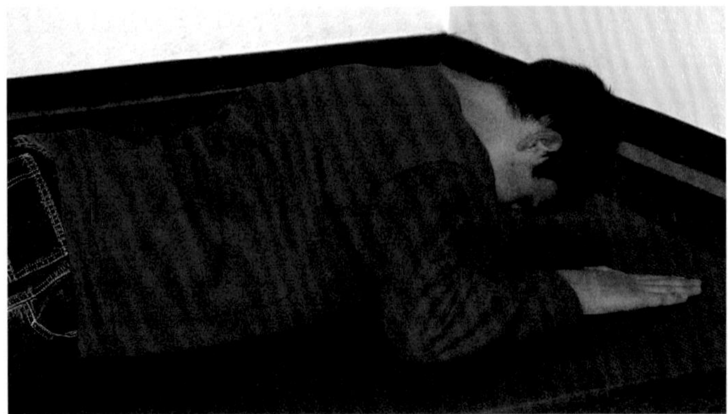

Bauchlage Übung 1

Bauchlage Übung 2

Für viele der Kinder ist im Programm die „ATNR-Übung" ein wichtiger Meilensteine in ihrer Weiterentwicklung. Deshalb möchte ich auf diese Übung näher eingehen:

- ***Der „ATNR-Stimulator":*** Die Übung wird mit offnen Augen durchgeführt. Das Kind liegt in der Rückenlage auf dem Boden. Die Beine sind in leichter Anwinkelung in der Luft an den Fußgelenken überkreuzt. Die Arme sind leicht angewinkelt und die Hände liegen mit den Handflächen nach oben an den Schultern.

Der Kopf soll sehr langsam zur Seite gedreht werden. Ihm folgen gleichzeitig der Arm und das Bein derselben Seite. Die Augen folgen der Bewegung der Hand. Arm und Bein gehen dabei durch die Luft. Gleichzeitig zu dieser streckenden Bewegung auf der einen Seite kommt es zu einer anwinkelnden Bewegung der anderen Körperseite, indem Unterarm und Bein leicht nach außen gebeugt werden. Alle Bewegungen sollen gleichzeitig beginnen und enden, die Augen folgen fließend der Bewegung der Streckhand. Die Übung wird zu beiden Seiten gemacht, zwischendurch wird nach jedem Positionswechsel von Mutter/Vater der „Touch Count" eingesetzt.

Wie der Lesen schon ahnt, ist dies eine sehr komplexe Übung, die genügend Zeit benötigt, bis sie vom Kind fließend durchgeführt werden kann. Bei den meisten Kindern wird sie wieder in kleinen Schritten aufgebaut. Auch im Programm von Sally Goddard ist eine „Vorübung zur ATNR-Stimulation" vorgesehen. Bei einzelnen Kindern reicht diese Vorübung jedoch nicht aus, deshalb wird in mehreren kleinen Zwischenschritten aufgebaut. Die meisten Kinder haben nicht nur mit der Gesamtkoordination Schwierigkeiten, sondern ihre Probleme liegen stark in der Zusammenarbeit von Auge und Hand. Zur Erleichterung kann daher beispielsweise ein Punkt auf den Handrücken gemalt oder geklebt werden, auf den sich die Augen anfangs besser konzentrieren können. Das unterstützt die Augen und ermöglicht ihnen leichter der Hand fließend zu folgen. Mutter oder Vater können auch das Führen der Arme und Beine anfangs noch unterstützen.

Wird diese Übung, die sich aus Gleichgewichtsstimulation und koordinierter Körperbewegung zusammensetzt, von den Kindern bewältigt, kommt es sehr häufig zu erstaunlichen Rückmeldungen aus der Schule. Sichtbar ist bei den meisten Kindern die Veränderung in der Schrift – es zeigt sich eine deutliche Verbesserung. Bei einzelnen Kindern kommt diese Verbesserung der Schrift erst nach einer kurzzeitigen Verschlechterung.

Christiane, ein zehnjähriges Mädchen klagte sogar etwa zehn Tage lang über fast schmerzhafte Ermüdung im Arm. Nach dieser Zeit waren die Beschwerden

„ATNR-Übung“

plötzlich verschwunden und die Schrift veränderte sich deutlich. Ihr Arbeitstempo steigerte sich, die Schulleistungen verbesserten sich.

Fast alle Kinder bewältigen ihre Hausaufgaben zu diesem Zeitpunkt der Förderung eigenständiger und unproblematischer als früher. Sehr viele Kinder steigern ihre Möglichkeiten im sportlichen Bereich. Ein merklicher Konzentrationszuwachs ist zu erkennen.

Bei LRS-Kindern ist jetzt zeitlich der richtige Einstieg in Förderlehrgänge. Einige der Kinder hatten bei Beginn des Programms die schulischen oder außerschulischen Fördermaßnahmen zeitweise ausgesetzt, da sie in den Förderstunden gar nichts mehr aufnehmen konnten und diese nur noch eine zusätzliche Belastung ohne Erfolg dargestellt hatten. Jetzt ist der Zeitpunkt, mit einer anderen körperlichen Grundvoraussetzung die Förderstunden wieder aufzunehmen. Die schnelle Ermüdung durch verbrauchte Energien an ungeeigneter Stelle ist bei den meisten Kindern weitgehend verschwunden. Die Aufnahmebereitschaft für kognitives Arbeiten ist gestiegen.

Auch die erneute Zusammenarbeit mit Logopädischen Praxen erweist sich zu dieser Zeit als günstig. Intensives Hörtraining zur Lautdifferenzierung und zur

Unterstützung auditiver Fortschritte kann parallel gut aufgenommen werden. Viele Kinder, die mit Störungen der auditiven Wahrnehmungsverarbeitung und damit verbundener Lernschwierigkeit gekommen waren, hatten im Vorfeld des Förderprogramms einen Stillstand in der Entwicklung der auditiven Fortschritte gezeigt. In Absprache der beteiligten Personen war eine Behandlungspause eingelegt worden, die nun beendet wird.

Kindern, die durch gemeinsame Förderung adäquat unterstützt werden können, erfahren die Fördermaßnahmen in Absprache und Kooperation zwischen ergotherapeutischen, logopädischen, motopädischen, lerntherapeutischen, krankengymnastischen Praxen und dem Staatlichen Schulamt.

Abenteuer
Die Abenteuer eines Brotmännleins

Eines Tages formte Susi aus einem
Teigrest ein Brotmännlein.
„Sie sagte. Wenn du gebacken bist,
esse ich dich auf." Als die Mutter
später das Backblech aus dem
Herd nahm, rannte das
Brotmännlein wie ein Blitz
davon. (Wie geht die Geschichte
weiter?)
Das Brotmännlein lief in
den Wald und lief am
Wasser spazieren. Da schwamm
eine kiste vorbei. Es hüpfte
in die kiste und schwamm
mit der kiste auf einen
Wasserfall zu. Die kiste fing
an zu wackeln und das
Brotmännchen fiel aus der
kiste und schrie: Hilfe, rettet
mich!" Da kam ein Mann
vorbei. Der halte das Brotmännchen
heraus und nahm es mit
nach Hause. Dort aß er es auf.

Schriftprobe 1 vor Beginn der Förderung

Tom und Lisa müssen noch zwei
Tage in die Schule gehen. Am
letzten Tag geht die Lehrerin mit
den kindern ins Schwimmbad dort
kaufen sich ~~Ta~~ Tom und Lisa ein
eis. In den Ferien fahren sie in
den Urlaub. Dort spielen sie
zusammen. Jedoch nach drei
Tagen fahren sie dann zurück.

Schriftveränderung nach 7 Monaten

Stichpunkte aus Anikas Tagebuch
ar der Wald dunkel? ~~Bist~~ d Ist sie lange gewandert?
t sie im Meer ~~mer~~ gebadet oder im Schwimmbad? ~~Hat sie~~
~~all~~ Haben sie mit dem Ball gespielt? War der Weg zum
chloß gepflastert? Wo ist sie Boot gefahren?

Anika und der Wahl

nika und ihr Bruder gehen am ersten Urlaubstag
u einem ~~Wahl~~ Wahlfischaquarium Anika steht
~~ungeduldig~~ an einem ~~Aquarium~~ ~~Auf~~ einmal donnert
in Wal mit seinem ~~Bauch~~ gegen die Scheibe
Anika ~~kriegt~~ einen ~~Schreck~~ und fällt auf den ~~Po~~
kriegt Schreck fällt Po

Schriftprobe 2 vor Beginn der Förderung

Gedicht

Ein Besuch von Ritter Ditmar

Ritter Ditmar reitet auf seinem Pferd den Burg-weg entlang. Er reitet
bis zu dem großes Tor wo ein Torwächter steht der ihn fragt was er wünscht.
Dann macht der Wächter das Tor auf und ein Knecht führt sein Pferd
zu den Ställen. Der Wächter führt ihn durch die Vorburg. Sie gehen an den Häusern
von den Rittern vorbei und an einem Palas. Als sie dort vorbei waren gingen sie über die
Zugbrücke in die Hauptburg. Dort wartete schon Herr Rudolf. Ditmar umarmt seinen
Onkel und dann zeigt Herr Rudof Ditmar die Burg. Herr Rudolf zeigt Ditmar
als erstes den Bergfrid.

Schriftveränderung nach 8 Monaten

Die Gesundheit des Kindes steht bei jedem angebotenen Förderprogramm immer an erster Stelle. Priorität hat daher die medizinische Aussage. Der Austausch und die Zusammenarbeit mit Kinder- und Jugendärzten ist sehr wichtig und notwendig. Nur wenn alle Beteiligten, Eltern, Schule, Kinderarzt, Therapeut und die mit dem Kind näher befasste Personen gemeinsam an einem Ziel zum Wohl des Kindes arbeiten, kann das Kind wirkliche Unterstützung erfahren. Es nützt nichts, wenn viele verschiedene Stellen etwas Gutes tun und ihre Förderungen überhaupt nicht gemeinsam abstimmen.

„Schwache Reize wirken auslösend,
mäßige Reize entwickeln,
starke Reize hemmen,
überstarke Reize zerstören."

(Hugo Kükelhaus)

Nach der „ATNR-Übung" ist es für mich notwendig, eine zwischenzeitliche Überprüfung der Restreaktionen der Reflexe zu machen.

Großes Erstaunen ist häufig bei den Eltern zu sehen, wenn sie selbst auf Veränderungen aufmerksam werden. Bei den meisten Kindern sind zu diesem Zeitpunkt Restreaktionen des Moro-Reflexes, des TLR, des ATNR gut integriert. Einige Kinder zeigen noch leichte Reaktionen. Mit ihnen wird das Programm in der Richtung weiter geführt, dass bei Restreaktionen des ATNR beispielsweise eine **„Hemmbewegung des ATNR“** eingesetzt wird. Rollbewegungen, gleichseitiges und überkreuzendes Kriechen und Krabbeln ergänzen das Programm.

Alle Kinder schließen das Einzelprogramm nach Sally Goddard mit dem „stilisierten Krabbeln“ ab.

- **„Stilisiertes Krabbeln“:** Im Vierfüßlerstand krabbelt das Kind auf Händen und Knien. Dabei wird auf die Qualität der Bewegung sehr geachtet. Langsam werden gleichzeitig ein Knie und die gegenüberliegende Hand bewegt. Der Kopf und die Augen folgen immer der Hand, die nach vorn geht. Die Bewegung wird wechselseitig mit beiden Knien und Händen ca. fünf Minuten täglich durchgeführt.

Krabbeln sorgt beim Kleinkind für die Aktivierung verschiedener sensorischer Bereiche. Durch die Krabbelbewegung wird die Mittellinie des Körpers überkreuzt und die beiden Hirnhälften arbeiten über das Corpus Callosum zusammen.

Viele Jahre bin ich mit Kindern meiner Grundschulklassen täglich in altersangemessen Spielsituationen gekrabbelt. Die Krabbelbewegungen bieten dem Gehirn grundlegende Unterstützung für das kognitive Arbeiten in der Schule.

Die Kinder und Jugendlichen besuchen nach Beendigung des Einzelprogramms etwa acht Wochen lang einmal wöchentlich gemeinsame Gruppenstunden. Schwerpunkt dieser Stunden sind Spiel, Bewegung und die „Dennison-Lateralitätsbahnung“. Aus langjähriger positiver Erfahrung mit der „Dennison-Lateralitätsbahnung“ gilt sie bei uns als Abschluss des Gesamtförderprogramms:

- **Die „Dennison-Lateralitätsbahnung“:** Bei der „Dennison-Lateralitätsbahnung“ macht das Kind sowohl Überkreuzbewegungen als auch homolaterale Bewegungen (gleichseitige Bewegungen).

In sechs aufeinanderfolgenden Schritten werden immer nach einer festgelegten Reihenfolge Bewegungen mit speziellen Blickrichtungen (oben links, unten rechts) oder Augenbewegung durchgeführt. Abgeschlossen wird die Reihenfolge stets damit, dass das Kind Überkreuzbewegungen macht und dabei auf ein X schaut oder sich dieses vorstellt.

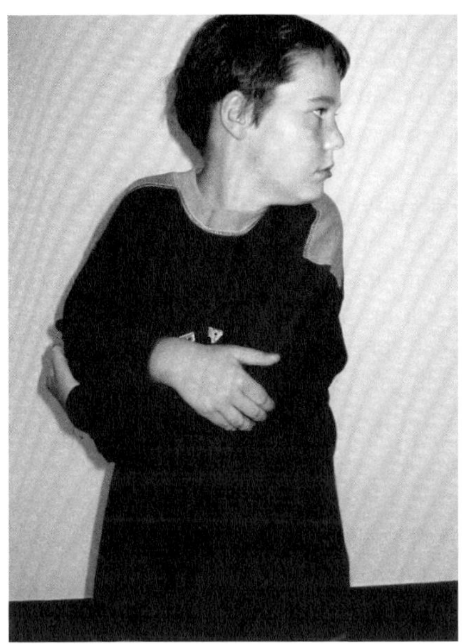

„Hemmbewegung des ATNR“

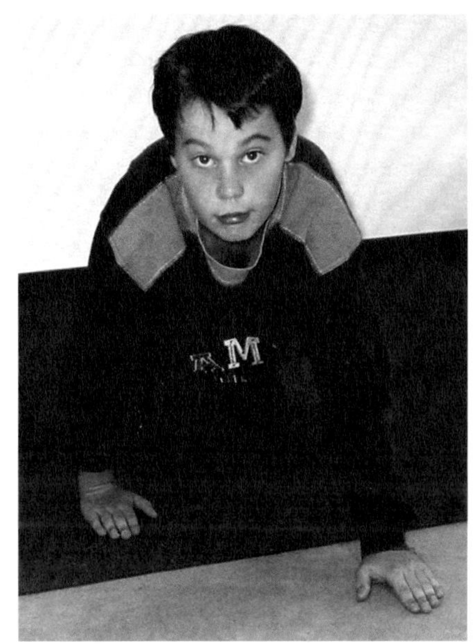

Stilisiertes Krabbeln

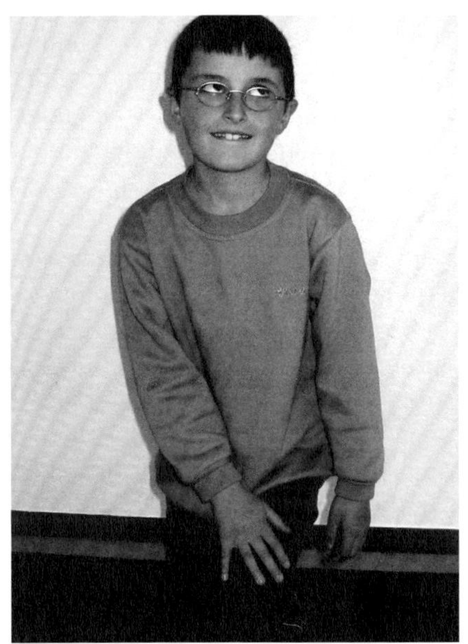

Teil der „Dennison Lateralitätsbahnung“: Überkreuzbewegungen der Arme und Beine, Augenstellung nach links oben – dabei summt das Kind

Teil der „Dennison Lateralitätsbahnung“: Gleichseitige Arm- und Beinbewegungen, Augenstellung rechts unten – dabei zählt das Kind

Dr. P. Dennison hat die Lateralitätsbahnung auf der Grundlage der Arbeit von Doman und Delacato entwickelt. Auch sie praktizierten Überkreuzbewegungen bereits in den sechziger Jahren erfolgreich mit hirngeschädigten Kindern. Dennison beobachtete, dass eine zusätzliche Blickrichtung und der Einsatz des Summens oder Zählens beim Bewegen die Ergebnisse intensivierte. Auch die Beachtung und Durchführung der homolateralen Bewegungen zusätzlich zu den Überkreuzbewegungen leisten in seiner Lateralitätsbahnung einen ganz wesentlichen Teil, das Gehirn für bestimmte Aufgaben besser zu unterstützen.

Zum Zeitpunkt des „stilisierten Krabbelns" haben die Kinder meist schon Verbesserungen in den Schulleistungen erreicht, durch die „Lateralitätsbahnung" machen viele aber noch einen weiteren gewaltigen Schritt vorwärts.

Norbert hatte das Einzelprogramm bis zum Krabbeln abgeschlossen, seine frühkindlichen Restreaktionen der Reflexe waren gut integriert. Als Norbert mit der „Lateralitätsbahnung" begann, war es wie ein kleines Feuerwerk, was sich mit ihm abspielte. Als hätte er auf diesen I-Punkt des Programms gewartet, zeigte er uns plötzlich, was alles in ihm geschlummert hatte. Norbert wandelte sich in wenigen Wochen zu einem aktiv beteiligten Schüler, seine Mitarbeit, sein Interesse, seine Leistungen und seine Arbeitsgeschwindigkeit entwickelten sich nochmals rasant. Sowohl seine Familie als auch seine Lehrer staunten über „diesen Norbert". Heute, lange Zeit, nachdem er das Programm beendet hat, sprach ich durch Zufall mit seinem jetzigen Klassenlehrer, der völlig erstaunt war, dass Norbert jemals Unterstützung benötigt und erhalten hatte. Er beschrieb ihn mir als einen seiner besten Schüler.

Ein ganz wichtiger Aspekt in der Förderbegleitung ist neben dem vertrauensvollen Kontakt zum Kind die Beratung der Eltern. Bei den Terminen zur Wiedervorstellung wird deshalb darauf geachtet, dass für die Eltern genügend Zeit bleibt, um Fragen zu stellen und/oder von Ereignissen zu berichten. Ihre Gefühle im Bezug auf das gemeinsame Programm werden sehr ernst und dankbar angenommen. Die Eltern sind in der Regel bei jeder Diagnostik und bei jeder Wiedervorstellung ihres Kindes anwesend. Auf Wunsch werden ihnen zusätzliche Einzelgespräche und ggf. Unterstützung bei Schulgesprächen ermöglicht.

Die Gesamtzeit des Programms wird von Eltern und Kinder nur anfangs als lang angesehen. Eine Mutter kommentierte die Dauer des Programms mit den einfachen, aber treffenden Worten:

„Gras wächst auch nicht schneller, wenn man daran zieht."[1]

[1] Afrikanisches Sprichwort

5.1.1.1 Elternberichte

Bericht Johannes:

Unser Sohn wurde nach einer komplikationslosen Schwangerschaft in der 42. Schwangerschaftswoche geboren. Die Geburt wurde, da keine spontanen Wehen einsetzten, mehrfach versucht einzuleiten. Sie dauerte vom Morgen des 05.05. bis zum Abend des 07.05. Die eigentliche Geburtsphase wurde mit einer PDA und Wehentropf eingeleitet. Sie dauerte noch einmal über zwölf Stunden. Während dieser Zeit kam es zu einigen kritischen Pulsverlangsamungen des Kindes, die Einleitungsphase wurde einmal für einige Stunden unterbrochen. Die intrauterinen Sauerstoffkontrollen des Kindes waren soweit in Ordnung, sie wurden mittels einer Sonde häufiger durchgeführt.

Unser Sohn wurde über mehre Monate voll gestillt, was problemlos war. Schon in den ersten Lebenswochen war auffällig, dass er sehr viel Körperkontakt brauchte und häufig getragen oder auch mit dem Kinderwagen gefahren werden musste, sonst schrie er aus Leibeskräften. In den ersten drei Monaten konnte er in der Zeit von 19.00 – 21.00 Uhr weder durch Tragen, im Wagen fahren oder sonstwie beruhigt werden, in dieser Zeit schrie er.

Mit fünf Monaten bekam er seinen ersten Zahn und eine erste fieberhafte Bronchitis: diese Form der Erkrankung blieb den ersten Winter hindurch und wurde erst im Frühjahr wieder dauerhaft besser. Mit ca. einem Jahr hatte er alle Zähne. Spastische Bronchitiden begleiteten ihn durch seine ersten Lebensjahre. Er war im Weiteren nie ernsthaft krank. Die Untersuchungen beim Kinderarzt waren soweit ohne ungewöhnliche Befunde, die Entwicklung war unauffällig. Im Alter von ungefähr acht Monaten begann er zu „robben", mit neun Monaten zu krabbeln und mit dreizehn Monaten konnte er sicher laufen.
Er war nie in der Lage sich über einen längeren Zeitraum hinweg allein zu beschäftigen oder sich länger auf ein Spiel einzulassen. Am liebsten war er draußen und in Bewegung und im Körperkontakt zu seinen Eltern. Im Alter von drei Jahren konnte er seinen Stuhlgang kontrollieren, eine Harninkontinenz bestand bis über das siebte Lebensjahr hinaus. Er war immer ein sehr kontaktfreudiges, freundliches und beliebtes Kind, das ständig in Bewegung war.
Als er 2,5 Jahre alt war, wurde sein Bruder geboren, seine anfängliche Eifersucht artikulierte er deutlich. Auch seine Zuneigung zu ihm zeigte er.
Bis zu dieser Zeit bestanden erhebliche Einschlafschwierigkeiten. Häufig benötigten wir am Abend mehrere Stunden für die unterschiedlichsten Einschlafzeremonien. Die Situation verbesserte sich, als sich die Jungs ein Zimmer teil-

ten. Die Anwesenheit seines kleinen Bruders half ihm besser einzuschlafen und auch die Nacht durchzuschlafen.
Mit 3,5 Jahren besuchte er den Kindergarten. Hier hatte er sich schnell eingelebt und war bei den Kindern und Erzieherinnen sehr beliebt. In den Elterngesprächen wurden immer sein auffallend gutes Sozialverhalten und seine schnelle Auffassungsgabe gelobt.
Im Kindergarten fiel schon auf, dass Johannes in der Regel seine Tage mit Vorliebe in der Turnhalle und der Bauecke verbrachte, wo er mit seinen Freunden interessante Konstruktionen entwickelte. Zu Blatt und Stift griff er fast nie, seine Bilder malte er, wenn überhaupt an der Staffelei und mit Fingerfarben. Stifte nahm er nur in die Hand, wenn es ausdrücklich von ihm verlangt wurde.
Nach zweijährigem Besuch des Kindergartens wurde Johannes in die Eingangsstufe eingeschult. Im letzten Kindergartengespräch wurde uns von den Erzieherinnen eindeutig empfohlen ihn einzuschulen, sein großes Interesse an allen Dingen und seine Fähigkeit, Sachverhalte zu hinterfragen und sie aufzunehmen wurden in diesem Zusammenhang noch einmal erwähnt. Er freute sich auf die Schule. Seinen Namen konnte er zu diesem Zeitpunkt noch nicht schreiben, er zeigte auch keinerlei Interesse, Buchstaben und Zahlen in schriftliche Form umzusetzen.

Nach seiner Einschulung veränderte er sich. Bei der schulärztlichen Untersuchung verweigerte er sich völlig. Die untersuchende Schulärztin behandelte uns in dieser Situation überheblich und arrogant. Im Weiteren war sie nicht in der Lage, sachlich und hilfreich mit dieser Situation umzugehen. Ich selbst war völlig überrascht und hilflos, so kannte ich unseren Sohn nicht. Der Kommentar von Seiten der Ärztin war sinngemäß: na, da hast du ja Glück erst in die Eingangsstufe zu kommen, sonst würde es wohl nichts. Nach diesem Ereignis vereinbarte ich einen Gesprächstermin mit der Klassenlehrerin, um ihr die Situation kurz zu schildern, da ich nicht wusste, welch ein Bericht nun an die Schule geschickt würde. Die Lehrerin zeigte sich verständnisvoll und berichtete mir im Weiteren, dass alle Kinder der Klasse bereits ihren Namen schreiben konnten, nur unser Sohn nicht. Diese Tatsache setzte uns als Eltern unter Druck. Doch unseren Sohn schien diese Tatsache weder zu irritieren noch zu motivieren seinen Namen schreiben zu lernen. Er selbst versuchte mit Hilfe von Symbolen beispielsweise seinen Kleiderhaken zu markieren um ihn zu finden. Wir hefteten in der Küche Magnetbuchstaben an die Spülmaschine und machten eine Art Schablone der Buchstaben seines Namens, so dass er die Magnetbuchstaben einsetzen konnte. Langsam erweckte diese Konstruktion sein Interesse und irgendwann kannte er die notwendigen Buchstaben, um seinen Namen zu schreiben. Im Weiteren war auffällig, dass er fast täglich mit stark eingenässten Hosen nach Hause kam. Er äußerte schon bald, dass Schule nicht schön sei.

Im Laufe der Zeit wurde immer deutlicher, dass es Schwierigkeiten in der Schule gab. Ein weiteres Elterngespräch wurde von mir angeregt. Hier nahmen die Klassenlehrerin, eine Sonderpädagogin und eine die Klasse mitbetreuende Sozialpädagogin teil. Diese leitete eine Psychomotorik-Gruppe, an der Jo bereits von Schulbeginn an teilnahm. Die Klassenlehrerin und die Sonderpädagogin zeigten mir Bilder und Arbeitsblätter, die in den letzten Wochen von Jo. angefertigt worden waren.
Unser Sohn malte sich ohne Hände, die Arbeitsblätter hatte er nur unzureichend ausgefüllt. Seine geringe Konzentrationsfähigkeit wurde thematisiert und mir wurde signalisiert, vielleicht mangele es ihm an Bewegung und ob es denn sein könnte, dass ich ihn zu sehr verwöhne und ihm zu wenig Spielraum lasse um selbständig zu werden. Wir erschraken, konnten aber ein Überbehüten unsererseits nicht nachvollziehen.
Was ich aus diesem Gespräch mitnahm, war das Gefühl Jo kann nichts von den Dingen, die die Schule von ihm verlangt. Ich solle ihm mehr Bewegung ermöglichen und nicht wie eine Glucke um ihn herumspringen. Wie eine Glucke hatte ich mich bislang nicht gefühlt, eher im Gegenteil. Ich hatte in den letzten Jahren neben den Kindern mein Studium beendet und war auch zeitweise berufstätig gewesen. Und an Bewegungsfreiräumen hatte es Jo eigentlich nie gemangelt. Er war schon immer viel im Freien gewesen etc.. Aber dennoch, ich fühlte mich doch für die Schulschwierigkeiten verantwortlich. Jo artikulierte uns Eltern gegenüber immer häufiger, dass die Schule blöd sei und er keine Lust habe.
Wir nahmen Kontakt zu einer Ergotherapiepraxis auf und vereinbarten hier Termine für ca. zehn Sitzungen. Die Auffälligkeiten wurden von der Therapeutin bestätigt. Die Ergotherapie machte Johannes großen Spaß. Verändert hat sie leider nichts.
Schon nach kurzer Zeit kam hier eine neue Theorie von nicht zurückgedrängten frühkindlichen Reflexen zur Sprache. Der Symmetrisch Tonische Nackenreflex sei bei Jo nicht im ausreichenden Maß zurückgedrängt worden. Endlich etwas, was diesem Phänomen eine Erklärung zu geben schien. Mir wurde eine Literatur empfohlen, die im ersten Teil auf die Symptome und Ursachen hinwies und im Weiteren Krabbelübungen enthielt. Voller Begeisterung ging ich mit ihm an die Übungen; diese erwiesen sich jedoch als zu schwierig für Jo, so dass wir nach kurzer Zeit wieder aufgaben.

Die Situation änderte sich im Grunde während des gesamten ersten Jahres in der Schule nicht. In einem Gespräch mit der Klassenlehrerin am Ende des Schuljahres betonte diese, dass Johannes zwar weiterhin Schwächen mit der Konzentration habe, sie jedoch glaube, er würde im nächsten Schuljahr zurechtkommen.

Im eigentlichen ersten Schuljahr kamen nun die Hausaufgaben dazu, diese wurden zur alltäglichen Zerreißprobe. Hier verweigerte er sich völlig, den Stift in die Hand zu nehmen und irgendeine schriftliche Aufgabe zu erledigen. Einzig positiv erkennbar war hier, dass er im mathematischen Bereich recht fit war und dass das Kopfrechnen ihm richtig Spaß machte. Zum Verfassen schriftlicher Aufgaben benötigte er zu viel Zeit. Für ihn war dies alles eine Qual. Immer häufiger erwähnte er, dass er der Schlechteste in der Klasse sei und er könne das auch alles nicht.

Das Verhältnis zwischen uns Eltern und Jo war in dieser Zeit sehr angespannt, wir fühlten uns an den Grenzen der Belastbarkeit, was leider häufig auch unsere Freizeit beeinträchtigte. Es kam auch häufiger zu Spannungen in der Paarbeziehung. Wir waren beide hoffnungslos überfordert und keiner konnte uns wirklich helfen. Der Alltag mit unserem Sohn wurde von frustranen Bemühungen bestimmt „Alltäglichkeiten einzuüben. Allerdings erreichten wir weder beim selbstständigen Anziehen, Zähneputzen noch beim Schließen einer Zimmertür einen Erfolg. Wir hatten ein intelligentes Kind, das leider nicht in der Lage war, die Kulturtechniken zu erlernen und keiner konnte uns sagen warum. Was hatten wir nur falsch gemacht???

In den Herbstferien des ersten Schuljahres fiel mir auf, dass Jo trotz täglicher stundenlanger Bewegung im Freien einfach nicht mehr zur Ruhe kommen konnte. Er war völlig rastlos, nässte häufig ein, er war nicht in der Lage, kleine Arbeitsaufträge konzentriert durchzuführen und er wirkte auf mich unglücklich bzw. leidend. In dieser Zeit sagte er: „Wenn ich eine Sternschnuppe fallen sehe, dann wünsche ich mir, dass ich gut in der Schule werde.“ Sein Selbstbewusstsein war ziemlich angekratzt, Erfolgserlebnisse im schulischen Bereich gleich Null. Zum Schulbeginn nahm ich erneut Kontakt zur Schule auf. Meine Beobachtungen wurden bestätigt. Jo zeigte sich im Unterricht äußerst unkonzentriert, er lenkte seine Mitschüler häufig ab. Im Verfassen schriftlicher Arbeiten gelang ihm nicht viel. Seine mündlichen Leistungen und in Dingen, die ihm Spaß machten, wirkte er engagiert. Erneut nahm ich Kontakt zur Ergotherapie auf. Die Ergotherapeutin empfahl mir bald ein Programm beim Wetzlarer Schulamt, hier würde ein Programm zur Behandlung frühkindlicher Reflexe laufen. Eine genaue Diagnostik und Therapie würde Jo sicher helfen, seine Probleme in den Griff zu bekommen. Von Seiten der Schule wurde diese Idee ausdrücklich unterstützt.

Anfang des folgenden Jahres erhielten wir dann einen Termin zur Diagnostik. Im Laufe dieser zeigte sich, dass bei Jo noch eine Reihe an Reflexen nicht zurückgedrängt worden waren. Wir Eltern fühlten uns in dieser Diagnostikstun-

de zum ersten Mal mit unserem Problem verstanden und hatten das Gefühl endlich kompetente Hilfe zu bekommen. Im Anschluss an die Diagnostik bekamen wir eine Übung gezeigt, die wir nun täglich durchführen mussten. Jo machten diese Übungen richtig Spaß, denn nicht zuletzt erhielt er nun täglich einen besonderen Anteil an Zuwendung, die er schon immer in besonderem Maß brauchte.

Es hat lange gedauert, bis wir einen echten Erfolg der Therapie sehen konnten. Anfangs waren es häufig kleine Schritte, die uns nicht immer gleich auffielen. Besonders wichtig war für uns als Eltern, in Frau B. eine äußerst kompetente und ermutigende Gesprächspartnerin gefunden zu haben. Für mich ist es von besonderer Bedeutung eine Anlaufstelle gefunden zu haben, die sowohl Verständnis wie auch Hilfsangebote für immer wiederkehrende Probleme bietet. Als Eltern fühlten wir uns vom alltäglichen Unvermögen der Erziehung ein wenig entlastet.

Einen echten Durchbruch konnten wir nach einem Orts- und Schulwechsel verzeichnen. Wir hatten uns entschlossen, Jo nach dem Umzug die erste Klasse der Grundschule wiederholen zu lassen. Die zweite Klasse am neuen Ort war, was den Lehrstoff anbelangte, schon weiter. Wir dachten, die Wiederholung des Schuljahres mit dem Gefühl, mal etwas Vorwissen zu haben, täte seinem angekratzten Selbstbewusstsein gut. Und die Fortschritte, die er relativ schnell erzielte, gaben uns Recht.

Es ist und war nicht immer leicht die Übungen durchzuführen und die Motivation für diese aufrecht zu erhalten. Außerdem kommen auch schon noch Schulprobleme vor. Der Weg dieser Bewegungstherapie ist nicht der leichteste, aber wir sehen nach und nach die Erfolge und wir sind besonders glücklich darüber, Jo nicht täglich mit Medikamenten zum Ruhigstellen versorgen zu müssen. Jo wirkt auch insgesamt wieder selbstbewusster und hat in Mathematik auch echte Erfolgserlebnisse, auch wenn ihm der noch auftretende Konzentrationsmangel hier und da noch ein paar unnütze Fehler einbringt. Die Leistungen im Lesen und Schreiben sind nicht ganz so gut, wobei er auch in diesem Bereich unglaublich aufgeholt hat und er insgesamt im oberen Mittelfeld der Klasse steht.

Bericht L.

Unsere Tochter L. wiederholte die erste Klasse in der Grundschule. Sie hatte große Schwierigkeiten im Rechnen. Den Zahlenraum bis 20 konnte sie kaum erarbeiten.

Zusätzlich hatte L. eine Lese-Rechtschreibschwäche, im Zeugnis der 3. Klasse stand die Note „mangelhaft".

Unser Kind fiel außerdem durch fein- und grobmotorische Ungeschicklichkeit auf, sie konnte nicht gut mit Stiften malen, hatte Schwierigkeiten Fahrrad zu fahren und stieß oft an Tischkanten an, rannte gegen Gegenstände und stolperte.

L. hatte Schlafschwierigkeiten. Oft schlief sie bei uns Eltern.

Sie zeigte besonders nach dem Wiederholen der ersten Klasse ein gestörtes Selbstbewusstsein. Sie fühlte sich als Versagerin: „Ich kann nichts", „Die Anderen können alles besser", „Ich bin dumm", „Ich übe so viel, aber die Anderen sind alle besser."

L. weinte oft, hatte Kopfschmerzen und fühlte sich allein. In der Schule nässte sie zeitweise ein. Sonst war sie eher ruhig und im Verhalten unauffällig. Konflikten wich sie aus.

Im 3. Schuljahr wurde sie von einem Schulpsychologen getestet. Gemeinsam mit der Lehrerin machte er den Vorschlag, unsere Tochter spätestes ab Klasse 5 in die Sonderschule zu schicken.

Wir stellten L. bei Frau B. zur Diagnostik vor. Die liebevolle, menschliche und verständnisvolle Betreuung war für uns hilfreich. Wir hatten das Gefühl, dass endlich jemand unser Kind versteht. Frau B. ließ die Überlegung der Sonderschule weiter im Raum stehen, begann aber mit unserer Tochter die Förderung.

Veränderungen im schulischen Bereich:

Nach einem halben Jahr hatte sich L. um eine Note im Rechnen verbessert.

Nach einem halben Jahr bekam L. in Deutsch die Note „befriedigend", allerdings wurde die Rechtschreibleistung nicht mitbewertet.

Nach einem halben Jahr hatte sich die Konzentrationsfähigkeit von L. verbessert.

L. konnte selbstständiger arbeiten, ihr Interesse an der Umwelt nahm zu.

Heute besucht unsere Tochter die weiterführende Gesamtschule. In Mathematik bekam sie im letzten Zeugnis im B-Kurs (Realschulniveau) die Note „befriedigend“.

In Deutsch wird ihre Rechtschreibung mit „befriedigend bis ausreichend“ benotet, Inhaltsangaben mit „gut“.

Unsere Tochter geht heute gern in die Schule und macht nach Aussagen der Lehrerin sehr gute Fortschritte.

Veränderungen im motorischen Verhalten:

Im Laufe der Förderung im Schulamt stieß L. immer weniger irgendwo an. Sie konnte ohne ständig zu schaukeln auf einem Stuhl sitzen. Sie lernte Fahrradfahren. Zum Ende der Förderung nahm sie an einer Kanu-Freizeit im Rahmen von Ferienspielen teil. Sie paddelte mit ihr fremden Kindern.

Heute geht sie mit Freude zum Voltigieren, hat Freude an Bewegung und probiert alles Mögliche aus. Sie bastelt gern, schreibt in Schreibschrift sicher in den Linien und hat ein gutes Schriftbild entwickelt.

Veränderungen im Sozialverhalten:

L. hat sich zu einem fröhlichen, selbstbewussten, interessierten, konfliktfähigen Mädchen entwickelt. Sie besucht zur Zeit die 6. Klasse und ist in diesem Jahr zur Klassensprecherin gewählt worden. Die Klassenlehrerin freut sich über den sozialen Einsatz unserer Tochter. L. hat Freundinnen, mit denen sie in der Freizeit etwas unternimmt und bei denen sie auch gern einmal übernachtet.

Wir sagen dem Team um Frau B. „Danke“!

Liebe Grüße von L. und ihrer Familie

Bericht C.

Mein Sohn C. wird demnächst 11 Jahre alt. Er ist das mittlere Kind von drei Kindern. Die Entwicklung von C. ging in den ersten Lebensjahren mit Verspätung vonstatten. Es zeichneten sich Entwicklungsstörungen im sprachlichen Bereich bzw. in der Gesamtmotorik ab. Als C. 3 1/2 Jahre alt war, haben wir begonnen ihn mit Hilfe einer Logopädin zu fördern. Nach ca. zwei Jahren hatte sich sein Sprachverhalten so gut entwickelt, dass er keine logopädische Förderung mehr benötigte. Unser Kinderarzt hatte uns jedoch empfohlen, direkt im Anschluss an die Logopädie mit Ergotherapie anzuknüpfen. Wir befolgten seinen Rat und C. machte langsam Fortschritte.

In der l. Klasse hatte C. das Glück, sehr viel Unterstützung auch durch die damalige Klassenlehrerin zu erfahren. Diese war ständig bemüht (trotz der bei C. vorliegenden Probleme mit dem Stillsitzen, der Körperwahrnehmung, der Konzentrationsstörungen, einer ständigen Verspannung, etc.) ihn in seiner schulischen Entwicklung zu fördern.

Auch ständiger Kontakt zwischen der Lehrerin und uns Eltern hat bei unserem Sohn zu einer sehr positiven Entwicklung gerührt. Während C. beim Lesen und Rechnen gute Fortschritte machte, waren sie beim Schreiben zunächst befriedigend.

Etwa zum Zeitpunkt des 2. Halbjahres der l. Klasse haben wir erstmalig begonnen, regelmäßig kinesiologische Übungen mit C. durchzuführen. Diese wurden uns von der damaligen Ergotherapeutin beigebracht.

Im 2. Schuljahr wurde der Klasse unseres Sohnes eine neue Lehrerin zugeteilt. Leider führte dies (für das gesamte l. Halbjahr der 2. Klasse) bei C. zu einem deutlichen Leistungsabfall mit erheblicher Spannung und innerer Unruhe. Zu Beginn des 2. Halbjahres wurden die Leistungen in seinen starken Fächern wieder besser.

Da C. durch dieses ständige ‚verspannt sein' erhebliche Probleme beim Schreiben und Malen hatte, wurde dies durch das Erlernen der Schreibschrift noch verstärkt. Beim Malen war es für C. ungeheuer wichtig, dass er Hilfestellungen beim Anfang eines Bildes bekam. Er hatte trotz seiner kreativen Ideen große Schwierigkeiten die Bilder in seinem Kopf auf Papier zu projizieren. Zu diesem Zeitpunkt sind wir trotz intensiver Bemühungen bzw. kinesiologischer Übungen nicht weitergekommen.

In den folgenden beiden Jahren sollte sich die Situation für unseren Sohn noch zusätzlich dadurch erschweren, dass sämtliche Bemühungen (nach erneutem Wechsel der Klassenlehrerin in der 3. Klasse sowie einer kompletten Aufteilung seiner Klasse auf drei Klassen) im Sande verliefen.

Gegen Ende der 3. Klasse habe ich (zu unserem großen Glück!) erstmals einen Vortrag von Frau B. besucht. Hier habe ich, ohne dass Frau B. unseren Sohn überhaupt kannte, sehr viele unserer Erfahrungen bestätigt bekommen. Nach diesem Vortrag habe ich mehrmals an Zusammenkünften einiger (weniger!) Eltern mit Kindern gleicher Problematik teilgenommen. Eine der Mütter, die an Seminaren von Frau B. teilgenommen hatte, zeigt uns die sogenannte Lateralitätsbahnung.

Als ich C. hiervon erzählte und ihn gebeten habe diese Übung mit mir gemeinsam über 6-8 Wochen durchzuführen, sprühte er nicht gerade vor Begeisterung. Er willigte aber dennoch ohne große Einwände ein. (Wir haben allerdings eine kleine Vereinbarung zur Belohnung verabredet, die ich auch sehr gerne eingehalten habe.)

Endlich ging es einmal vorwärts. Wir hatten ein gemeinsames Ziel, das uns in unserem Handeln noch bestärkte. Und ... es wurde besser. Zunächst besserten sich seine ‚starken Fächer', dann auch sein Sozial- und Arbeitsverhalten. Zum Schluss der Zeit besserte sich seine Rechtschreibung.

Leider führten Auseinandersetzungen mit der Klassenlehrerin ständig dazu, dass C. Schritte zurück machte.

Auch eine erneute Zeit (9 Wochen), in der wir die Lateralitätsbahnung konsequent durchführten, änderte nicht viel daran. C. verbrachte im Deutschunterricht oft einen (großen) Teil der Stunde auf dem Flur, weil er, wie die Pädagogin meinte, sowieso nur störte. Außerdem war es keine Seltenheit, dass er Strafarbeiten verrichten musste.

Inzwischen hatten mein Mann und ich einen Antrag auf neurophysiologische Entwicklungsdiagnostik durch Frau B. gestellt. Diesem Antrag wurde entsprochen und unser Sohn wurde in ein Förderprogramm von Frau B. aufgenommen.

Da wir trotz aller Bemühungen und Erfahrungen der vergangenen vier Schuljahre für C. keine besseren Aussichten erwarteten, haben wir uns entschlossen ihn nach der 4. Klasse an einer anderen Schule anzumelden.

In der Zwischenzeit arbeiten wir nun seit fast einem Jahr mit Frau B. zusammen. Auch das 1. Schuljahr (die 5. Klasse) an der neuen Schule geht allmählich zu Ende. C.'s Entwicklung in der Klasse hat sich sehr zum Positiven geändert. Er verträgt sich gut mit seinen Mitschülern. Von den Lehrern kommen in der Regel positive Rückmeldungen über sein Lernverhalten.

Seine innere und äußere Spannung wurde deutlich reduziert, sein Selbstwertgefühl gestärkt. Unser Sohn geht jetzt morgens mit Freude und ohne Furcht zur Schule. Mittags kommt er gut gelaunt wieder nach Hause. Zu seiner Klassenlehrerin (wie auch zu den übrigen Lehrern) hat C. ein sehr positives und vertrauensvolles Verhältnis. Strafarbeiten gehören zur Vergangenheit und alleine den Unterricht auf dem Flur verbringen, ist ein Gefühl, das unser Sohn nicht mehr kennt. Seine Stärken haben sich so verbessert, dass er z. B. in Mathematik nach nur einem halben Jahr im B-Kurs ab der 6. Klasse in den A-Kurs wechselt. In Englisch schreibt C. im B-Kurs bis jetzt auch nur gute Arbeiten und auch mit der mündlichen Mitarbeit hat er keine Probleme.

Ich hoffe, ich kann mit meinem Bericht einigen Eltern mit gleichen oder ähnlichen Problemen ihrer Kinder Mut machen und damit erreichen, dass sie die eigene Bequemlichkeit zurückdrängen sowie anstehenden Herausforderungen positiv begegnen und gemeinsam mit ihren Kindern die Wege gehen, die ihnen ohne die Mithilfe der Eltern versperrt bleiben.

Bericht Anne

Anne war im Januar das erste Mal zur Diagnoserstellung im Schulamt. Derzeit macht Anne regelmäßig jeden Abend eine Übung für ihren Gleichgewichtsinn.

Mir sind seit dieser Zeit einige positive Veränderungen an Anne aufgefallen.

Anne hat zum Schreiben eine für mich merkwürdige Haltung gehabt. Ihr Arm sowie der Kopf lagen auf dem Schreibtisch. Ihre Füße und Beine waren um die Stuhlbeine geschlungen, so als wollte sie sich festhalten. Nun sitzt Anne ganz „NORMAL" am Schreibtisch. Nur nach langer Konzentrationsphase fällt sie in eine abgeschwächte frühere Haltung zurück.

Ihr Schriftbild hat sich verbessert. Sie ist bestrebt in den Linien zu schreiben, was noch nicht immer gelingt. Doch der Gesamteindruck ist für Anne als ordentlich anzusehen. Das Schriftbild ist leserlicher geworden.

Beim Lesen hat Anne einen enormen Entwicklungsschub gehabt. Im Januar gelang es Anne nicht immer Worte zusammenzusetzen, dann hat sie oft den Sinn der zusammengesetzten Worte nicht verstanden. Über die Entwicklung im Lesen bin ich persönlich total begeistert. Nun lesen wir zusammen kleine Texte.

Diese Entwicklung hat auch dazu geführt, dass Anne von sich aus anfängt, kleine Briefe, Notizen, Wunschzettel aufzuschreiben (Wunschzettel für Weihnachten wird nicht mehr gemalt).

Nicht nur mir ist Annes Entwicklung aufgefallen. Ihre Ergotherapeutin fragte mich, ob ich Anne nun Ritalin geben würde, da sie auffallend ruhiger geworden ist. Auch Annes Klassenlehrerin erzählte mir kurz vor den Sommerferien, dass sie von Annes Entwicklung begeistert ist und nicht mit so einem Entwicklungsschub gerechnet hat.

Auch im privaten nicht schulischen Bereich habe ich eine deutliche Entwicklung von Anne bemerkt.

Anne hatte letztes Jahr 2 Schwimmkurse mit je 25 Std. besucht. Das Ergebnis war für Anne niederschmetternd. Sie hatte nur 2–3 Schwimmzüge geschafft. Im Sommer hat Anne das Seepferdchen gemacht (25 m Schwimmen).

Auch hat Anne auf dem Fahrrad und mit den Inlinern so soviel Sicherheit bekommen, dass sie in Nebenstraßen alleine „On Tour" gehen kann.

Selbst bei den Kleinigkeiten im Alltag mache ich immer neue Entdeckungen. Anne wird selbstständiger. Arbeiten, die sie vorher vermied, macht sie nun alleine (z. B: Brot schmieren, Duschen, Haare waschen, Haarzopf flechten).

Im Umgang mit anderen Kindern ist Anne friedfertiger und kompromissbereiter geworden. Ich bin mir sicher, dass ein Teil dieser Entwicklungen altersbedingt sind.

Aber mir ist auch klar, dass viele Entwicklungen für Anne wesentlich schwieriger und auch langsamer verlaufen wären ohne die Hilfe, die ich hier im Schulamt erhalten habe.

Erfahrungsbericht motopädagogisch / edukinestetische Fördermaßnahme des Staatlichen Schulamtes für Peter

Seit September nimmt unser Sohn Peter an o. a. Förderung des Schulamtes in Wetzlar unter Leitung von Frau B. teil. Nachstehend sind die bisher gemachten Eindrücke, die wir als Eltern daraus gewonnen haben, dargestellt.

Ausgangssituation:

Peter hat durch seine Frühgeburt Störungen in koordinierten Bewegungsabläufen und Orientierungsschwächen. Die schulischen Leistungen waren in der Grundschule durchaus durchschnittlich. Mit dem Eintritt in die Gesamtschule stellte sich jedoch heraus, dass er die Anforderungen nicht in allen Fächern erfüllen konnte.

Hier sind in erster Linie Mathematik, Kunsterziehung und Sport zu nennen. Auch fiel es ihm schwer, längere Zeit konzentriert zu arbeiten, Zusammenhänge zu erfassen und im Unterricht mitzuarbeiten. Bei den zu erledigenden Hausaufgaben reagierte er aggressiv, wenn eine Aufgabe nicht gleich oder falsch gelöst wurde. Er war nur unter erheblichem Druck bereit, danach die ihm gestellten Aufgaben zu lösen. In der Schule sackten seine Leistungen immer mehr ab. Die Schule verursachte ihm immer mehr Angst.

Nach einem Test durch den Schulpsychologen wurde uns nahegelegt, für Peter eine andere Schulart (Sonderpädagogische Schule oder Waldorf-Schule) zu wählen.

Als Alternative bot man uns an, Peter in einer in der Gesamtschule gebildeten Klasse für lernschwache Schüler aufzunehmen. Vorteile sind:

- *Es wird der Hauptschulabschluss angestrebt (Minderung des Leistungsdrucks),*
- *die Klasse besteht nur aus 19 Schülern*
- *der Unterricht wird – anders als beim Kurssystem in der Gesamtschule – nur im Klassenverband und von wenigen Lehrern durchgeführt.*
- *Zusätzlich bekam Peter die Möglichkeit an o. a. Förderung teilzunehmen.*

Veränderungen

Frau B. führte einen umfangreichen Test mit Peter durch. Bei der Besprechung der Ergebnisse hatten wir erstmals den Eindruck, dass hier jemand die Schwierigkeiten, die Peter hat, nicht nur in eine Rubrik einordnet und es damit gut sein lässt.

Da wir Peter als Eltern natürlich am besten kennen, war es für uns sehr erstaunlich, wie seine gesamte Verhaltensweise durch Frau B. erkannt und in einem weiteren Schritt Lösungsvorschläge genannt wurden. Dabei ist uns klar geworden, dass bestimmte – für uns manchmal nicht erklärbare – Verhaltensweisen von Peter ihren Ursprung in den noch nicht vollständig abgebauten frühkindlichen Reflexen haben, die man durch bestimmte Übungen abbauen kann. Auch das Wechselspiel beider Gehirnhälften wird durch diese Übungen angeregt.

Am Anfang wurden wir darüber informiert, dass die Übungen einer unbedingten Kontinuität unterliegen müssen und dass sich der Erfolg nicht „über Nacht" einstellt. Auf eine zeitweise Verschlechterung des Erfolges nach einer gewissen Zeit und einer deutlichen Verbesserung nach diesem „Tief" machte uns Frau B. ebenfalls aufmerksam.

Zur Zeit stellt sich die Situation wie folgt dar.

- *Peter geht wieder gerne zur Schule.*
- *Er ist ausgeglichen und erledigt seine Hausaufgaben in der Regel selbstständig.*
- *In der Schule ist er wesentlich „lockerer" geworden und beteiligt sich am Unterricht.*
- *Seine Ängste hat er bereits teilweise abgebaut.*
- *Aggressives Verhalten bei Hausaufgaben kommt nur noch selten vor.*

- *Er macht seine motorischen Übungen gerne und sieht wohl selbst den Erfolg.*
- *Treten während der Hausaufgaben Schwierigkeiten auf, machen wir die Übungen. Danach kann er sich wieder konzentrieren und arbeitet zügig weiter.*

Abschließend möchten wir sagen, dass unserer Meinung nach das Zusammenspiel der Therapie und die Eingliederung in die neue Klasse Peter die natürliche kindliche Lebensfreude zurückgegeben haben. Peter ist wieder fröhlich, geht gerne zur Schule und ist auch in seinem häuslichen Umfeld ausgeglichener.

5.2 Gruppenprogramme

Auch bei den Gruppenprogrammen ist unser wichtigstes Prinzip, das Kind/den Jugendlichen ganz in seiner Persönlichkeit anzunehmen und in seiner Einzigartigkeit zu respektieren. Wir wollen den Kindern angemessene sensomotorische Lernangebote bieten, die eine gezielte Förderung ermöglichen. Bei Gruppenangeboten sind zusätzlich die Anregung und die Pflege der Kommunikation und Kooperation wichtige Stundeninhalte.

Das Erleben, Erfahren und die Auseinandersetzung mit allen Sinnen stehen ebenso wie die Bewegungsfreude und das Bewegungslernen im Mittelpunkt der Stunden. Wir motivieren und unterstützen durch Impulse, Aktivitäten und Materialien. Wichtig ist uns dabei, den individuellen Entwicklungsstand des Kindes – in offenen und gelenkten Situationen – zu berücksichtigen und die Kinder zur kooperativen Findung von Lösungswegen anzuregen.

Alle Eltern der Kinder, die am Einzelprogramm oder am Gruppenprogramm teilnehmen, werden darüber informiert, dass das Trinken von Wasser für die Kinder wichtig ist und im häuslichen Tagesablauf beachtet werden soll.

Die Kinder erhalten zudem einen sogenannten „Wasserzettel“ (Anschreiben an die Schule oder den Klassenlehrer). In diesem Schreiben wird darauf hingewiesen, dass das Kind zur Unterstützung der Fördermaßnahme auch „während des Unterrichts Wasser trinken darf/soll“.

Es ist nicht nur wünschenswert, sondern bereits vielfach üblich, dass Kinder auch während der Schulstunden bei Bedarf jederzeit Wasser trinken dürfen. Pädagogen wissen inzwischen aus wissenschaftlichen Studien, welche wichtige Grundlage Wasser für die körperliche Gesundheit und für das geistige Arbeiten bietet. Wasser und Sauerstoff sind Grundstoffe unseres Gehirns. Das gilt für Schüler aller Schulformen!

Kinder und Jugendliche mit Lern- und/oder Verhaltensschwierigkeiten müssen im Unterricht meist mehr Energie zur Bewältigung ihrer Aufgaben aufbringen. Für diese Schüler ist deshalb besonders wichtig, die Grundlage für körperliche Gesundheit und kognitive Verarbeitungsprozesse durch genügend Wasseraufnahme zu sichern. Daher sollte „Wassertrinken“ auch ein fester Bestandteil des Schulalltags sein.

▸ **Eine der wichtigsten Substanzen im Körper ist das Wasser. Es füllt jede Zelle, umschließt sie von außen und fließt in unseren Körpergefäßen. Ohne Wasser kann der Mensch nicht leben. In den weichen Körpergeweben wie z. B. Muskeln, Gedärm, Nieren, Leber besteht die Zelle zu 70 % bis 75 %, im Gehirn schätzungsweise zu 85 % bis 90 % aus Wasser. Blut, Lymphe, Galle, Magensaft, Spucke, Schweiß, alle diese Körpersäfte bestehen hauptsächlich aus Wasser.**

Wasser dient der Entschlackung des Körpers, beseitigt Abfallprodukte aus dem Stoffwechsel, transportiert Nährstoffe, hält den osmotischen Druck der Zellen aufrecht, reguliert die Körpertemperatur des Menschen und unterstützt das Lernen und Denken.

Der größte Teil des Wasserausscheidens entfällt auf den Harn. Einen weiteren deutlichen Anteil des Wassers verdampft der Mensch unbemerkt am Tag. Auch ohne zu schwitzen verdunsten etwa 500 Milliliter Wasser täglich über unsere Haut. Die Lungen verbrauchen etwa ebenso viel Wasser, da beim Ausatmen zusätzlich zur verbrauchten Luft auch ein Teil Wasserdampf mit ausgeatmet wird. Insgesamt gehen täglich ca. 2,5 Liter Flüssigkeit verloren.[12]

Die Gehirnzellen sind die ersten Zellen, die auf Dehydration reagieren. Sie reagieren äußerst empfindlich auf den Wasserverlust, ihre Funktionen werden schnell beeinträchtigt. Geistige Leistungsminderungen bis hin zur Orientierungsstörung sind als Folge von Flüssigkeitsmangel bei älteren Menschen bekannt. Doch auch bei jungen Menschen können Abweichungen der optimalen Flüssigkeitsmenge zu kognitiver Minderung führen. Wasser spielt bei der Weiterleitung von Nervenimpulsen eine Hauptrolle. Wassermangel kann u. a. auch zur Schmerzerzeugung führen. Batmanghelidj sieht in der Dehydration einen Auslöser für Kopf-, Nackenschmerz und Migräne.[13]

Im Gehirn wird durch Wassermangel weniger Energie erzeugt, dies beeinträchtigt viele Funktionen, die davon abhängig sind. Müdigkeit kann auftreten. Ist der Körper dehydriert, bedeutet dies Stress für den Körper. Er beginnt wichtige Stoffe aus den Körperreserven zu mobilisieren. Dabei werden wieder Teile der Wasserreserven verbraucht. Wassermangel verursacht also Stress und

---

[12] Pütz, Werner, Werner, 1999, S. 41
[13] Batmanghelidj, 2000, S. 58 ff.

Stress führt zu weiterer Dehydration (die gleichzeitige hormonelle Überreaktion bei Stress wurde bereits früher beschrieben). Körperlicher Stress (z. B. bei motorischer Unruhe) und emotionaler Stress (manchmal sieht man den Achselschweiß oder die schweißnassen Hände der Kinder im Unterricht, meist aber sind die im Unterbewusstsein ablaufenden Prozesse überhaupt nicht sichtbar) können gravierenden Wasserverlust verursachen.

Aus Versuchen ist bekannt, dass die Aufnahme von Wasser nach wenigen Minuten schon zu einer Veränderung der Gehirnpotentiale führt. Dies wiederum führt zu einer besseren Zusammenarbeit der beiden Hemisphären.

Wasser soll in der Schule nicht durch andere Getränke ersetzt werden.

5.2.1 Kleingruppen-Programme

Die Kleingruppen-Stunden finden in der Regel einmal wöchentlich statt. Etwa sechs bis acht Kinder oder Jugendliche einer passenden Altersstufe besuchen die Stunden, die über das Schuljahr angeboten werden. Der Besuch im Rahmen eines Schul- oder Schulamtsangebotes ist freiwillig und kostenfrei; ein dreimaliges unentschuldigtes Fehlen führt zum Ausschluss der Teilnahme im entsprechenden Schuljahr. Bei den jüngeren Kindern liegt die Verantwortung, die Regelmäßigkeit einzuhalten, vorwiegend bei den Eltern. Bei den Jugendlichen verändert sich dies – umso erstaunlicher ist, dass nicht ein einziger Schüler/nicht eine einzige Schülerin der 14 – 17-Jährigen während der vergangenen Jahre wegen dreimaligen unentschuldigten Fehlens ausscheiden musste. Mit einem Lächeln stellten wir zum Ende des Schuljahres bei Einzelnen fest, dass es zwei Mal während des Schuljahres „nicht geklappt“ hatte, sich zu entschuldigen. Dazu ein Kommentar von Timo, 15 Jahre: „Nee, drei Mal ... – ich will hier doch nicht rausfliegen!“

Die Kleingruppen-Stunden bieten Möglichkeiten, zusätzlich zur Wahrnehmungs- und Bewegungsförderung Kontakte zu knüpfen, Sozialerfahrungen zu machen und positive Umgangs- und Kommunikationsformen zu üben.

Unsere Gruppenstunden beginnen stets mit einem Gesprächskreis. Dieser ist allen unseren Kindern und Jugendlichen ein sehr wichtiges Anliegen. Hier in „geschützter Atmosphäre“ darf alles, was dem Einzelnen wichtig ist, berichtet werden. Es gilt das Prinzip „Nichts geht raus“. Die Schüler erzählen sehr viel über Ungerechtigkeiten, die ihnen nach ihrem Empfinden begegnet sind. Oft ergeben sich daraus Diskussionen über Lehrer, Eltern, Liebe ...

Nach einer Aufwärmphase, die meist von den Kindern und Jugendlichen selbst angeleitet wird (Spiele, Übungen und Aktionen), wird gemeinsam die Bewegungshausaufgabe der vergangenen Woche durchgeführt.

Danach findet ein Stundenanteil mit angeleiteter, zielgerichteter Wahrnehmungs- und Bewegungsförderung statt.

Freies Spiel ergänzt die Wahrnehmungs- und Bewegungsaktivitäten. Körper-, Material- oder Sozialerfahrung stehen im Mittelpunkt.

Nach dem gemeinsamen Aufräumen treffen sich alle zu einer Abschlussentspannung.

Die Eltern werden etwa alle sechs Wochen zu den Gruppenstunden eingeladen. Sie sind die ersten fünfzehn Minuten aktiver Gast der Gruppe und behalten auf diese Weise Kontakt zum Bewegungsprogramm ihres Kindes.

Alle uns anvertrauten Kinder stehen von Beginn der Förderung an unter „unserem besonderen Schutz". Das bedeutet, dass die Kinder bei Programmbeginn als erstes die jeweilige direkte Telefon-Durchwahl des Pädagogen bekommen, damit sie jederzeit bei Kummer, Schwierigkeiten oder Fragen anrufen können.

Alle Kinder und Jugendlichen, die Gruppen verlassen, weil sie ihr Programm beendet haben, haben die Möglichkeit bei Schwierigkeiten und Problemen jederzeit wieder einzusteigen. Relativ selten, manchmal nach ein bis zwei Jahren, meldet sich ein Kind oder Jugendlicher mit der Bitte, wieder für eine Weile kommen zu dürfen. Sofort wird es/er dann ins Gruppenprogramm aufgenommen.

Pierre, 17 Jahre, war ein äußerst intelligenter Junge, der in der Realschule wegen seines unangepassten Verhaltens und seiner scheinbaren Faulheit aufgefallen war. Während des Förderprogramms hatte er sich, besonders zum Erstaunen seiner Lehrer, äußerst positiv entwickelt. Er machte seinen Abschluss und ging zur weiterführenden Schule. Eines Tages rief er mich an und fragte, ob er wieder zur Gruppe kommen dürfte. Ich war zuerst etwas erschrocken, mir fielen seine alten Verhaltensweisen ein und ich fragte ihn, ob er wieder wieder Schul-Ärger hätte. Pierre verneinte. Auf meine Frage, ob er schlechte Noten hätte, verneinte er wiederum. Als ich ihn fragte, warum er denn kommen wolle, erwiderte er, dass er wieder „unter meinem Schutz" stehen wolle. Pierre hatte mich aber nicht ein einziges Mal vorher wegen irgendeines Vorfalls angerufen. Ich gab ihm den Termin der Gruppenstunde und er erschien sechsmal regelmäßig. Nebenbei half er mir über denselben Zeitraum auf eigenen Wunsch („Mein Bus fährt sowieso später.“) bei der Durchführung einer Gruppenstunde mit „kleinen, wilden Jungen“. Pierre rief danach nur noch selten an und erzählte mir, dass es ihm gut ginge. Inzwischen hat er seine Ausbildung als Ergotherapeut beendet und arbeitet als fachkompetenter und einfühlsamer Kollege mit Kindern und Jugendlichen.

Liebe Frau Beigel

Durch das tägliche ~~..~~ üben habe ich fast all meine Noten um 1 oder 2 verbessert.
Gerade bei Klassenarbeiten konnte ich mich viel besser konzentrieren und konnte mich viel besser entspannen.

Schöne Grüße und erholsame Ferien

Paul

Ich bin hier, weil ich ~~dadurch~~ besser in der Schule werden möchte. Und in Mathe habe ich letztens zwar eine 4 geschrieben, aber ich verstehe jetzt schneller. Mir gefällt es hier richtig gut, hier kann ich mal so richtig ausspannen!

Susanne 12 Jahre

Liebe Frau Beigel

Es war sehr schön bei ihnen.
Ich schreibe durch die Übungen bessere Noten.
Ich hab nette neue Mädchen kennen-gelernt. Ich und Mareike, wir wollen uns mal treffen und mit unseren Hunden spazieren gehen.
Ich werde die Übungen trotzdem weiter machen.
Ich hoffe sie bekommen weiterhin so liebe Kinder
Ich wünsche ihnen schöne Ferien.

Ihre

Tine

Ich komme hier her weil das mir hilft. Jest hat mir das Schulamt geholfen weil ich habe in Deutsch jest eine 3 geschrieben Das ist auch durch die Übungen gekommen Mir gefählt es ihr sehr sehr gut

Alter: 9 Jahre
Name: Sarah

5.2.1.1 „Fledermaus-Programm“

Das sensomotorische Förderangebot „Ich wär’ jetzt mal ’ne Fledermaus!“[14] beinhaltet Bewegungsübungen aus der menschlichen Entwicklung und geht auf die Integration der Restreaktionen frühkindlicher Reflexe ein.

Es wird für den Altersbereich 4 – 8 Jahre in Form von Spiel- und Bewegungsgeschichten eingesetzt. Bei älteren Kindern und Jugendlichen werden die Bewegungsübungen in die Stationenarbeit einbezogen.

Im pädagogischen Alltag hat sich gezeigt, dass die spielerisch verpackten Übungen des Programms, die in der Zusammenarbeit Medizin/Pädagogik entwickelt wurden, von den Kindern mit sehr viel Freude angenommen werden und die Kinder zur aktiven Mitarbeit motivieren.
Das Ziel, die Nach- und Ausreifung frühkindlicher Bewegungsmuster und die darauf aufbauenden koordinativen Fähigkeiten der Kinder zu unterstützen, wird mit Hilfe der Akteure – liebenswerte Tierfiguren, deren Rollen die Kinder in den Bewegungsgeschichten übernehmen – unterstützt. Zielgerichtet, spielerisch und mit Freude bewegt sich die Gruppe mit

- „Babsi, der Ball-Biene“
  (Schwerpunkt Moro-Reflex)
- „Hansi Hand und Heidi Hand, den Spinnen aus dem Zwillingsland“
  (Schwerpunkt Palmar-Reflex)

Ein Flug zu den Sternen mit Babsi, der Ball-Biene.

[14] In das Förderangebot einbezogene Literatur: Beigel, D./Grönemeyer, D. (2014): Ich wär’ jetzt mal ’ne Fledermaus! Spiel- und Bewegungsgeschichten zur sensomotorischen Förderung (verlag modernes lernen)

- „Den Tausendfüßlern Fritzchen und Marleen, die so gerne barfuß geh'n" (Schwerpunkt Plantar-Reflex)
- „Ritchie, dem kleine Ringel-Regenwurm" (Schwerpunkt Tonischer Labyrinthreflex)
- „Mia, der munteren Musik-Mücke" und „Freddy, der frechen Fledermaus" (beide Schwerpunkt Asymmetrisch Tonischer Nackenreflex)
- „Kati, dem kleinen Kullerkätzchen" (Schwerpunkt Symmetrisch Tonischer Nackenreflex)

Die spielerischen Anregungen in den Bewegungsgeschichten fördern die
- Wahrnehmung im vestibularen[15], taktil-propriozeptiven[16], visuellen[17] und auditiven[18] Bereich
- koordinativen Fähigkeiten im fein- und grobmotorischen Bereich
- gezielte Steuerung von Bewegungen über den Cortex[19]
- Sprachentwicklung der Kinder
- Körperkenntnis und die Körperorientierung

Ein wichtiger Baustein des Bewegungsprogramms ist der kleinschrittige Aufbau der Übungen von der einzelnen einfachen Bewegung hin zu komplexeren Bewegungsfolgen. Dieser Aufbau durchzieht das Konzept und zeigt sich immer wieder als wirkungsvoll und nachhaltig (wird auch von älteren Kindern und Jugendlichen sehr gern in dieser Form durchgeführt).

Innerhalb der Bewegungsgeschichten werden drei Übungsstufen unterschieden:
Stufe 1 beinhaltet einfache, vorbereitende Wahrnehmungserfahrungen und Bewegungen, die Grundlage komplexerer Bewegungsmuster aus der frühkindlichen Entwicklung sind. Wir bemerkten, dass vielen Kindern (Jugendlichen) diese Grundlagen fehlten und darauf aufbauende Bewegungsanregungen ohne sie nicht oder nur schwer umsetzbar sind.
Stufe 2 setzt den Schwerpunkt auf die Nachahmung frühkindlicher Bewegungsmuster aus dem ersten Lebensjahr. Diese gelten als Grundlagen späterer motorischer Fertigkeiten und stehen in engem Kontakt zur Wahrnehmungsverarbeitung. Die vom Cortex gesteuerten Nachahmungen der frühkindlichen Bewegun-

---

[15] Vestibular: das Gleichgewicht betreffend.
[16] Taktil: das Tasten und Fühlen betreffend; Propriozeptiv: die Rückmeldung aus Muskeln, Sehnen und Knochen betreffend.
[17] Visuell: das Sehen betreffend.
[18] Auditiv: das Hören betreffend
[19] Cortex cerebri: Großhirnrinde

gen haben einen positiven Einfluss auf die Reifung und Nachreifung der sensomotorischen Entwicklung.
Stufe 3 erarbeitet in den Bewegungsgeschichten vorkommende Bewegungsvariationen und Bewegungskombinationen, die auf Grundlage einer gereiften sensomotorischen Entwicklung gelingen können. Die Angebote unterstützen und vertiefen die Schulung von koordinativen Fähigkeiten und fördern das Zusammenspiel von Wahrnehmen, Bewegen, Lernen und Leisten.

Alle drei Stufen schulen, fördern und pflegen durch die enge Verbindung von Sensomotorik zu Sprache auch die Qualität von Artikulation und Aussprache, von Wort- und Sprachverständnis. Sie dienen zudem der Erweiterung des kindlichen Wortschatzes.

In allen Stufen werden die Bewegungen – wenn auch spielerisch – langsam ausgeführt. Dies beansprucht eine intensive Mitarbeit des Gleichgewichtssystems und schult die zielgerichtete und bewusste Steuerung von Bewegungen. Es dient zudem der „Entschleunigung" des Kinder-/Jugendalltags und regt die Achtsamkeit gegenüber dem eigenen Körper und den eigenen Wahrnehmungen an.

Je nach Gruppe und Alter entscheidet der Pädagoge darüber, ob und wie oft eine Bewegungssequenz innerhalb einer Geschichte wiederholt wird.

Der geringe Materialeinsatz im Programm ermöglicht eine unkomplizierte Umsetzung im pädagogischen oder therapeutischen Rahmen.

Die Tierfiguren und die Inhalte der Bewegungsgeschichten sind bei den Kindern sehr beliebt. Oft erlebten wir, wie Geschichten weiterentwickelt wurden, im Freispiel wiederholt und dadurch vertieft wurden. Mit Freude wurden die dazu entwickelten Ausmalbilder bearbeitet.

Die Bewegungsgeschichten werden in Kitas, Schulen und Therapie auch oft als Fördersequenz zum Anfang oder zum Ende von Turn-, Bewegungs- und Sportstunden, im Sportförderunterricht, in motopädagogischen/psychomotorischen Angeboten, in der Sprachheilpädagogik oder in Förderstunden zum Bereich LRS, Dyskalkulie eingesetzt.

Rückmeldung von Elena, 8 Jahre:
„Immer wenn ich Angst habe, ich kann etwas nicht so gut, mache ich es genauso wie Babsi. Ich sage zu mir ‚Ich bin gut, ich bin soo gut' – und dann geht es viel leichter!"

Rückmeldung von Joshi, 10 Jahre:
„Ich finde die Geschichten von Freddy am besten. Super finde ich, wenn er sich schick macht, weil er in Mia verknallt ist."

Rückmeldung von Luca, 5 Jahre:
„Ich kenne die Tausendfüßler und spiel die auch zu Haus. Ich mache das im Kinderzimmer an der Wand."

5.2.1.2 Eltern-Kind-Kurs „Kinder im Gleichgewicht"

Eltern-Kind-Bewegungsangebote finden im Schulamtsbereich bereits seit 1998 statt. Sie gehörten zu den ersten regelmäßigen Nachmittagsveranstaltungen. Die aktive Zusammenarbeit mit Eltern ermöglicht es, Familien über die Bedeutung von Bewegung und Wahrnehmung für eine gesunde und harmonische Entwicklung ihrer Kinder zu informieren und sie zu unterstützen, das Gelernte und Erfahrene nachhaltig in den Alltag zu integrieren.

Der Eltern-Kind-Kurs „Kinder im Gleichgewicht" Bewegungs- und Wahrnehmungsförderung zur Unterstützung von Gesundheit, Lernen und Verhalten[20], ist ein Angebot für Kinder vorwiegend im Altersbereich von 6 – 7 Jahren oder 8 – 12 Jahren, das sowohl im schulischen als auch im außerschulischen Bereich angeboten wird.
Das sensomotorische Förderprogramm (Grund- und Aufbaukurs) pflegt, schult und fördert den Wahrnehmungs- und Bewegungsbereich.
Das spielerische Bewegen in den Stunden bezieht Bewegungsübungen aus der kindlichen Entwicklung ein und geht auf die Förderung der Wahrnehmungsbereiche und die Ausreifung frühkindlicher Reflexe ein. Mit Freude und Spaß finden sensomotorische Übungssequenzen statt. Durch zielgerichtete „Bewegungs-Hausaufgaben" werden die Stundeninhalte vertieft, um nachhaltige Wirkung zu gewährleisten.

Die Eltern werden durch einen vorangestellten Elternabend und insgesamt fünf gemeinsame Eltern-Kind-Stunden in die Förderung aktiv mit einbezogen.
Regelmäßig sind die Eltern zudem während der letzten 15 Minuten jeder Kursstunde (Dauer der Kursstunde 75 Minuten) anwesend, um gemeinsam mit ihren Kindern die „Bewegungs-Hausaufgaben" durchzuführen.

---

[20] Eltern-Kind-Kurs „Kinder im Gleichgewicht" Bewegungs- und Wahrnehmungsförderung zur Unterstützung von Gesundheit, Lernen und Verhalten nach Dorothea Beigel® wird seit 2013 in Deutschland durchgeführt.

Zu den Bewegungshausaufgaben zählen u. a.:

- Klatschspiele
- Koordinationsspiele
- Bewegungsübungen zur Gleichgewichtsschulung
- Bewegungsübungen zur motorischen Entwicklung
- Eltern-Kind-Massagen
- Atemübungen
- Bewegungsübung zur Feinmotorik von Hand- und Fuß- und Mundmuskulatur
- Bewegungsübung zur Stärkung der Bauch- und Rückenmuskulatur
- Bewegungsübung zur Stärkung Arm- und Schultermuskulatur

Das Angebot, bei dem die Kinder Bewegungsübungen, Spiel, Wahrnehmungsförderung, Entspannungsphasen und feinmotorische Tätigkeiten erleben, wird bei sehr guter Nachfrage und hervorragender Resonanz aus Elternhaus und Schule inzwischen deutschlandweit durchgeführt. Bei entsprechender Qualifikation der Kursleitung[21] werden die Kurse von den Krankenkassen bis zu 100% bezuschusst[22].

Rückmeldung von Frau R (Mutter): Wir sind sehr gern gekommen. Unserer ganzen Familie geht es nach diesem Kurs gut.

Rückmeldung von Frau S. (Mutter): Die Stunden haben unserem Kind sehr geholfen, diese Rückmeldung habe ich auch von der Klassenlehrerin bekommen – wir werden die Hausaufgaben noch weitermachen.

Rückmeldung von Herrn D.: Liebe Gruppe! Es hat Sohn und Vater gut getan – ich würde immer wieder kommen.

---

[21] Dozentenliste der Bundesländer siehe www.bildung-kommt-ins-gleichgewicht.de und http://www.bildung-kommt-ins-gleichgewicht.de/index_htm_files/VoraussetzungDozent.pdf

[22] Das Präventionskonzept „Kinder im Gleichgewicht -Bewegungs- und Wahrnehmungsförderung zur Unterstützung von Gesundheit, Lernen und Verhalten" entspricht dem aktuellen Leitfaden Prävention, „Handlungsfelder und Kriterien des GKV-Spitzenverbandes zur Umsetzung von §§ 20 und 20a SGB V" und wurde aus diesem Grund von der Zentrale Prüfstelle Prävention im Auftrag der angeschlossenen Krankenkassen zertifiziert.

5.2.1.3 Angebote mit edukinestetischen Elementen

Im Rahmen von motopädagogischen/psychomotorischen Förderangeboten werden auch Bewegungsübungen aus der Edukinestetik zur Unterstützung der Integration von Restreaktionen frühkindlicher Reflexe eingesetzt. Einzelne Bewegungsübungen, die in enger Verbindung zur kindlichen Bewegungsentwicklung und/oder zu den Grundlagen der Gesundheit stehen unterstützen die Aus- und Nachreifung frühkindlicher Bewegungsmuster.

Dr. P. Dennison[23], Pädagoge (Kalifornien), beschreibt in seinen Arbeitsbüchern zu Seminaren die Neubahnung primitiver Haltungsreflexe u. a. durch die Lateralitätsbahnung.

Dr. C. Hannaford[24], Neurophysiologin und Professorin für Biologie (Hawai) untersuchte verschiedene frühkindliche Reflexe und hinterfragte, inwieweit bestimmte Brain-Gym® Übungen ihre Hemmung zugunsten der Reifung des ZNS unterstützen können.

Dr. S. Musgutova[25] Psychologin (Russland)· leitete ein Forschungsprojekt auf den Grundlagen der Methoden von Edukinestetik, das sich ebenfalls mit persistierenden Restreaktionen frühkindlicher Reflexe beschäftigte. Alle kamen unabhängig voneinander in ihren Studien dazu, Übungen aus der Edukinestetik, besonders aus dem Brain-Gym®, als Integrationsübungen einzusetzen.

Nach jahrelangen positiven Erfahrungen mit dem Einsatz von Bewegungsübungen aus der Edukinestetik (es wird nicht mit dem Muskeltest gearbeitet), werden einzelne Bewegungselemente aus diesem Bereich gern in die Gruppenarbeit einbezogen.

Beispiele von Brain-Gym® Übungen zur Integration von Restreaktionen frühkindlicher Reflexe:

---

[23] Dennison, 1996, Freiburg
[24] Hannaford, 1999, Kirchzarten
[25] Musgutova, 2001

Die „Nackenrolle“

Die „Nackenrolle“ gehört zu den sogenannten Mittellinienbewegungen. Der Kopf hängt locker nach vorn und wird mehrmals langsam und sacht halbkreisförmig hin und her bewegt.

Diese Bewegung stimuliert das Gleichgewicht und ist ein natürlicher Teil des motorischen Lernens in der kindlichen Entwicklung. Die Übung unterstützt die die Ausreifung/Nachreifung frühkindlicher Bewegungsmuster des TLR und des ATNR.

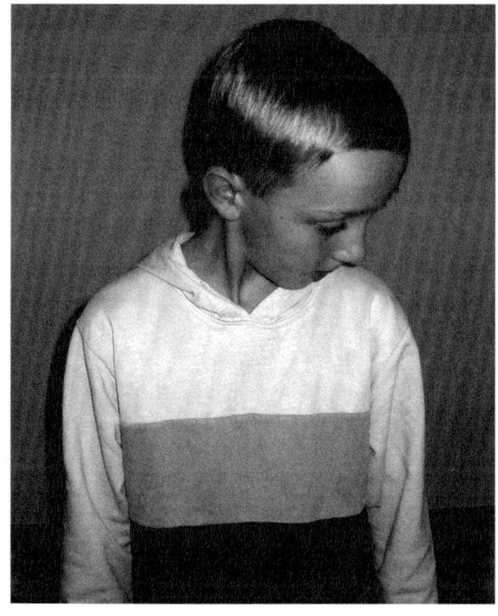

Die „Nackenrolle“

Der „Energetisierer“

Der „Energetisierer“ gehört ebenfalls zu den Mittellinienbewegungen.

Im Sitzen am Tisch liegen Unterarm und Stirn auf dem Tisch, die Hände sind vor den Schultern platziert. Langsam mit dem Einatmen richtet sich der Kopf auf, dann der Nacken und der Rücken. Langsam werden danach wieder Kopf und Körper gesenkt.

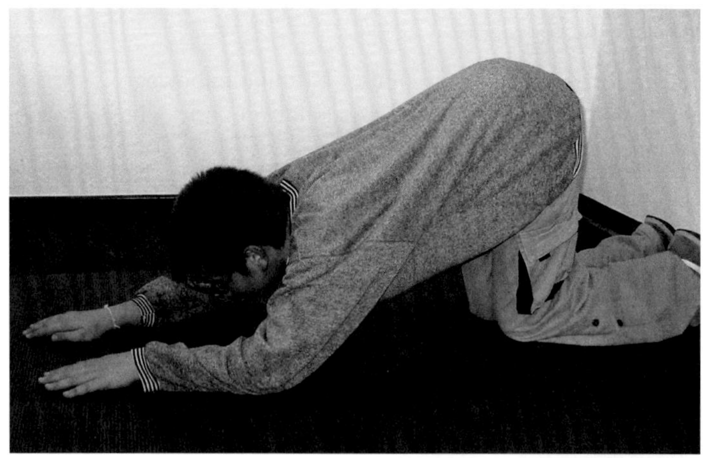

„Energetisierer“ auf dem Boden

Der „Energetisierer“, ebenfalls ein Gleichgewichtsstimulator, unterstützt die Ausreifung/Nachreifung frühkindlicher Bewegungsmuster des TLR, des STNR und des Landau Reflexes.

Das „Energiegähnen“

Die Wangenregion um die Backenzähne wird massiert. Dabei soll es zu einem tiefen Gähnen kommen.

Gähnen ist ein natürlicher Atemreflex. Die Energiezufuhr zum Gehirn wird durch das Gähnen verbessert, die Kiefermuskulatur entspannt sich.

Zusätzlich zum „Energiegähnen“ können die „Bauchatmung“ aus den Mittellinienbewegungen eingesetzt werden oder die „Nasenatmung“ aus der „Three in One“ Methode. Alle Übungen unterstützen die Integration von Restreaktionen des Moro-Reflexes. „Energiegähnen“ kann zusätzlich bei der Integration von Restreaktionen des Saug- und Suchreflexes eingesetzt werden.

Unser körperliches und unser geistiges Wohlbefinden sind wesentlich auch von unserer Atmung abhängig. Der Sauerstoff, den wir einatmen, ist für uns lebensnotwendig. Durch die Ausatmung entgiften wir unseren Körper. Kurzatmigkeit, Flachatmung, Pressatmung führen zu mangelnder Sauerstoffaufnahme. Wenn die Atmung unterbrochen wird, bleibt das Zellgewebe ohne Sauerstoffzufuhr. Das Gehirn, welches den meisten Sauerstoff verbraucht, ist besonders davon

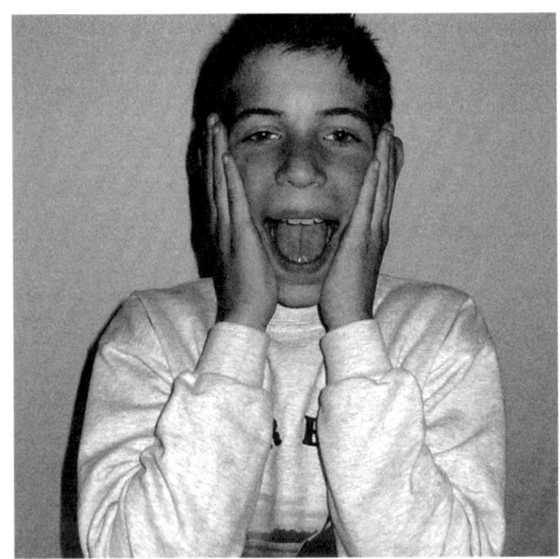

„Energiegähnen“

betroffen. Trübung des Bewusstseins sowie Panik sind Reaktionen auf fehlende Sauerstoffzufuhr. Wird das Gehirn etwa vier Minuten nicht mit Sauerstoff versorgt, kann es zu bleibenden Hirnschäden kommen.

Die Pressatmung beschreibt ein Anhalten des Atems und ein darauffolgendes übermäßig druckvolles Ausatmen. Diese Atmung zeigt sich bei übergroßer psychischer oder physischer Anstrengung. Ohne hilfreiche Unterstützung durch Atemübungen oder Kompensationsmöglichkeiten zur Stressreduktion kann dieses Atemmuster automatisiert werden. Mangelnde Sauerstoffzufuhr zur Muskulatur zeigt sich in Muskelverspannungen und Bewegungseinschränkungen.

Die Flachatmung zeigt sich in Form von reiner Brustatmung. Dabei wird nur der obere Teil der Lunge mit Sauerstoff versorgt. Es kommt lediglich zu einem teilweisen Luftaustausch. Dieses Atemmuster wird nach Jackel[26] reflektorisch bei Angst und Stress eingesetzt.Bei gewohnheitsgemäßem Einsatz dieses Atemmusters wird der Bauchraum ungenügend mit Sauerstoff versorgt, die Entgiftung geschieht ebenfalls nur partiell und Stoffwechselstörungen und Kurzatmigkeit können die Folge sein. Entspannungstechniken und Atemübungen entlasten.

[26] Jackel, 2002, S. 233 Praxis Ergotherapie

Über das Atmen können Verklebungen innerer Organe gelöst werden. Atmung massiert Organe. Atemübungen haben positive Auswirkung auf das vegetative Nervensystem. Ausatmen bedeutet auch emotionales Loslassen. Die gewünschte Bauchatmung ermöglicht Bewegung mit weniger Kraftaufwand. Angenehme Atmosphäre unterstützt eine freie Bauchatmung, Pflanzen und Farben tragen dazu bei.

5.2.2 Bewegungs- und Gleichgewichtsprogramme für Kita-Gruppen und Schulklassen

Es wird zunehmend wichtiger, Kindern und Jugendlichen auch im Gruppen- und Klassenverband regelmäßige pragmatische Unterstützung zur Wahrnehmungs- und Bewegungspflege und zur Bewältigung sensomotorischer Unreifen zukommen zu lassen. Die Folgen einer sensomotorischen Vernachlässigung im veränderten kindlichen/jugendlichen Alltag zeigen sich immer häufiger durch Lern- und Leistungsschwierigkeiten und Auffälligkeiten im emotional-sozialen Verhalten.

Aus einer Untersuchung des Berufsverbands der Kinder- und Jugendärzte in Bayern (BVKJ), die gemeinsam mit Betriebskrankenkassen 2011 durchgeführt wurde, geht hervor, dass jedes fünfte Kindergartenkind in Bayern auffällige Verhaltensweisen zeigte[27]. Eine Auswertung von 4318 Vorsorgeuntersuchungen bei Vier- und Fünfjährigen (U8 und U9) ergab, dass 21,8 Prozent der Kinder als auffällig eingestuft wurden. Entwicklungsstörungen, Konzentrationsschwächen und seelische Probleme wurden benannt.
Bei den Sieben- bis Zehnjährigen gab es bei den Vorsorgeuntersuchungen U10 und U11 ebenfalls viele Auffälligkeiten. Hier zeigten sich bei mehr als 15 Prozent Fehlentwicklungen in Bezug auf den sozialen und emotionalen Zustand der Kinder.

Die 2011 in Berlin veröffentlichte Allensbach-Studie zur Schul- und Bildungspolitik in Deutschland besagt, dass Dreiviertel der befragten Lehrer bei ihren Schülern Konzentrationsprobleme beklagen[28].

---

[27] http://www.welt.de/gesundheit/psychologie/article12999029/Immer-mehr-Kindergartenkinder-verhaltensauffaellig.html

[28] http://www.sueddeutsche.de/karriere/eu-bildungsbericht-und-lehrer-umfrage-lehrer-haben-bei-schuelern-nichts-zu-melden-1.1087076

2015 ergab eine Umfrage der Universität Bielefeld[29] (mit insgesamt 1.100 Kinder und Jugendlichen im Alter von 6 bis 11 und 12 bis 16 Jahren sowie 1039 Eltern), dass

- ein Fünftel der Kinder deutliche Stresssymptome in Form eines „hohes Stresslevels" zeigt, der Rest zwar entspannter, aber nicht stressfrei sei
- 70 Prozent der stark gestressten Kinder die Hausaufgaben nicht bewältigen können
- 65 Prozent der Kinder mit hohem Stress von somatoformen Belastungen berichten. Es fällt ihnen schwer einzuschlafen, sie berichten von häufigen Kopf- und Bauchschmerzen (diese Merkmale zählen auch zu den klassischen Burn-out-Symptomen)
- fast 34 Prozent der Kinder mit hohem Stress auch ein hohes Aggressionspotenzial haben
- 49,2 Prozent der Stress-Jugend Angst hat, die Eltern zu enttäuschen, und 52,1 Prozent befürchten, dass sie Dinge nicht gut genug oder verkehrt machen

Eine Umfrage des Kölner Psydata-Institutes unter 2000 Familien mit Kindern zwischen vier und achtzehn Jahren ergab bereits 2002, dass alltäglicher Stress immer mehr Kinder krank macht.[30]

Die Studie zeigte zudem, dass Kinder aus wohlhabenden Familien genauso zu Auffälligkeiten neigen wie Kinder aus „sozial schwachen" Familien.

In der heutigen schnelllebigen Gesellschaft stehen Kinder schon wie Erwachsene zunehmend unter größerem Druck von Erfolgszwang und steigenden Leistungsanforderungen. Sie sind höheren Belastungen ausgesetzt als noch Kinder in früheren Jahren. Die Abwesenheit der Eltern durch vermehrte Arbeitsanforderungen wächst. Schule ist nur in seltenen Fällen ein Ort der Geborgenheit und Sicherheit. Die Welt verändert sich schnelllebig. Das Fördern der kognitiven Fähigkeiten steht schon sehr früh in der Entwicklung des Kindes im Vordergrund. Wahrnehmungs- und Bewegungsentwicklung erscheint als nebensächlich. Die Integration des Wohlbefindens, des Verständnisses, der Anerkennung, des Lobens und das individuelle Annehmen des Kindes geschehen zu selten, obwohl sie die Möglichkeit geben, Motivation, Lernfreunde, Lerninteresse, psychische Gesundheit und soziale Kompetenzen zu steigern. Für Herzqualität ist wenig Platz. Wo kann ein Kind wirklich Kind sein? Wo ist ein Kind wirklich „herzlich" willkommen?

---

[29] http://www.zeit.de/wissen/gesundheit/2015-06/stress-kinder-jugendliche-schule

[30] Wetzlarer Neue Zeitung, 1.7.2002, S. 3

Ein großer Schatz – das kindliche freie Spiel und das selbstbestimmte Erkunden.

Hannaford[31] weist darauf hin, dass es im Herzen so viele Neuriten (Nervenzellen für das Gedächtnis) gibt wie im Hippocampus des Gehirns und sie ermuntert:

„Lasst uns alle von Herzen lernen, spielen und lehren!"

5.2.2.1 „Von Anfang an im Gleichgewicht" – Ein Bewegungsprogramm für den Kindergarten

Im Kita-Bewegungs-Programm „Von Anfang an im Gleichgewicht"[32] mit Zwerg Willibald und seinen Freunden Schnecke, Floh, Käfer, Uhu und Hase, vereinen sich Prävention, Pflege und Förderung von Sensomotorik, Sprache, Konzentration, Emotional- und Sozialverhalten.

Täglich werden das Gleichgewichtssystem und damit verbundene Bewegungsmuster – Bewegungen der frühkindlichen Reflexe und die sich daraus entwickelnden koordinativen Fähigkeiten – in spielerischer, kindgerechter und dennoch sehr gezielter Form geschult.

[31] Hannaford, 1999, S.17

[32] Von Anfang an im Gleichgewicht! Bewegungs- und Gleichgewichtsprogramm nach Dorothea Beigel® – einbezogene Literatur: Beigel, D./Grönemeyer, D. (2011): Von Anfang an im Gleichgewicht! Ein Bewegungsprogramm für den Kindergarten mit dem Zwerg Willibald, seinen Freunden und dem kleinen Medicus. *BORGMANN MEDIA*

Das Gruppenangebot „Von Anfang an im Gleichgewicht" wird in Kitas und in der Schuleingangsphase mit allen Kinder der Gruppe/Klasse durchgeführt. Es trägt zur ganzheitlichen Unterstützung der kindlichen Entwicklung und Gesundheit bei und intensiviert die Basis für schulisches Lernen. Es ist einfach und ohne besonderen Aufbau umsetzbar, verknüpft spielerische Gleichgewichtsangebote mit Bewegung und Sprachanlässen (Spaßverse, Reime) und lässt diese zu beliebten Ritualen des Alltags werden.
In den meisten Kitas wird das Angebot als ein fröhliches Ritual im Morgen- oder Abschlusskreis durchgeführt. Die Kinder begrüßen das entsprechende „Tagestier", mit dem sie sich zusammen bewegen.

Ben, 4 Jahre ruft durch die Kita: „Heute ist Hasentag!"
Darauf sagt Mia, 5 Jahre: „Hasentag ist immer am Freitag – dann ist heute Freitag, Ben – merk' dir das."
Ben nickt und hüpft wie ein Häschen in seinen Gruppenraum „Hasentag – Freitag – Hasentag – Freitag ..."

Durch den spielerischen Charakter und die Kürze der täglichen „Förderprisen" eignet sich das Angebot „Von Anfang an im Gleichgewicht" besonders gut auch als Ergänzung anderer Maßnahmen und kann problemlos mit allen Angeboten in den Kindertagesstätten verknüpft werden. Es versteht sich als ein, in wenigen Minuten durchführbares, gezieltes, kind- und entwicklungsgerechtes Angebot der Bewegungs- und Gleichgewichtsförderung für alle Kinder der Gruppe. (Angebote für den Bereich der U3-Kinder ergänzen das Programm.)
Für das gesamte Programm gilt das Prinzip Freude, Spaß, Anerkennung, Sicherheit durch Rituale und Wiederholung. In keiner Weise aber will es das frei bestimmte Spiel und das entdeckende Erkunden der Kinder ersetzen!

Schnick, schneck, schnack – Schneckenkriechen

Häschen rutschen in die Höhle

Grätschsprung der Hasenfamilie

Das Programm wird von zusatzqualifizierten Dozenten eingeführt und wird bei Wunsch auch von diesen über einen längeren Zeitraum begleitet[33].
Die gute Resonanz auf das Angebot führt dazu, dass es bundesweit (auch in Österreich und der Schweiz) in immer mehr Kitas täglich eingesetzt wird.

Rückmeldungen aus der Praxis

Ein Projekt, das gelebt wird! Unsere KiTa ist „von Anfang an im Gleichgewicht"

Seit der kleine freundliche Willibald in unsere KiTa eingezogen ist, beginnt der Tag mit einem kleinen Ritual, schnell kommen alle ins Gespräch, in Bewegung und ins Gleichgewicht. Es braucht nicht lange Zeit und macht uns allen viel Spaß. Schnell und ohne große Anstrengung erlernen Kinder und Erzieher kleine Reime und Bewegungen, Zahlenbilder, Wochentage und auch die Tiere erlernen sich im Nu. Schon bald hat sich herausgestellt: Willibald gehört zu unserer KiTa-Gemeinschaft, er schläft in der KiTa, bekommt von den Kindern sogar bei Bedarf einen Schnuller und ein Schmusetier zum Schlafen. (Kita aus NRW)

Willi freut sich über seinen Schnuller – nun kann er gut einschlafen.

[33] Infos zu Einführungsveranstaltungen in Kitas, zur Begleitung des Programms und zur finanziellen Förderung finden Sie unter www.bildung-kommt-ins-gleichgewicht.de

Eine „Hasentür“ und Fensterbilder mit Zwerg Willibalds tierischen Freunden im Gruppenraum der Kita „Unterm Sternenhimmel“ in Ahausen

Das Zusammenleben mit Willibald zeigt Spuren im Alltag: Ein eigenes T-Shirt mit dem Bild von Willibald signalisiert die Zusammengehörigkeit der Kinder und Erzieher.

Fensterbilder, Medaillen bei der Willibald Sommerolympiade, Schneckenspiele, Flohlieder und vieles mehr, Projekte über die Tiere gestalten die KiTa-Zeit. Ein KiTa-Jahr mit Willibald fördert und fordert alle Bereiche der kindlichen Entwicklung, mit viel Spaß. Kleiner Einsatz – große Wirkung mit viel Freude. „10 Minuten die sich lohnen!“

Beate S., KiTa der Wirtschaft „Unterm Sternenhimmel“, Hessen

Der Funke von Schnecke, Floh, Käfer, Uhu und Hase sprang schnell auf alle Kinder über ...

Im Mai 2012 nahm ich an einer Fortbildung zum Thema: „Von Anfang an im Gleichgewicht“ bei Dorothea Beigel teil.

Da ich als Erzieherin in einer altersgemischten und integrativen Kindergartengruppe arbeite, interessierte mich dieses Gleichgewichtsprogramm sehr.

Meine Gruppe besteht aus einigen Kindern mit Wahrnehmungs- und Bewegungsschwierigkeiten, Kindern mit deutlichen Sprachauffälligkeiten und einem geistig behinderten Kind, welches einer besondere Betreuung durch eine zusätzliche Erzieherin bedarf.

Ich war immer auf der Suche nach einer Förderung, die allen Kindern zugute kommen kann, ohne dabei ein Kind zu über- oder unterfordern. *Sie sollte den Bedürfnissen der Kinder entsprechen, aber auch Spaß machen und dabei die Kinder zum Sprechen, Singen und Bewegen anregen.*

Im Gleichgewichtskalender „Von Anfang an im Gleichgewicht" fand ich all dies vereint.

Dieses Programm ist sehr spielerisch, fantasievoll und entwicklungsgerecht aufgebaut.

Die Kinder werden mit einzelnen Tieren vertraut gemacht, die sie durch die Kindergartenwoche begleiten und ihren Tag strukturieren. Es bedarf nur geringer finanzieller Mittel und kann dem jeweiligen Tagesablauf und der zur Verfügung stehenden Raumsituation angepasst werden.

Das einzig Wichtige an diesen Programm ist, dass es regelmäßig durchgeführt werden muss.

Ich war sehr gespannt, wie meine Gruppe auf den Kalender und das Programm reagieren würde.

Sehr kleinschrittig machte ich meine Kinder mit den einzelnen Tieren bekannt. Zeigte ihnen die Bewegungen und verband diese mit den entsprechenden lustigen Sprüchen.

Schon nach sehr kurzer Zeit spürte ich, welchen Spaß meine Kinder hatten, den Tag mit einem Tier aus dem Kalender zu begrüßen.

Gleich am Morgen liefen sie zum Kalender um herauszufinden, welches Tier an diesem Tag unseren Morgenkreis besucht. Nicht ich musste die Kinder daran erinnern, das Tagestier mit seiner Bewegung herauszufinden. Das taten sie von ganz alleine.

Auch erklärten sie ihren Eltern, welche Tiere es in unserem Kindergarten nun gibt und welche Bewegungen sie dabei ausführen konnten.

Die Eltern zeigten dabei sehr großes Interesse und baten mich, mit ihnen die Sprüche der einzelnen Tiere zu erlernen, weil ihre Kinder diese auch zu Hause aufsagen, spielen und sich bewegen wollten.

In einem Elternabend berichteten mir einige Eltern, dass sie die Tiere auch zu Hause zum Strukturieren ihres Alltages verwendeten. So können sich die Kinder besser orientieren, wissen z.B. dass am Uhu-Tag das Kind zur Musikschule geht und an welchem Tag kleine Pflichten im Haushalt anstehen.

Auch erzählte mir eine Mutti, dass es nun viel einfacher ist, dem Kind zu erklären, wann es wieder zur Oma fahren kann. „Wenn der Hasen-Tag vorbei ist, fahren wir zur Oma."

Mittlerweile ist Mai 2016 und die Schnecke, der Floh, der Käfer, der Uhu und der Hase sind ein ganz fester Bestandteil und ein wichtiges Ritual unseres Morgenkreises geworden. Meine Kinder lieben diese Tiere und jeder Einzelne hat so sein Lieblingstier unter den 5 Freunden.

Seit vier Jahren wird bei uns in der Gruppe gekrochen, gehüpft, getanzt, gekrabbelt, und seitwärts gegangen und das mit Freude und ganz viel Spaß.

Wir haben mit unseren Bewegungen nicht nur die anderen vier Kindergartengruppen angesteckt, nein auch in der Kinderkrippe sind die fünf Tiere gute Freunden bei den ganz Kleinen geworden.

Nicht nur die bewegungsgeschickten Kinder sind in unserem Kindergarten mit Begeisterung dabei, sondern auch die Kinder, die in ihrer Wahrnehmung und Bewegung noch Schwierigkeiten zeigen.

Gerade bei diesen Kindern konnte ich beobachten, wie die langsamen Wiederholungen der Bewegungen meinen Kindern Vertrauen und Sicherheit gaben. Wie ihre Augen strahlten, wenn sie es schafften, das erste Mal auf einem Bein zu hüpfen und wie dieses Programm ihr Selbstvertrauen stärkte.

Die Kinder mit den Sprachschwierigkeiten können wir besser verstehen und auch mein geistig behindertes Kind kennt jeden Spruch und kriecht und krabbelt mit besonderer Freude durch unser Gruppenzimmer.

Die Sprüche zu den Bewegungen sage ich nicht mehr für alle Kinder auf, das können sie jetzt ganz allein. Den größten Spaß haben sie, wenn ich eine Zeile des Spruches falsch sage und sie mir helfen müssen.

Zwerg Willi und unsere fünf Freunde begleiten uns nicht mehr nur am Morgen. Es wird in die Garderobe gekrochen, auf einem Bein ins Bad gehüpft, in den

Garten mit beiden Beinen gehüpft oder in den Bewegungsraum im Kreuzschritt gegangen, immer in Verbindung mit dem entsprechenden Spruch.

Dieses Programm ist ein in wenigen Minuten durchführbares, gezieltes, kind- und entwicklungsgerechtes Angebot, das der Förderung aller Kinder in der Gruppe dient und aus unserem Gruppenalltag nicht mehr wegzudenken ist.

Ute K., Integrative Johanniter Kita, Sachsen

Ein Jahr schon ist der Zwerg Willibald ein fester Bestandteil im Unterricht der Grundstufe 1 der Astrid Lindgren Schule in L.:

Die Schüler unserer Förderschule wissen genau, wann es Zeit ist Willibald zu rufen – dann wird nicht mehr sitzen geblieben, sondern es wird sich bewegt. Das Kita-Gleichgewichtsprogramm von Dorothea Beigel gehört als festes Ritual in den Tagesablauf der Klasse.

Es sind nur 5 – 10 Minuten am Tag, aber in dieser kurzen Zeit herrscht eine leise und konzentrierte Atmosphäre im Raum. Das Gleichgewichtssystem wird täglich mit langsamen Bewegungen in Verbindung mit einem Spruch trainiert.

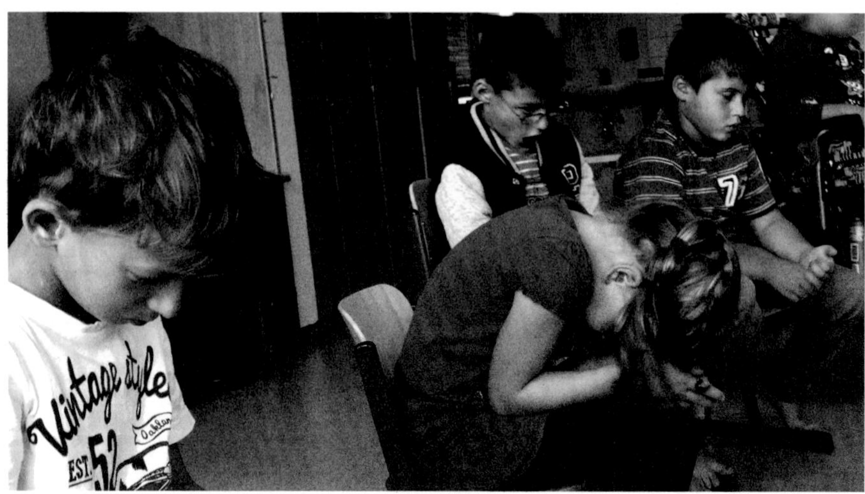

Die Tiere helfen auch beim Erlernen der Wochentage.

Alle Kinder machen mit!

Jeder Schüler unserer Klasse führt die Bewegungen auf seine ganz individuelle Art und Weise und nach seinem Können aus. Das Gleichgewichtsprogramm ist zu einer wertvollen Bereicherung für unsere tägliche Arbeit geworden.
Nicht das Können, sondern das Tun steht im Mittelpunkt der Gleichgewichtsschulung

5.2.2.2 „Guten Morgen, liebes Knie" Ein Gleichgewichtsprogramm zur Lernunterstützung der Klassen 1–13

Pädagogik befasst sich nicht nur in der Theorie mit dem veränderten Aufwachsen von Kindern und Jugendlichen und den daraus resultierenden Vor- und Nachteilen für die gesamte Entwicklung. Sie bietet auch im Schulalter zielgerichtete und umsetzbare Maßnahmen an, Kinder und Jugendliche in ihrer Entwicklung angemessen zu begleiten.
Im Mittelpunkt des Programms „Bildung kommt ins Gleichgewicht[34]" stehen die Pflege, Unterstützung und Förderung der Sensomotorik. Prävention wird mit pä-

[34] Bildung kommt ins Gleichgewicht. Bewegungs- und Gleichgewichtsprogramm nach Dorothea Beigel® – einbezogene Literatur: Beigel, D. (2009): Bildung kommt ins Gleichgewicht. Ein Gleichgewichtsprogramm zur Lernunterstützung. *BORGMANN MEDIA*

dagogisch angemessener Förderung verbunden und trägt auf einfache und in der Schule umsetzbare Weise zur Unterstützung des Lernens, Leistens und der Gesundheit bei.
Das Programm nutzt den Klassenraum als Bewegungsraum und die regelmäßige Anwesenheit von Schülern – aufgrund der Schulpflicht – zur verlässlichen Durchführung der Gleichgewichtsübungen.
Inhalte des Programms sind Bewegungs- und Gleichgewichtsübungen, die mit rhythmischen Elementen, Stille-Übungen, Atemübungen, Sprechen und Sprache verbunden werden.
Das Gleichgewichts-Programm soll nicht anstelle von Bewegung in Freizeit, Unterricht und in der Pause eingesetzt werden. Im Gegenteil – es eignet sich hervorragend zur Verknüpfung mit allen bewegten Angeboten.
Bei der Durchführung des Programms stehen die Prinzipien „Freude" und „Anerkennung des Mitmachens" im Mittelpunkt. Die aktive Teilnahme des Lehrers unterstützt das Vorhaben maßgeblich.

Der gut dosierte Einsatz der Bewegungssequenzen führt zur keiner zusätzlichen Belastung von Schülern und Lehrern. Er minimiert keine Lerninhalte. Ein in der Klasse ausgehängter DIN-A3-Kalender mit Bildern und Beschreibungen sowie ein darunter anzubringender Stundenplan helfen der Erinnerung an die regelmäßige Durchführung der ein- bis dreiminütigen Bewegungsübung zu Beginn der einzelnen Stunden.
Für den Schulbereich eignet sich das fünfstufige Programm, das über den Schwerpunkt Gleichgewicht das Nachholen von unausgereiften Bewegungsabläufen einbezieht, deshalb besonders gut, weil es die Möglichkeiten und Schwierigkeiten von Schule einbezieht. Es berücksichtigt

- Schülergruppen und dennoch die Individualität des Einzelnen
- Räumliche Gegebenheiten in der Schule
- Einbindungsmöglichkeiten in den Tagesablauf der Schule
- Lerninhalte nicht zu vernachlässigen
- Lehrer- und Schülergesundheit gleichermaßen

Das „Programm „Bildung kommt ins Gleichgewicht" wurde im Rahmen einer Studie des Hessischen Kultusministeriums eingesetzt[35], die belegt, dass zielgerichtetes, regelmäßiges Trainieren des Gleichgewichts Leistungssteigerungen in Deutsch und Mathematik bewirkt und die Lernfreude steigert[36].

---

[35] Projekt „Schnecke-Bildung braucht Gesundheit" (2007–2012)

[36] Zusammenfassung der Ergebnisse siehe: http://www.schuleundgesundheit.hessen.de/themen/bewegung-wahrnehmung/projekte/projekt-schnecke-bildung-braucht-gesundheit.html

Gemeinsame Gleichgewichts- Begrüßung in der Schule

Die Übungen können auch im Sitzen durchgeführt werden – variable Möglichkeiten der Durchführung kennzeichnen das Programm.

Die Bewegungs-Übungen in den beiden Gleichgewichtsprogrammen „Bildung kommt ins Gleichgewicht“ und „Von Anfang an im Gleichgewicht“ sind eng miteinander verknüpft, sie dienen dem Training des Gleichgewichts und unterstützen die motorische Entwicklung.
Sie pflegen und fördern durch den regelmäßigen, zielgerichteten und kleinschrittigen Aufbau der Bewegungsübungen grundlegend, langfristig und nachhaltig das Lernen, Leisten und das Wohlfühlen.
Sehwahrnehmung, Hörwahrnehmung, Sprach- und Sprechentwicklung, Fein- und Grafomotorik, Aufmerksamkeitsfähigkeit, Bewegungsqualität profitieren davon.
Ihr Einsatz ist in allen Kita- und Schulformen, beginnend bei den U3-Jährigen bis zu Klasse 13 sinnvoll und möglich.

So bereiten die Bewegungs- und Gleichgewichtsübungen der Schnecke die Bewegungen der ersten Schulstunde vor, die Bewegungen des Flohs bereiten die Bewegungen der zweiten Schulstunde vor.
Die Studienergebnisse sowie die seit Jahren eingehenden, vielen positiven Rückmeldungen aus der praktischen schulischen Arbeit veranlassen immer

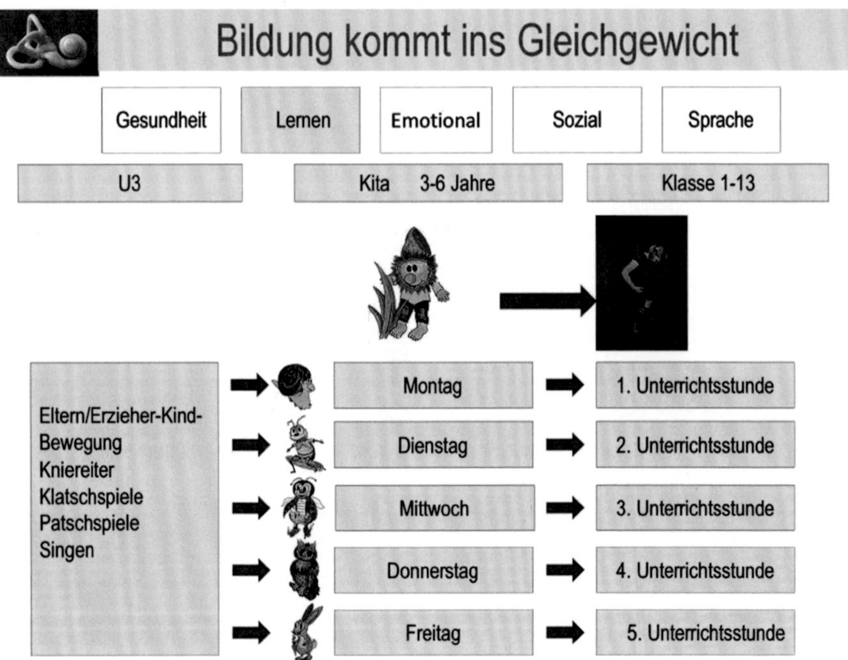

Die Übungen im Schulprogramm bauen auf den Übungen des Kita-Programms auf.

mehr Schulen/Klassen, das Programm zur bewegten Lern- und Verhaltensunterstützung einzusetzen.
Das Programm wird von zusatzqualifizierten Dozenten eingeführt und wird bei Wunsch auch von diesen über einen längeren Zeitraum begleitet[37].
Die gute Resonanz auf das Angebot führt dazu, dass es bundesweit (auch in Österreich und der Schweiz) in immer mehr Schulen täglich eingesetzt wird. Es eignet sich auch als Ergänzung therapeutischer Maßnahmen, z. B. als „Minuten-Hausaufgabe" zur Unterstützung des wöchentlichen Therapeutenprogramms.

Auszug aus dem Erfahrungsbericht einer Sozialpädagogin zum täglichen Gleichgewichtsprogramm „Bildung kommt ins Gleichgewicht":

Ich habe nach den Sommerferien gleich mit meiner neuen Vorklasse mit dem Gleichgewichtsprogramm begonnen und musste feststellen, welch große Schwierigkeiten die Kinder mit den Gleichgewichtsaufgaben hatten. Wir haben die Bewegungen mehrmals täglich durchgeführt und schon bald Verbesserungen festgestellt. Ich freue mich besonders, wie gut meine Schüler die „Fahrstuhlübung" schon beherrschen. Besonders positiv finde ich die sprachliche Begleitung der Übungen, die für meine Schüler mit 80 % Migrationshintergrund von besonderer Bedeutung ist. Fast alle Kinder meiner Klasse beherrschen die Verse und haben so neben den Gleichgewichtserfahrungen auch einen sprachlichen Zugewinn.

Auszug aus dem Erfahrungsbericht einer Lehrerin der 4. Klasse zum täglichen Gleichgewichtsprogramm „Bildung kommt ins Gleichgewicht":

Das Programm ist zum „Selbstläufer" geworden, die Übungen tun wohl allen gut, denn: „Bewegung!" schallt es regelmäßig aus Schülermund an mein Lehrerohr.
Die Übungen werden energisch eingefordert. „Schlafende Bewegungsmelder[38]" werden unsanft mit Bemerkungen wie „Bewegung, Mensch!!" geweckt. Und am bemerkenswertesten: Bin ich einmal aus schulorganisatorischen Gründen gerade verhindert, organisieren die Schüler ihre Bewegung selbstständig (und sie machen es richtig!). Was will ich mehr??

[37] Infos zu Einführungsveranstaltungen in Schulen zur Begleitung des Programms und zur finanziellen Förderung finden Sie unter www.bildung-kommt-ins-gleichgewicht.de

[38] „Bewegungsmelder" sind Schüler, die in dieser Stunde dafür zuständig sind, an die Durchführung der Übung zu erinnern.

Erfahrungen einer Lehrerin aus einer Ganztagsschule:

Der „Fahrstuhl" ist eines der absoluten Lieblingsübungen der Kinder. Wenn wir die „Bewegungsmelder" fragen, welche Übung ihre Klasse am liebsten macht, kommt ganz häufig: „Der Fahrstuhl".

Erfahrungsbericht einer Lehrerin der 5. Klasse Gesamtschule:

Am Anfang war es für mich als Lehrerin schwierig immer an die Übungen zu denken – es hat sich dann aber eingespielt. Mehr als drei Übungen am Tag haben wir anfangs nur selten geschafft, weil die Kollegen zum Fachunterricht in die Klasse kamen. Das hat sich geändert als unser „Bewegungsmelder" am Anfang jeder Stunde darauf hingewiesen hat, dass die Übungen bei allen Lehrern und in jeder Stunde gemacht werden. Die „Sprüche" waren von Anfang an sehr hilfreich und wurden von den Kindern gut angenommen. Da die Kinder meiner Klasse merkten, dass mir die Übungen wichtig sind, haben sie sie immer besser angenommen und immer mehr versucht, sie langsam durchzuführen. Mein Eindruck war und ist, dass Kinder mit Auffälligkeiten im Lernen weniger im eigenen Gleichgewicht sind und größere Probleme mit den Übungen haben. Aber sie machen trotzdem immer wieder ihre Übungen und ich bemerke Verbesserungen dabei. Im Laufe der Zeit habe ich einen „Blick" für ihre Schwierigkeiten entwickelt.

Rückmeldung aus einer Gesamtschule:

Wir arbeiten seit ca. 3 Jahren in allen unseren Klassen mit dem Bewegungskalender und sind insgesamt sehr überzeugt!

Erfahrungsbericht eines Schülers aus der Oberstufe:

Wir achten in unserer Sportklasse auf regelmäßige Durchführung der Übungen, da wir bemerkt haben, dass die Übungen sich positiv auf unsere sportlichen Leistungen auswirken. Je langsamer und exakter die Übungen durchgeführt werden umso intensiver sind wir gefordert – daher sind wir davon abgekommen, wie vorgeschlagen, Verse von Goethe, Schiller. einzusetzen. Das ist sehr anstrengend – „Guten Morgen, liebes Knie" tut es auch! – denn es geht ja nur um die Atmung, die durch das Sprechen unterstützt wird.

Rückmeldung einer Schülerin aus der Grundschule:

Immer wenn ich mit dem Fahrstuhl gefahren bin, fällt mir das Sitzen viel leichter

Rückmeldung eines Schülers aus der Grundschule:

Ich finde die Übung cool, wo zum Schluss alle sagen „Ich mag dich sehr!"

5.2.3 Beobachtungs- und Förderangebot für Kitas und Schulen

Hurra, ich bin ein Schulkind! Vorläuferkompetenzen sind wichtige Grundlagen für einen guten Schulstart. Sie unterstützen die gesamt Schullaufbahn.

Kein Schulunterricht kann seine Lehrpläne ohne die notwendigen Vorerfahrungen der Kinder – schulische Vorläuferkompetenzen – umsetzen.
Auch Vorläuferkompetenzen des Lesens, Schreibens und Rechnens sind eng mit der Wahrnehmungs-, Bewegungs- und Sprachentwicklung eines Kindes verbunden.
Ihre Unreife bzw. ihr Fehlen verhindern oder schmälern die darauf aufbauenden Kompetenzen und führen vielfach zu späteren Lern- und Leistungsschwierigkeiten trotz guter Intelligenz.

Kita und Schule – ein starkes Team

Das Beobachtungs- und Förderprogramm „Kita und Schule – ein starkes Team"[39] ist ein klar strukturiertes, dennoch spielerisches Beobachtungsverfahren mit anschließender Auswertung und darauf aufbauenden übersichtlichen Förderangeboten. Beobachtungsverfahren und Förderangebote beziehen frühkindliche Reflexe und Reaktionen sowie darauf aufbauende Kompetenzen mit ein.
Ziel der pädagogischen Förderbeobachtung ist es, sensomotorische, sprachliche und emotional-soziale Schwerpunkte in Hinblick auf (vor-) schulische Anforderungen zu beobachten. Die Auswertung gibt Hinweise zum Unterstützungsbedarf im Bereich:

---

[39] Kita und Schule – ein starkes Team. Pädagogische Förderbeobachtung nach Dorothea Beigel®
Literatur: Beigel, D. (2022): Kita und Schule – ein starkes Team. Pädagogische Förderbeobachtung. Beobachten – Erkennen – Planen – Handeln. *BORGMANN MEDIA*

- Entwicklungsgrundlagen im Vorschulalter
- Übergang Kita – Schule
- Fördermaßnahmen in Grund- und Förderschulen
- Vorbereitung des Übergangs von Grund- zu weiterführender Schule

Die dreigliedrige, kindgemäße Beobachtung (Tabellenform) bezieht die Meilensteine der sprachlichen, der fein- und grobmotorischen, der sensorischen sowie emotional-sozialen Entwicklung ein.
Das Beobachtungsspiel für Kleingruppen, vorwiegen für Kinder im Alter von 4 – 8 Jahren entwickelt - wurde auf wiederholte Nachfragen aus der pädagogischen Praxis auf den Altersbereich bis 12 Jahre erweitert.
Aktuelle Situationen gaben zudem Anlass, Texte der Bildbetrachtung und Hinweise zu Beobachtungsstationen in 11 Sprachen für den Nutzer anzubieten.

Im Mittelpunkt stehen die Aktivitäten mit Zwerg Willibald, den die Kinder gemeinsam besuchen.
Die Vorteile und Besonderheiten der (elementar-)pädagogischen Beobachtung liegen in

- der Beachtung neurophysiologischer Grundlagen (Schwerpunkt Bewegungs-/Wahrnehmungsentwicklung) in Hinblick auf Lese-, Schreib- und Rechenkompetenzen
- der pädagogischen Einsatzmöglichkeit für Gruppen
- der Umsetzbarkeit im pädagogischen Alltag
- dem geringen, preiswerten Materialbedarf
- den Auswertungsmöglichkeiten für Gruppen und das einzelne Kind
- der direkten Anknüpfbarkeit an die Beobachtung durch Einblick in dazugehörige Entwicklungstabellen und Grafiken
- der Schwerpunktsetzung auf wertschätzende Zusammenarbeit zwischen Kindertagesstätte, Schule und Elternhaus

Elementarpädagogische Beobachtung mit Beachtung neurophysiologischer Grundlagen (Schwerpunkt Bewegungs-/Wahrnehmungsentwicklung) in Hinblick auf Lese-, Schreib- und Rechenkompetenzen:

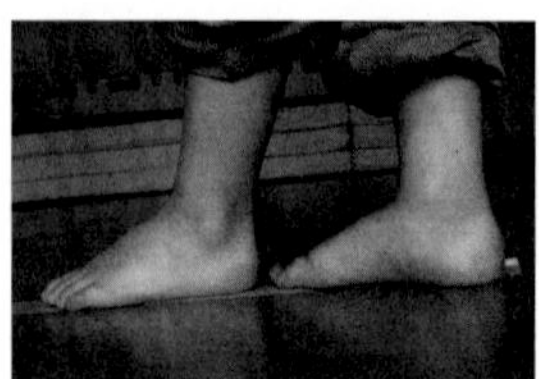

Über „Baumstämme" balancieren

Mit Willi Kuchen backen

Willis Wald durchqueren

AUKIS Auswertungsprogramm

Das auf die Beobachtung abgestimmte Auswertungsprogramm AUKIS[40] gibt konkrete Hinweise auf:

- die Stärken und Ressourcen der Kindergruppe und des einzelnen Kindes
- den evtl. Förderbedarf der Gruppe und des einzelnen Kindes
- die Weiterführung der pädagogischen Arbeit in Form von Angaben zu Fördermaßnahmen und Elternberatung (Spiele, Aktivitäten, Übungen)

Zusatzqualifizierte Dozenten[41] führen das Programm „Kita und Schule – ein starkes Team!“ bei Wunsch ein, unterstützen bei der Auswertung und Zusammenstellung des Förderprogramms.

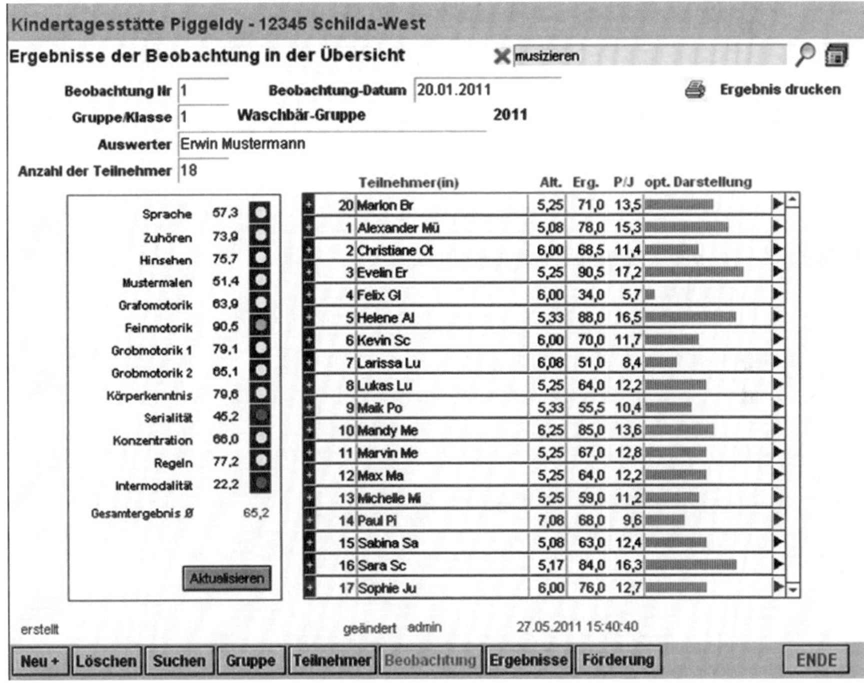

	Teilnehmer(in)	Alt.	Erg.	P/J
20	Marion Br	5,25	71,0	13,5
1	Alexander Mü	5,08	78,0	15,3
2	Christiane Ot	6,00	68,5	11,4
3	Evelin Er	5,25	90,5	17,2
4	Felix Gl	6,00	34,0	5,7
5	Helene Al	5,33	88,0	16,5
6	Kevin Sc	6,00	70,0	11,7
7	Larissa Lu	6,08	51,0	8,4
8	Lukas Lu	5,25	64,0	12,2
9	Maik Po	5,33	55,5	10,4
10	Mandy Me	6,25	85,0	13,6
11	Marvin Me	5,25	67,0	12,8
12	Max Ma	5,25	64,0	12,2
13	Michelle Mi	5,25	59,0	11,2
14	Paul Pi	7,08	68,0	9,6
15	Sabina Sa	5,08	63,0	12,4
16	Sara Sc	5,17	84,0	16,3
17	Sophie Ju	6,00	76,0	12,7

Auswertung der Beobachtung: Gruppenergebnis

[40] Beigel, D., Beigel, M.: AUKIS. Das Auswertungsprogramm für das Medienpaket Kita und Schule – ein starkes Team. *BORGMANN MEDIA* oder www.guckloch-online.de

[41] Dozentenliste siehe: www.bildung-kommt-ins-gleichgewicht.de

Kindertagesstätte Piggeldy - 12345 Schilda-West © Guckloch e.K.

Erfassung der Teilnehmer / Kinder

Datenblatt ausdrucken

Teilnehmerliste drucken

Teilnehmer-Nr 1 Gruppe 1 Waschbär-Gruppe 2011

Vorname Markus | Markus Mus

Name Mustermann | Geburtstag 15.01.2006

Alter (Jahr) 6 (Monate) 4 Lebensalter 6,33 ? Eintritt

Teilnehmer-Kennnummer 123-6 Geschlecht ◉ m ○ w Muttersprache Deutsch

Bemerkung Lorem ipsum dolor sit amet, consetetur sadipscing elitr, sed diam nonumy eirmod tempor invidunt ut labore et dolore magna aliquyam erat, sed diam voluptua. At vero eos et accusam et justo duo dolores et ea rebum. Stet clita kasd gubergren, no sea takimata sanctus est Lorem ipsum dolor sit amet. Lorem ipsum dolor sit amet, consetetur sadipscing elitr, sed diam nonumy eirmod tempor invidunt ut labore et dolore magna aliquyam erat, sed diam voluptua.

Beobachtungsergebnisse in optischer Darstellung

Sp	Zh	Hs	Ma	Gm	Fm	G1	G2	Kk	Se	Ko	Re	Im	Ges	ID
○	■	○	○	○	○	○	■	○	■	■	■	■	54,0	1

Sortierung: neuestes Ergebnis befindet sich oben

erstellt 08.01.2012 16:25:35 admin geändert 06.11.2012 11:09:07 admin

Neu + | Löschen | Suchen | Gruppe | Teilnehmer | Beobachtung | Ergebnisse | Förderung | Portfolio | ENDE

Auswertung der Beobachtung: Einzelergebnis

Rückmeldungen aus der Praxis:

Kita Sonnenburg/Hessen:

Ja, wir arbeiten mit Willibald. Wir nutzen die Entwicklungsdiagnostik jährlich als Start unserer Vorschularbeit und haben damit sehr positive Erfahrungen gemacht. Nicht nur, dass die Kinder mit sehr viel Freunde dabei sind, auch laden wir die Lehrer der Grundschule ein, um gemeinsam mit uns die Kinder zu beobachten. Die Schule schätzt diese Kooperation sehr. Wenn personell möglich, beobachtet zusätzlich noch eine weitere Erzieherin aus der jeweiligen Gruppe. Außerdem setzen wir noch eine Kamera ein, die uns zur Unterstützung der Auswertung dient.
Wir nutzen die detaillierte Auswertung, um für die Kinder im letzten Kindergartenjahr einen guten Übergang zur Grundschule zu schaffen. Nach einem gemeinsamen Austausch mit den Eltern ziehen somit Kita, Eltern und die Grundschule an einem Strang. Es ist oftmals deutlich zu beobachten, dass die Stärken und Schwächen der Kinder innerhalb der Gruppe mit den Ergebnissen der Entwicklungsdiagnostik übereinstimmen und sich nochmal deutlich herauskristallisiert, wo man bei den Kindern ansetzen muss.

Mit sensomotorischen und sprachlichen Schwerpunkten spielerisch fördern und Kinder auf das Lernen und Leisten in der Schule vorbereiten.

Familienzentrum Kleine Strolche/NRW (Stephanie K.):

Willibald zog im Sommer dieses Jahres bei uns ein. Er fühlte sich sehr schnell wohl bei uns und schloss schnell mit allen Kindern Freundschaft. Die Kinder bauten ihm ein Pilzhaus und besuchten seinen Willi-Wald. Im Willi-Wald gab es viel zu erleben!

Willi mit warmen Socken im Pilzhaus.

Da der Sommer ziemlich kühl und regnerisch war, sorgten sich die Kinder um ihren Willibald und schenkten ihm selbstgestrickte Socken, damit seine nackten Füße nicht kalt wurden.

Wir freuen uns auf viele weitere spannende Reisen mit unserem Willibald!

Grundschule Berlin-Mitte (Helga B.):

„Wann gehen wir wieder in den Willi-Wald? Da ist es immer so schön!"

Zwerg Willibald ist der Freund aller Kinder. Wenn ich in die Klassen komme, um Kinder abzuholen schallt mir meistens sofort entgegen „Wo ist Willibald?".

Unsere Schule nutzt „Willibald" seit 4 Jahren, um bei den Schulanfängern die Lernausgangslage zu ermitteln und die Kinder entsprechend ihrer Ergebnisse bestmöglich zu unterstützen. Dabei sind die Bewegungsgruppen das Kernstück. In diesen werden die unterschiedlichen Wahrnehmungs- und Bewegungsbereiche spielerisch geübt/beübt – Willibald, als Hauptperson ist immer mit dabei.

Die Identifikation mit ihm führt dazu, dass auch Bewegungsmuster, die schwer fallen, bereitwillig ausgeführt werden. Das Spielen mit Willibald spricht die

Phantasie der Kinder an und lässt sie zunehmend kreativer werden, was sich in der Ausgestaltung der gespielten Geschichten wiederspiegelt.

5.2.4 Lern- und Leistungsförderung durch Bewegung im Unterricht

Alle Schüler mit und ohne Nachholbedarf im Wahrnehmens- und Bewegungsbereich profitieren deutlich von einem bewegten Unterricht!
Bewegung

- unterstützt die Ausbildung und Festigung schulischer Kompetenzen
- steigert die Konzentration
- erfrischt und weckt das Gehirn
- verbessert die Arbeitsatmosphäre
- reduziert Aggressions- und Gewaltbereitschaft
- steigert das Selbstwertgefühl und die Teamfähigkeit der Schüler

„Bewegung ist die Grundlage jeglicher Handlungsfähigkeit. Unausgelebte und eingeschränkte Bewegung kann gesundheitliche Schäden sowie Auffälligkeiten der Leistungsfähigkeit und des Sozialverhaltens zur Folge haben.“[42]

„Beweg dich, Schule!“ – Eine Prise Bewegung im täglichen Unterricht der Klassen 1 – 13

Die seit über 18 Jahren bewährten Bewegungseinheiten des Programms „Beweg dich, Schule!“[43] setzen direkt an der Stoffvermittlung einzelner Fächer (Mathe, Deutsch, Fremdsprachen, ...) an.
Ihr Einsatz ist in allen Schulformen, von der Vorklasse bis zu Klasse 13 – auch in Berufs- und Berufsfachschulen – sinnvoll und möglich.
Die bewegten Lernsequenzen sind kurzzeitig, variabel und ohne zusätzlichen Material- und/oder Raumbedarf in allen Unterrichtsfächern einsetzbar.
Sie sorgen für vermehrte Aufmerksamkeit, Konzentration und Wachheit des Gehirns.
Sie haben zum Ziel, Lernphasen sinnvoll zu unterstützen und Unterrichtsstoff zu vertiefen, dabei nutzen sie das Aktivieren verschiedener Sinneskanäle.

---

[42] Hessisches Sozialministerium, Hessisches Kultusministerium (2005): Entwurf Bildungs- und Erziehungsplan für Kinder von 0 bis 10 Jahre in Hessen, S. 53

[43] Programm Beweg dich, Schule! Gehirngerechtes Lernen nach Dorothea Beigel® – einbezogene Literatur: Beigel, D. (2012): Beweg dich, Schule! Eine Prise Bewegung im täglichen Unterricht der Klasse 1 – 13. *BORGMANN MEDIA.*

Das Programms „Beweg dich, Schule!“ orientiert sich inhaltlich an den Lehrplänen der einzelnen Bundesländer und an den „Vereinbarungen über Bildungsstandards“ der Kultusministerkonferenz für die Primarstufe bis zur Sekundarstufe II.

Es wird in mehreren Bundesländern auch in Österreich, in Luxemburg und in der Schweiz, seit vielen Jahren, in Kooperation mit den jeweiligen Ministerien, als Fortbildungsveranstaltung für Lehrerkollegien angeboten. Die positiven Auswirkungen der lernunterstützenden Maßnahmen überzeugen Pädagogen und Eltern gleichermaßen.

Die Anregungen des Programms stellen kein Angebote anstelle schulischen Lernens dar, sondern dienen der Ermöglichung, Erleichterung, sind Ergänzung und Intensivierung des Lernens unter persönlichkeitsentwickelndem und gesundheitsförderndem Aspekt.

Im Programm werden Hintergrundwissen zur sensomotorischer Entwicklung und zu evtl. Unreifen vermittelt, um das Verstehen für Lern- und Verhaltensschwierigkeiten von Schülern zu erweitern.

Tipps und Hinweise zum Sitz- und Arbeitsverhalten von Schülern mit sensomotorischer Belastung sowie Anregungen zur Elternarbeit ergänzen das Programm.

Das Programm „Beweg dich, Schule!“ kann hervorragend mit dem Trainingsprogramm „Bildung kommt ins Gleichgewicht“ verbunden werden.

Es wird in Schulen von zusatzqualifizierte Dozenten eingeführt und bei Wunsch vertieft[44].

[44] Infos zu Einführungsveranstaltungen in Schulen und zur finanziellen Förderung finden Sie unter www.bildung-kommt-ins-gleichgewicht.de

Bewegtes Lernen nährt das Gehirn!

Leselehrgang in Bewegung

Bewegtes Abfragen der lateinischen Vokabeln

Rückmeldungen vom Kollegium einer Grundschule:

Super! Wir setzen täglich die Spiele zur Lernunterstützung ein. Es macht den Kindern (und den Lehrern) Spaß. Das Beste aber ist: Alle Kinder profitieren davon!

Rückmeldung aus der Gesamtschule:

Hervorragend auch für den Fachunterricht mit älteren Schülern geeignet!

5.3 Kleiner Exkurs – Sensomotorische Förderung im Erwachsenenalter

Sensomotorische Unreife kann sich bis ins Erwachsenenalter bemerkbar machen und zu Beeinträchtigungen im täglichen Leben führen. Durch die Hirnforschung der letzten Jahrzehnte wurde nachgewiesen, dass sich das menschliche Gehirn lebenslang strukturell und funktionell verändert. Auf Grundlage des Wissens von der Neuroplastizität[45] des Gehirns ist physisches, psychisches und kognitives Training somit in jedem Alter wirkungsvoll.

Beeinträchtigungen bei Erwachsenen mit sensomotorischen Verarbeitungsschwierigkeiten können sich u. a. bemerkbar machen durch

- Gleichgewichtsprobleme, Stand-, Gang- und Bewegungsunsicherheiten
- Höhenangst, Angst vor Geschwindigkeit, Orientierungsprobleme
- Reiseübelkeit
- Koordinationsschwierigkeiten, mangelnde Körperwahrnehmung
- Aufmerksamkeits- und Konzentrationsprobleme
- Atemproblemen, Wortfindungsschwierigkeiten
- eingeschränkte Merkfähigkeit, Organisationsprobleme
- erhöhte Lärm- und /oder Lichtempfindlichkeit
- Anstrengung bei Blicksteuerung und Sehwahrnehmung
- verminderte Hörwahrnehmung
- übermäßig impulsives Verhalten
- hohe Selbstanforderung, schnelles Erschöpfen, Ängste
- Ein- und Durchschlafproblem
- hohes Stress-Empfinden, innere Unruhe
- vermehrten Krankenstand im Berufsleben bis hin zum Burnout-Syndrom
- mangelnde Darm- und Blasenkontrolle

„Gesundheitsförderung und Prävention sind insbesondere in einer Gesellschaft des längeren Lebens wichtige Säulen des Gesundheitswesens und keine Frage des Alters. Bis ins hohe Lebensalter können Menschen noch in erheblichem Umfang von Maßnahmen der Prävention und Gesundheitsförderung profitieren. Das gilt auch für Menschen, die bereits pflegebedürftig sind“[46].

---

[45] Neuroplastizität: Die Eigenschaft von Synapsen, Nervenzellen oder Hirnarealen sich zu verändern, sich anzupassen, sich auszubauen.

[46] Bundesministerium für Gesundheit, s. http://www.bmg.bund.de/themen/praevention/frueherkennung-und-vorsorge/aeltere-menschen.html

Sensomotorisches Training macht in jedem Alter Spaß.

5.3.1 Bewegungs- und Gleichgewichtsprogramme

Das 5-stufige Sensomotorik-Programm „Entdecken Sie Ihr Gleichgewicht" (Ü30-Wellness- und Trainingsprogramm[47]) für Erwachsene orientiert sich in seinem gesamten Aufbau – auch in der Vernetzung der einzelnen Bewegungen innerhalb einer Schwierigkeitsstufe – an den Meilensteinen der menschlichen Wahrnehmungs- und Bewegungsentwicklung.
Das Programm ist in der Einzel- oder Gruppenförderung einsetzbar und ermöglicht Menschen, unabhängig von körperlichen, geistigen, seelischen Voraussetzungen, ihr Gleichgewicht und damit verbunden, das gesamte sensomotorische System zu schulen.
Das Programm nutzt sehr einfach umsetzbare Bewegungen von Kopf und Körper zur Schulung des Gleichgewichts und kann wahlweise im Liegen, im Sitzen, im Stehen oder in Bewegung durchgeführt werden.

---

47 Bewegungs- und Gleichgewichtsprogramm für Erwachsene nach Dorothea Beigel® – einbezogene Literatur: Beigel, D./ Silberzahn, J. (2015): Entdecken Sie Ihr Gleichgewicht! Ü30-Wellness- und Trainingsprogramm. verlag modernes lernen. Dortmund.

Frau K. (100 Jahre!) trainiert ihr Gleichgewicht seit 2 Jahren mit gutem Erfolg. Sie nutzt das Programm „Entdecken Sie Ihr Gleichgewicht" nach Dorothea Beigel® und wird von einer zertifizierten Dozentin dabei unterstützt.

Alle Bewegungen fordern zu Langsamkeit, Entschleunigung und Achtsamkeit auf. Sie sind mit Konzentration und bewusstem Spüren des eigenen Körpers verbunden.

Das Gleichgewichtstraining beginnt immer in Stufe 1, die Weiterarbeit mit den aufbauenden Schwierigkeitsstufen wird selbstbestimmt. Die Trainingseinheiten können mit Liedern, Spielen und Gedächtnistraining verknüpft werden. Sie sind ohne Altersbeschränkung im Sport, in der Therapie und im privaten Umfeld wirkungsvoll.

Das Training mit dem Programm „Entdecken Sie Ihr Gleichgewicht"[48] wird hervorragend durch die Bewegungsgeschichten für Erwachsene „Traumhafte Bewegungen" (Unterstützung des körperlichen und seelischen Gleichgewichts)[49] ergänzt.

---

[48] Beigel, D.; Silberzahn, J. (2015): Entdecken Sie Ihr Gleichgewicht. Ü-30-Wellness- und Trainingsprogramm. verlag modernes lernen. Dortmund

[49] Beigel, D. (2016): Traumhafte Bewegungen. Bewegungsgeschichten für Erwachsene, die ihr körperliches und seelisches Gleichgewicht unterstützen möchten. verlag modernes lernen. Dortmund

Diese Geschichten, die Menschen „ganz nebenbei“ animieren, sich passend zum Gehörten sanft und langsam zu bewegen und ihre Sinnessysteme mit Freude und Phantasie zu schulen, können ebenfalls in der Einzel- oder Gruppenarbeit – in der Reha, in der Sturzprophylaxe, in Sportgruppen, im Gedächtnistraining, in der allgemeinen und in der betrieblichen Gesundheitsförderung und Prävention – eingesetzt werden.

Die sensomotorischen Einheiten beinhalten schwerpunktmäßig den Wahrnehmungsbereich Gleichgewicht und gleichermaßen Bewegungsgrundlagen/Bewegungsmuster aus der menschlichen motorischen Entwicklung.

Sie werden je nach Wunsch im Liegen, im Sitzen, im Stehen oder in Bewegung in Bewegungsräumen oder in der Natur, etwa auf Wiesen, im Sand ... durchgeführt. Auch der Einsatz im Schwimmbad ist möglich.

Körperliches und seelisches Gleichgewicht sind untrennbar miteinander verbunden und unterstützen sich gegenseitig

Auszug aus einem Artikel in der Zeitschrift Praxis der Psychomotorik[50]

„Vor Trainingsbeginn litt Frau K. (99 Jahre!) unter Schwindel und drohte zu stürzen, wenn sie aufgestanden war.
Bereits 4 – 6 Wochen später, nachdem sie mit den morgendlichen Übungen begonnen hatte, war der Schwindel verschwunden, und sie konnte ohne die

[50] http://www.bildung-kommt-ins-gleichgewicht.de/index_htm_files/UE30_mit98.pdf von 2015

vorherigen Beschwerden aufstehen. Da der Schwindel früher auch tagsüber zusammen mit Übelkeit aufgetreten war, ging es Frau K. – was das betraf – immer besser. Heute hat sie nur noch sehr selten ein Schwindelgefühl, ihre Migräneattacken sind verschwunden – nur wenn sie sich vorgenommen hat, ‚drei Sachen auf einmal zu machen', spürt sie einen leichten Anflug von Migräne, dessen sie aber schnell Herr wird.
Das Training hat auch auf ihre Reisekrankheit positiv Einfluss genommen.
So berichtete mir die alte Dame, sie habe neulich eine viertägige Reise unternommen, wobei die Anfahrt mit dem Auto etwa 45 Minuten gedauert habe. Früher wäre es ihr unmöglich gewesen, eine solche Autofahrt unbeschadet zu überstehen – d. h. ohne Übelkeit und Erbrechen und ohne darauffolgende Migräne. Diesmal, nach etwa fünf Monaten Gleichgewichtstraining, ging es ihr gut – während der Fahrt und auch danach."

5.3.2 Erwachsenen-Kurse[51]

„Bleib in Balance" – Bewegungs- und Gleichgewichtstraining
„Älter werden in Balance" – Bewegungs- und Gleichgewichtstraining ab 70

In allen Kursstunden finden sich spielerische Trainingsinhalte, die unter gesundheitlichen Aspekten in moderater Intensität zur Förderung der Sensomotorik beitragen. Dazu gehören Übungen zum Gleichgewicht, aufeinander abgestimmte Bewegungsübungen aus der motorischen Entwicklung, Training von Koordination, Kraft, Ausdauer und Entspannungsfähigkeit.
Die Kursstunden haben zudem den Anspruch, psychosoziale Faktoren, wie positives emotionales Erleben und Steigerung des Selbstvertrauens zu gewährleisten. Im Mittelpunkt der Stunden stehen die Freude an der Bewegung, das Staunen über die individuellen Möglichkeiten, der Stolz auf den individuellen Fortschritt.
Die Bewegungsaufgaben des Kurses sind nach Schweregrad gestaffelt. Sie werden sowohl der Gruppe als auch der evtl. altersunterschiedlichen individuellen Belastungsmöglichkeit des einzelnen Teilnehmers angepasst.

[51] Die Präventionskonzepte „„Bleib in Balance – Gleichgewichtstraining" und „Älter werden in Balance" – Bewegungs- und Gleichgewichtstraining ab 70 entsprechen beide dem aktuellen Leitfaden Prävention „Handlungsfelder und Kriterien des GKV-Spitzenverbandes zur Umsetzung von §§ 20 und 20a SGB V" und wurden von der Zentrale Prüfstelle Prävention im Auftrag der angeschlossenen Krankenkassen zertifiziert.

Zur Sicherung einer individuellen Förderung von Gesundheitseffekten dient in der ersten und in der letzten Kursstunde zusätzlich das bewusste Eigen-Beobachten bestimmter Fähigkeiten durch die Teilnehmer.
Verbesserungen der sensomotorischen Förderung zeigen sich beispielsweise in

- kräftigeren und sichereren Bewegungen
- Steh- und Gangsicherheit „Mich wirft nichts um!"
- zügiger und fließender Ausübung von fein- und grobmotorischen Tätigkeiten
- verbesserter Orientierung im Alltag, z. B. im Straßenverkehr, in Kaufhäusern
- Fortschritten bei sportlichen Leistungen
- der Verbesserung kognitiver Leistungen
- leichter und länger anhaltender Aufmerksamkeit
- der Verbesserung des Erinnerungsvermögens und des Wortgedächtnisses
- angenehmerer Hörwahrnehmung
- leichterer Augenbeweglichkeit
- der Zunahme von Blasen- und Darmkontrolle
- verbessertem Ein- und Durchschlafen
- vermehrten Gefühlen der inneren Ausgeglichenheit
- mehr Lebensfreude

Beide o. g. Kurse/Programme haben zum Ziel, den Menschen in seinem körperlichen, seelischen und geistigen Wohlbefinden zu unterstützen. Sie ersetzen keinen Arztbesuch!

5.3.3 Prävention- und Intervention „Bewegung und Balance bei Demenz"[52]

Das Programm „Bewegung und Balance bei Demenz" basiert auf Erkenntnissen senso-motorischer, kognitiver, emotional-sozialer und sprachlicher Entwicklung des Menschen.

Es greift vorgeburtlich beginnende Motorik-Sensorik-Entwicklungsbereiche auf,

---

[52] Literatur zum Programm „Bewegung und Balance bei Demenz" nach Dorothea Beigel®:
Beigel, D. (2021): Bewegung und Balance bei Demenz. Gesundheitsförderung in Einzel- und Gruppenarbeit. Prävention – Intervention – Gesundheitliche Pflege der Fachkräfte. verlag modernes lernen. Dortmund.
K3 des Programms entspricht mit Inhalten und Zielen dem aktuellen Leitfaden Prävention „Handlungsfelder und Kriterien des GKV-Spitzenverbandes" und wurde als Präventionskonzept „Gesundheitsförderung durch Verbesserung der Koordination" von der Kooperationsgemeinschaft gesetzlicher Krankenkassen durch die Zentrale Prüfstelle Prävention zertifiziert.

beachtet und pflegt ihre nachgeburtliche Weiterentwicklung und die Untrennbarkeit zu kognitiver, emotional-sozialer und sprachlicher Reifung.

Es orientiert sich an alters- und gesundheitsbedingten Veränderungen und den damit verbundenen Auswirkungen auf den Lebensalltag des einzelnen Menschen. Es bezieht bewusst Pflegemöglichkeiten exekutiver Funktionen ein.

Ziel der Präventions- und Interventionsangebote sind längerer Erhalt sowie Wiedergewinnung von Selbsttätigkeit, Selbstständigkeit und Selbstvertrauen der Teilnehmenden im Alltag.

In Hinblick auf verschiedene Formen demenzieller Erscheinungen und unter Beachtung individueller Unterschiede bietet das Programm mehr als 300 Förderangebote zur Prävention und Intervention bei Demenz.

Programm K1
Einzelprogramm mit bettlägerigen Patienten – mit oder ohne Demenzerkrankung.

Programm K2
Kleingruppen-Aktivitäten zur Unterstützung demenzbetroffener Menschen.
Die sensomotorischen Übungen werden im Sitzen, im Stehen oder in Bewegung durchgeführt. Die Teilnahme am Rollator und im Rollstuhl ist unproblematisch möglich.

Programm K3
Präventionsangebot, das Menschen aller Altersklassen ermöglicht wird. Gruppenstunden beinhalten ein Koordinationstraining zur Gesundheitsförderung und Demenz Prävention. Auch hier ist die Teilnahme am Rollator und im Rollstuhl unproblematisch möglich.

Besonderheiten des Konzepts und seiner Programme
Das Konzept bezieht bewusst auch die Unterstützenden in die körperlich-seelisch-geistige Gesundheitspflege ein.
Das Ansinnen einer Demenz-Prävention/Demenz-Intervention **mit gleichzeitiger** Gesundheitspflege und Fürsorge der Angehörigen, Ehrenamtlichen, Fach-Pflege- und Betreuungskräfte wird mit positiver Rückmeldung angenommen und umgesetzt.

In Einzelsituationen wird das Programm im Rahmen der Unterstützung Long-Covid-Betroffener genutzt.

6. „Eckpfeiler“ der eigenen Arbeit

Bei der Diagnostik und während der Förderung ist es uns wichtig, dass es dem Kind/dem Jugendlichen und seinen Eltern gut geht. Wir bemühen uns, aufmerksam zuzuhören und zu verstehen.

Nach der Zusammenstellung des Förderplans erklären wir die einzelnen geplanten Schritte und bieten unsere Zusammenarbeit mit den Eltern und allen anderen involvierten Stellen an.

Wir machen klar und deutlich auf die Zeitdauer des Programms und die Notwendigkeit regelmäßiger Durchführung aufmerksam.

Unsere Intention ist die Unterstützung der Gesamtentwicklung des Kindes, nicht die Verbesserung einzelner Schulnoten.

Wir bemühen uns an den Wurzeln der Schwierigkeiten anzusetzen.

Das Kind bekommt seinen „Wasserzettel“ und unsere Telefonnummer (Durchwahl!).

Die Verbindung zur jeweiligen Schule wird aufgenommen. Die Klassen und/oder Fachlehrer werden (bei Einverständnis der Eltern) über die Diagnostik und den Förderplan informiert. Mögliche Hilfen und Unterstützungen (LRS-Erlass, Nachteilsausgleich) für die Schule werden vereinbart. Wir stehen für Kontakte und Beratungen zur Verfügung.

Zusammenarbeit mit eventuell involvierten Stellen (Schulpsychologen, Kinder- und Jugendärzten, Therapeuten, Beratungsstellen, Jugendämtern) wird in Absprache mit den Eltern begonnen.

Erziehungs- und Schulprobleme, Ernährungs- und Schlafverhalten werden je nach Bedarf mit den Eltern besprochen.

Die einzelnen Bewegungsübungen werden bei der Wiedervorstellung jeweils intensiv mit Eltern und Kind eingeführt und zusätzlich aufgeschrieben. Manche Übung wird auch von den Eltern ausprobiert, um Reaktionen des Kindes besser zu verstehen.

Die Eltern führen ein Buch, in dem sie wichtige Ereignisse, Fragen und Auffälligkeiten vermerken.

Auch bei den Fördermaßnahmen muss daran gedacht werden, dass ein überfordertes Gehirn schnell ermüdet. Überforderung kann Hemmungsneuronen aktivieren, die eine Blockierung des Gehirns bewirken. Weniger ist – wie wir wissen – manchmal mehr.

Gemeinsame Freude über Fortschritte beflügelt.

Nach Beendigung des Programms darf das Kind sich bei Bedarf jederzeit wieder melden und erfährt Unterstützung – es ist herzlich willkommen.

> **„Wir können der Tatsache nicht ausweichen,**
> **dass jede einzelne Handlung, die wir tun,**
> **ihre Auswirkung auf das Ganze hat."**
>
> *(Albert Einstein)*

7. Wurzeln und Flügel – immer noch und gerade jetzt

Die Welt der Kinder hat sich verändert. Es ist Zeit „um-zu-denken"! Wir müssen aufhören, Kinder ausschließlich oder vorwiegend über ihren Kopf anzusprechen. Beginnen wir die Notwendigkeit zu erkennen, dass Elternhaus, Kindergarten und Schule die Voraussetzungen für Lernen und Verhalten durch Stillen der Grundbedürfnisse und Schaffung körperlicher Basisvoraussetzungen legen und unterstützen können.

Auch in unserer schnelllebigen technisierten Welt entwickelt sich der Mensch immer noch nach den gleichen Meilensteinen wie vor vielen, vielen Jahren. Ich möchte nicht vorschlagen, die Zeit mit ihren technischen Errungenschaften (Spülmaschine, Waschmaschine, Fahrstuhl, Computer, Auto ...) zurückzudrehen, damit wir uns körperlich intensiver bewegen müssen. Ich weise jedoch eindringlich darauf hin, dass wir die Lücken, die durch die rasante Veränderung der Umwelt in den letzten Jahre entstanden sind, füllen müssen.

Die zunehmende Zahl „auffälliger" Kinder und Jugendlicher steigt stetig. Nehmen wir ihre Hilferufe endlich ernst. Schreien wir nicht nur nach besseren Ergebnissen (Pisa-Studie), sehen wir uns genau die Wurzeln an, damit die Kinder Flügel bekommen. Kultus- und Sozialministerien, Schul- und Jugendämter, Schulen und Kitas müssen darauf achten, dass kindgerechte körperzentrierte Methoden zur Förderung der Persönlichkeit und der kognitiven, emotionalen und sozialen Fähigkeiten angeboten und unterstützt werden. Im Sinne der Kinder muss in der Erzieher- und Lehreraus- und weiterbildung verstärkt auf diese Themen eingegangen werden. Das Wissen körperlicher Grundvoraussetzungen für Lernen und Verhalten ist ein Thema für alle Lehrämter und die Ausbildung der Erzieher.

Die verschiedenen Ansätze und Möglichkeiten einzelner therapeutisch/pädagogischer Methoden erlauben es uns, individuell für das Kind und seine Familie die angemessenste Förderung und Unterstützung zu finden. Die Vernetzung und Zusammenarbeit der vorschulischen, schulischen und außerschulischen Hilfsstellen bieten uns vielfältige Möglichkeiten voneinander zu lernen und gemeinsam etwas zu bewirken.

Eine bewegte Kita- und Schulzeit und sinnvolles, freudiges Lernen schaffen Interesse und Motivation am Lernen. Eltern, Erzieher, Lehrer – und vor allem die Kinder – werden davon profitieren. Die Handlungsfähigkeit und das Erreichen kognitiver Leistung werden maßgeblich davon unterstützt.

Geben wir unseren Kindern „Wurzeln“ und „Flügel“ mit!

**Stärken wir ihre „Wurzeln“, damit ihnen die „Flügel“ Freude machen und sie auch bei Sturm
und Wind im Gleichgewicht bleiben!**

Literatur

Anders, W.; Weddemar, S. (²2002): Häute scho(e)n berührt. Dortmund: verlag modernes lernen.

Aucouturier, B.; Lapierre, A. (1995): Bruno. München: Reinhardt Verlag.

Ayres, A. J. (³1998): Bausteine der kindlichen Entwicklung. Berlin: Springer Verlag

Batmanghelidj, F. (2000): Wasser die gesunde Lösung. Kirchzarten: VAK.

Beigel, D./Grönemeyer, D. (2023): Ich wär' jetzt mal 'ne Fledermaus! Spiel- und Bewegungsgeschichten zur sensomotorischen Förderung. verlag modernes lernen. 3. Auflage

Beigel, D. (2022): Kita und Schule, ein starkes Team. Pädagogische Förder-Beobachtung. *BORGMANN MEDIA*. Dortmund. 2. Auflage

Beigel, D. (2021): Bewegung und Balance bei Demenz. Gesundheitsförderung in Einzel- und Gruppenarbeit. Prävention – Intervention – Gesundheitliche Pflege der Fachkräfte. verlag modernes lernen. Dortmund.

Beigel, Dorothea (2021): Bildung kommt ins Gleichgewicht. Guten Morgen, liebes Knie. Ein Gleichgewichtsprogramm zur Lernunterstützung. verlag modernes lernen. Dortmund, 4. Auflage

Beigel, Dorothea; Frey, Ruth (2020): Was ist los in meinem Kopf? Eine Geschichte für kleine und große Leute, die verstehen wollen, warum das Gleichgewicht für das Lernen so wichtig ist. verlag modernes lernen. Dortmund, 3. Auflage

Beigel, D. (2019): Erwachsene und Senioren im Gleichgewicht. Bleib in Balance. Älter werden in Balance. Gleichgewichtskurse Dorothea Beigel®. verlag modernes lernen. Dortmund

Beigel, D. (2019): Kinder im Gleichgewicht. Eltern-Kind Gleichgewichtskurse Dorothea Beigel®. verlag modernes lernen. Dortmund

Beigel, Dorothea (2019): Beweg dich, Schule! Eine Prise Bewegung im täglichen Unterricht der Klassen 1 – 13. verlag modernes lernen. Dortmund, 5. Auflage.

Beigel, D.; Grönemeyer, D. (2018): „Von Anfang an im Gleichgewicht". Ein Bewegungsprogramm für den Kindergarten mit dem Zwerg Willibald, seinen Freunden und dem kleinen Medicus. verlag modernes lernen. Dortmund, 3 Auflage

Beigel, Dorothea; Schäfer, Ute (2018): Bildung beginnt schon auf dem Wickeltisch – 177 sofort umsetzbare Möglichkeiten, um Kinder in ihrer Entwicklung zu unterstützen. Altersbereich 0 – 8 Jahre. verlag modernes lernen. Dortmund

Beigel, D. (2018): Entdecken Sie Ihr Gleichgewicht – 40 Bildkarten zur Gesundheitsförderung. Gleichgewichtstraining im Sitzen und Stehen / Variation im Sitzen. verlag modernes lernen. Dortmund

Beigel, D. (2018): Bildung kommt ins Gleichgewicht – Bildkarten zur Lernförderung: Stationen-Training in Schule und Verein. verlag modernes lernen. Dortmund

Beigel, D. (2016): Traumhafte Bewegungen. Bewegungsgeschichten für Erwachsene, die ihr körperliches und seelisches Gleichgewicht unterstützen möchten. *BORGMANN MEDIA*

Beigel, D.; Silberzahn, J. (2015): Entdecken Sie Ihr Gleichgewicht. Ein Ü-30 Wellness- und Trainingsprogramm. *BORGMANN MEDIA*, Dortmund

Beigel, D.; Beigel, M. (2012): AUKIS. Auswertungsprogramm für das Konzept Kita und

Schule – ein starkes Team. *BORGMANN MEDIA*. Dortmund

Beigel, D.; Giesbert, J.; Reichenbach, C. (2011): Bildung im Durchblick. Ein visuelles Wahrnehmungsprogramm zur Lernunterstützung. *BORGMANN MEDIA*. Dortmund

Beigel, D. (2006): Die Bedeutung frühkindlicher Reflexe für die Auswahl der Angebote in Sport- und Bewegungskindergärten. In: Sport- und Bewegungskindergärten Grundlagen – Konzepte – Beispiele, Band 11. Landessportbund Hessen. Frankfurt

Beigel, D.; Beigel, M. (2010): AUKIS. Das Auswertungsprogramm für das Medienpaket Kita und Schule-ein starkes Team. Dortmund: *BORGMANN MEDIA*.

Beigel, D. (2009): Bildung kommt ins Gleichgewicht. Ein Gleichgewichtsprogramm zur Lernunterstützung. Dortmund: *BORGMANN MEDIA*.

Beigel, D. (2005): „Beweg dich, Schule!" – Eine Prise Bewegung im täglichen Unterricht der Klassen 1–10. Dortmund: *BORGMANN MEDIA*

Beigel, D.; Steinbauer, W.; Zinke, K. (2002): Das bewegte Klassenzimmer. Kirchzarten: VAK.

Bein-Wierzbinski, W. (2000): Sprachentwicklungsverzögerungen durch persistierende frühkindliche Reflexe. Hamburg: Päpki.

Bennet, R. (1988): The hidden moro. In: Goddard, S. (1990): Meilensteine der Entwicklung. Chester: INPP.

Biddulph, St. (2002): Jungen, wie sie glücklich heranwachsen. München: Heyne Verlag.

Blythe, P. (1990): Zur Geschichte des Institutes für neurophysiologische Psychologie. Chester: INPP.

Childre, D. (1999): Die Herzintelligenz entdecken. Kirchzarten: VAK.

Cotrell, S. (1988): Aetiology, diagnosis and treatment of asthma through primitive reflex inhibition. In: Goddard, S. (1990): Meilensteine der Entwicklung. Chester: INPP.

Dennison, P.; Dennison G. (1997): Brain-Gym-Lehrerhandbuch. Freiburg: VAK.

Dilling, H.; Freyberger, H.J. ([2]2001): ICD-10. Taschenführer zur Klassifikation psychischer Störungen. Göttingen: Verlag Hans Huber.

Eliot, L. ([2]2002): Was geht da drinnen vor. Berlin: Berlin Verlag.

Field, J. (1991): Kannst Du denn nicht hören. Chester: INPP.

Garson, C.W. (2000): Das Modell der vier Skeffingtons zur Erklärung der visuellen Wahrnehmung aus heutiger Sicht. In: Verhaltensoptometrie (2000): Comm Soe Heft 155.

Goddard, S. (1992): Die Rolle primitiver Überlebensreflexe im visuellen System. Chester: INPP.

Goddard, S. (1998): Greifen und begreifen. Kirchzarten: VAK Verlag.

Hannaford, C. (1996): Bewegung ist das Tor zum Lernen. Freiburg: VAK.

Jackel, B. (2000): Das Netzwerk des Lernens aus neurophysiologischer Sicht. Dortmund: borgmann publishing.

Jackel, B. (2002): in Praxis Ergotherapie, Heft 4, S. 233. Es atmet mich – es atmet mir entgegen – ich atme. Dortmund: verlag modernes lernen.

Kautzmann, G. (1999): Das Wunder im Kopf. München: Verlag Zabert & Sandmann.

Köckenberger, H. (2000): Entspannungsspiele – Entspannungsräume. In: Wendler, Irmischer, Hammer (2000): Psychomotorik im Wandel. Lemgo: Verlag Aktionskreis Literatur und Medien.

Kopp-Duller, A. (2001): Der legasthene Mensch. Klagenfurt: KLL Verlag.

Krebs, C.T.; Brown J. (1998): Lernsprünge. Kirchzarten: VAK Verlag.

Krowatschek, D. ([2]2001): Alles über ADS, Düsseldorf: Walter Verlag.

Krüll, M. ([4]1997): Die Geburt ist nicht der Anfang. Stuttgart: Klett-Cotta Verlag.

Leboyer, F. (1981): Geburt ohne Gewalt. München: Kösel Verlag.

Lietz, H.; Hübner, E. ([2]1996): Klinisch-neurologische Untersuchung im Kindesalter. Köln: Deutscher Ärzte Verlag.

Mc Phillips, M.; Hepper, P. G.; Mulhern, G. (2000): Effects of replicating primary-reflex movements on specific reading difficulties in children: a randomised, double-blind, controlled trial. In: Richard Horton (2000): The Lancet. London: Editorial office.

Milz, I. (1994): Rechenschwächen erkennen und behandeln. Dortmund: borgmann publishing.

Milz, I. (1996): Neuropsychologie für Pädagogen. Dortmund: borgmann publishing.

Montagu, A. ([9]1997): Körperkontakt: Die Bedeutung der Haut für die Entwicklung des Menschen. Stuttgart: Klett-Cotta Verlag.

O'Dell, N. E.; Cook, P. A. (1998): Philipp zappelt jetzt nicht mehr. Kirchzarten: VAK Verlag.

Oerter, R.; Montada, L. ([4]1998): Entwicklungspsychologie. Weinheim: Psychologie-Verlags-Union.

Ornstein, R.; Thompson, R. F. (1993): Unser Gehirn: das lebendige Labyrinth. Reinbek: Rowohlt Verlag.

Pütz, J.; Werner, K.; Werner, M. (1999): Das Hobbythekbuch vom Trinken. Köln: vgs Verlagsgesellschaft.

Tomatis, A. A. (1976): Detection of dyslexia among preschool children. In: Field, J. (1991): Kannst Du denn nicht hören. Chester: INPP.

Tomatis, A. A. (1998): Das Ohr – Die Pforte zum Schulerfolg. Dortmund: verlag modernes lernen.

Tomatis, A. A. (1999): Klangwelt Mutterleib. München: dtv.

Warnke, F. (2001): Zentrale Automatisierungsstörungen. Handbuch zum zweitägigen Grundseminar. Wedemark: Medi-Tech GmbH.

Zimmer, R. ([4]2002): Handbuch der Psychomotorik. Freiburg: Herder Verlag.

Internetquellen

https://www.aerzteblatt.de/nachrichten/sw/Kaiserschnitt?nid=64988

http://www.aerztezeitung.de/politik_gesellschaft/versorgungsforschung/article/917169/wido-zahl-kinder-adhs-nimmt.html

https://www.berlin.de/imperia/md/content/bamarzahnhellersdorf/publikationen/gesundheit/gessozplanung/esu_2013.pdf

www.bildung-kommt-ins-gleichgewicht.de

http://www.bildung-kommt-ins-gleichgewicht.de/index_htm_files/MBdL_201617.pdf

http://www.bildung-kommt-ins-gleichgewicht.de/index_htm_files/VoraussetzungDozent.pdf

http://www.bildung-kommt-ins-gleichgewicht.de/index_htm_files/Angebot_KiG.pdf

http://www.bildung-kommt-ins-gleichgewicht.de/index_htm_files/UE30_mit98.pdf
Artikel aus Praxis der Psychomotorik

http://www.bmg.bund.de/themen/praevention/frueherkennung-und-vorsorge/aeltere-menschen.html

www.dguv-lug.de/gleichgewicht.php
Beigel, D. (2013): Bleib in Balance. Aktuelles Unterrichtsmaterial für die Klasse 2–4. Kostenlos abrufbar

Bundesministerium für Gesundheit, s.
http://www.dslv-sh.de/

http://www.faz.net/aktuell/feuilleton/familie/bewegungsmangel-schon-kinder-sitzen-viel-zu-viel-13391356.html

http://www.kindererziehung.com/newsleser/bedenkliche-ergebnisse-bei-schuleingangsuntersuchungen00990.php

www.nlga.niedersachsen.de/download/98265.pdf

http://www.nlga.niedersachsen.de/portal/live.php?navigation_id=36467&article_id=133588&_psmand=20

http://www.schuleundgesundheit.hessen.de/themen/bewegung-wahrnehmung/programme/bildung-kommt-ins-gleichgewicht.html

http://www.schuleundgesundheit.hessen.de/fileadmin/content/Themen/Bewegung_ab_2012/FaltblattSchnecke-Stand3.8.2012.pdf

http://www.shz.de/regionales/kiel/gewicht-motorik-verhalten-jedes-vierte-kind-ist-im-vorschulalter-auffaellig-id14400511.html

http://www.spiegel.de/gesundheit/diagnose/adhs-immer-mehr-kinder-bekommen-die-diagnose-a-1107713.html

http://www.sueddeutsche.de/news/leben/familie-mobbing-und-stress- psychische-auffaelligkeiten-bei-kindern-dpa.urn-newsml-dpa-com-20090101-150304-99-09008

http://www.sueddeutsche.de/karriere/eu-bildungsbericht-und-lehrer-umfrage-lehrer-haben-bei-schuelern-nichts-zu-melden-1.1087076

www.unicef.org/crc

http://www.welt.de/gesundheit/psychologie/article12999029/Immer-mehr-Kindergartenkinder-verhaltensauffaellig.html

www.zdf.de/ZDF/zdfportal/blob/28236460/1/data.pdf

http://www.zeit.de/wissen/gesundheit/2015-06/stress-kinder-jugendliche-schule